Western
Ethics
Classics
of
The 20th
Century

20世纪西方伦理学经典

伦理学基础

原理与论理

［上］

万俊人　主　编

唐文明　副主编

北京师范大学出版集团
BEIJING NORMAL UNIVERSITY PUBLISHING GROUP
北京师范大学出版社

新版序言

《20世纪西方伦理学经典》是我20多年前还在北京大学从教时就想做的一件学术工作，但因为各种缘故，断断续续花了近十年时间，直到我辗转清华约五年后，才在唐文明教授等门人的协助下完成此事。感谢彼时担任中国人民大学出版社社长的贺耀敏先生和李艳辉编审，是他们的鼎力支持才使这部近250万字的文献集得以在很短的时间内成功出版，并数次重印！大约前年秋，转任北京师范大学出版社总编辑的李艳辉女士同我商议，能否将此书转至她新任总编的北师大出版社再版。艳辉总编先后负责出版过我的多部著作和译著，是我在出版界最信任的朋友之一，她的提议无疑是我必须认真对待的，更何况北师大出版社在她的经略下日新月异，已然成为当今最负学术盛名的大学出版社之一，于是，便有了此书的北京师范大学出版社新版。

我深知，翻译编辑这类专业学科类文献的系统选编已不多见。或许是受业师周公辅成先生的影响，抑或为我自己对从教为学的既定"成见"所致，至今我仍相信这样的工作依然是有意义的。业师辅成先生学出老清华国学院，而老清华国学院的"授业"范式是：不单每一类学科而且是每一门课程都需先立范例并确定文献范围，尔后方可开坛论学教学。辅成师早年在北大开招并授业西方伦理学专业的研究生时，便是先编专业文献，然后再编讲义，最后开讲教学的。只可惜，他老人家花费巨大心力和精力编辑的《西方伦理学名著选辑》因"文革"之故，只在"文革"前夕出版了上卷，下卷延迟到上世纪80年代后期才得以杀青。同样的情形也发生在辅成师开设的"西方人道主义史"并编译《西方哲学家、政治学家关于人性论人道主义的言论选辑》一事上。杏坛未已，天意苍茫。学界一如日用世界，许多的人和事确乎都是难以琢磨的，更遑论合理预期和从容信托了。

但无论世事如何变换，总有某种连绵不断的踪迹可寻，相对于社会文明，文化或者普遍意义上的知识往往显示出更顽强也更清晰的"传统"特性和"文脉""谱系"，亦即某种知识、意义和精神信念的连续性。当代的学人喜欢谈论诸如"知识边界"或"学科界限"一类的问题，而且说法甚多，说词亦繁，这大概源自当代学科交叉或所谓"跨学科"趋势日益增强的缘故。果真如是，我以为对于"知识边界"或"学科界限"至关重要的大概有两个因素：其一便是已有的专业知识谱系，其二是专业知识内部的"问题域"，即某专业知识的基本主题及其衍生问题。就此而言，编辑梳理学科经典（文献）的工作不仅不可或缺，而且具有首要地位。这当然只是我个人的"私见"，未必能够得到公认。可执着如此，我自然会我行我素，不改初心了。

职是之故，我便带着学界友人和门下诸弟子一如既往，持续数年，终于完成了这部20世纪西方伦理学的经典选编和翻译，依主题分类集结为四大卷。发行十多年后，出版社和我都意识到一些问题，诸如：开本过大，不便于学生携带；分卷太厚，不便于随时阅读，尤其是精读选读；如此等等。于是，趁此次再版的机会，出版社决定将之分解为较小开本的多卷本重新编排出版，我和唐文明教授非常感谢出版社的这种悉心考量和出版改进。

关于本书的选编、翻译及其背景和寄意等事宜，我在原版的长序中均有交待，这里就不再赘言了。我想再次强调的一点是，这部专业文献选编寄托着我和参编诸君对于某种师门学术传统的尊重和维护，主要目的是为现代西方伦理学专业教学和研究提供一种简要的知识路线图，她直接承接着业师周公辅成先生所主编的《西方伦理学名著选辑》（上、下卷），因此她更近似于一部较为系统的教学参考文献，若还能为非专业的伦理学、甚或人文社会科学爱好者提供某些有益的资源，甚或多少能够满足他们的阅读兴趣和求知愿望，那自然是再好不过的善举了。

是所望焉！

万俊人
急就于 2021 年"五一国际劳动节"，京郊悠斋。

编者序言： 20 世纪西方伦理学知识镜像

一、西方伦理学知识的中国成像

40 年前，业师周辅成先生主持编译了两卷本《西方伦理学名著选辑》，交付商务印书馆刊印。但由于种种原因，1964 年上卷出版后，下卷却迟迟未能杀青，直到 1987 年，两卷才得以完整刊出。先生无疑是新中国成立后西方伦理学研究的开拓者，其主编的这两卷文本对于我国西方伦理学的研究和教学所发挥的作用自不待后学如我者言，大凡涉猎伦理学的国内学人，甚至是许多人文社会科学圈内的学人都会有所体会和评价。业师从学之时，西学东渐之势强劲如潮，然，西方伦理学却迟迟难越雷池。这或许与中国之为"道德文明古国"的文化传统身份或特殊地位多有关系。中华文明对西方现代文明的接受过程是经由"器物"到"政制"再到"文化"而渐次展开的，按陈独秀的说法，中国传统道德文化的现代开放乃是这一展开过程的最后阶段，是国人之最难"觉悟者"。不难理解，道德文化或社会"精神气质"（ethos）的改变肯定难于器物功能的改变，更何况是在一个拥有几千年道德文明传统且素来以此为荣的古老国度里实施道德文化的开放与变革。因此，西方伦理学进入现代中国当然也只能是西学东渐的最后一波，其传入的迟缓也就自然而然了。事实上，虽然国人对西方现代的道德价值观念吁求既久且烈，但对西方伦理学的知识援引却只是到了 20 世纪四五十年代才真正开始，而业师的两卷编译则是这一知识援引事业的标志性成果，至少可以说，绝大部分中国伦理学人都是通过这部两卷本的《西方伦理学名著选辑》，获取西方伦理学的原始知识地图的。

先生早年以中学为业。我曾经问过先生，是什么原因使他从中国哲学转向西方伦理学并最终决定以此为终生学术事业的。先生的回答极为简单却又耐人寻味："因为大家都不做而我又觉得必须去做，所以便做了。"先生当初的学术选择似乎是基于其主观直觉而做出的，可如今想来，这为人所不为的从学之道该要有多大的学术勇气和何等坚定的学术志向！近半个世纪的风雨春秋，先生大半生的荣辱坎坷不都系于他对西方伦理学教研事业的执著么？记得在研究生毕业前夕与我的一次促膝交谈中，先生仰头望着有些灰暗的天花板，几乎是一字一语地对我说："他们要我退休，我不能带你继续读书了，但西方伦理学总还是值得做的，你尽力去做吧！"也几乎就是从那一刻开始，我就再也没有考虑过自己的学术选择。几年后，我写成两卷本的《现代西方伦理学史》，当我把刚刚出版的样书送到先生台前的时候，先生平静地说："哦，好！只是稍急了些。若先把现代西方伦理学的文本资料编好，然后再写此书就更好了。"师言如光，师道如命，觉悟间更有几分沉重与决意。在随后的日子里，我仔细阅读了先生主编的两卷本选辑，并开始计划编译一部《现代西方伦理学名著选辑》以续师业。先生的编译始于古希腊而止于 19 世纪末，留下待续的恰好是整个 20 世纪。于是我便决意编译一部较为详尽的《20世纪西方伦理学经典》，按照理论类型和时间演变分为四卷，以期配合先生的奠基性工作，完整地呈现西方伦理学自古至今的知识图像。

西方伦理学的知识传统源远流长，用文本选集的方式所呈现的西方伦理学知识图像，显然只能是一幅粗略的知识草图，但文本选集的方式曾经是，且在我看来依然是我们了解域外文化和知识的一种简明可为的有效方式。比如说，20 世纪五六十年代由我的母系北京大学哲学系外国哲学教研室的先生们所编译的数册《西方哲学原著选读》，就一直是国内大学西方哲学教学的基本教材或文本资料。近年来，有关西方哲学的原典移译总体上已经转向对学者或学派之代表性文本的系统翻译。但即便如此，一种"面"的文本了解仍然具有"点"的文本了解所不能替代的作用。譬如，前者更有助于呈现学科知识谱系的连贯性和完整性；更有助于专业知识的非专业化普及——须知：这也是现代知识传播最有效最具市场化力量的方式；更便于有关学科教育课程的普遍开展，如此等等。

业师的两卷本《西方伦理学名著选辑》呈现了西方古典伦理学的知识图像，而我则希望，这部四卷本的《20世纪西方伦理学经典》能够延伸前书已经呈现的西方伦理学知识谱系，从而使整个西方伦理学知识图像的呈现更为完整连贯，尽管这一知识图像本身已然发生了即使在西方学者看来也是令人眩晕的变化。话说到此，难免牵扯出一个问题：既然20世纪西方伦理学知识图像本身如此变化多端，又为何以"经典"名之？学术或理论文本的经典性首先应当体现在文本自身持续长远的思想影响力和理论典范性上，而这又需要一定的时间检验。从这个意义上说，将刚刚过去的20世纪的西方伦理学文本冠以经典之名确乎有些冒昧。但我之所以明知故犯，是基于这样两点考虑：其一，我们所选编的大部分文本已然经过了相当长的时间检验，并被公认为20世纪西方伦理学的权威性文本。在选编这些文本时，我们参照了多种已在欧美学界获得广泛认可，或者已经成为权威性的大学或研究生基本教材的伦理学选编本，如 Sellars & Hospers 合编的《伦理学理论阅读》（*Reading in Ethical Theory*［1970］），Steven M. Cahn & Joram G. Haber 合编的《20世纪伦理学理论》（*20ᵗʰ Century Ethical Theory*［1995］），Peter Singer 主编的《伦理学指南》（*A Companion to Ethics*［1991］），等等。其二，文本的经典性总是相对的，伦理学文本的经典性更是如此。我这样说当然不是想用后现代主义的解释方式，来消解现代理论经典及其学术权威性，而仅仅是想表达这样一种或许还有待批评的见解，即任何理论文本的经典性首先应当是由它所表达的思想之时代特征和理论创造性价值所赋予的，其次也应该是由它对于某一学科的知识创新贡献所赋予的，而即使是同时代的学人也应该，而且可能在这两个方面对同时代的知识文本作出合理的评价和选择，尽管毫无疑问，这些同时代的学术评价和选择标准将会因未来学人的再评价或重新选择而发生改变。

对于读者来说，文本总是具有"他者"的文化特性，西方的文本对于中国的读者来说自然就是更遥远、更陌生的"文化他者"，而由于作为文化的道德伦理的知识有着比其他知识更为敏感的"文化意识形态"特征和价值征服性（权力）话语功能，所以，西方伦理学的知识文本对于中国的读者来说，就更可能产生某种精神隔膜，甚至是某种文化恐惧了。事实上，西方伦理学知识图像的中国呈现一直都是不太完整的，有时甚至是模糊不清、扭曲变形的。其所以如此，不仅仅是由于人们显而易见的社会政治原因，或者因为"政治意识形态"之故，而且也由于我们不易察觉和承认的文化传统影响，或者叫做"文化意识形态"的原因。就前者言，由于我们在相当长的时间内把道德伦理问题仅仅看做社会意识形态和国家上层建筑内的问题，忽略了道德伦理作为社会文化精神之价值内核的普遍意义（相对于意识形态或上层建筑的纯政治理解），因而不可避免地把西方伦理学知识化约成了西方资本主义政治原则本身，始终对其保持着高度的政治警惕和文化抵触。就后者论，由于各文化传统之间有着天然的文化异质性，道德伦理价值层面的"不可公度性"（incommensurability）始终是阅读和理解异域伦理学知识文本的一个难以逾越的文化—心理障碍，而具体到现代中国知识界，这种道德知识层面上的文化心理隔膜往往更容易成为文化守成主义的一个有力的借口。

上述两种因素无疑对西方伦理学知识的中国成像产生了很大的影响。十多年前，我曾向伦理学界呼吁，我们需要持守的学术姿态应当首先是"本色的了解"，然后才是理性的批判和选择。但时至今日，这种"本色的了解"仍然是我们所欠缺的，或可说，西方伦理学知识的中国成像至今仍然是不够清晰的。弥补这一基础性的知识欠缺，正是我们编译本书的初衷之一。好在时至今日，不仅是当代中国的知识学人，而且是当代中国的普通民众，都逐渐意识到了这样一个道理：社会的开放不可能限制在某些"器物"技术性的层面或学术局部，更不可能回避来自各个方面或层面的参与和竞争。问题的关键不在于我们必须面对什么，而在于我们如何面对！如果我们把西方伦理学知识不仅仅当作一种异质的社会意识形态，而且也看做一种有差异的文化竞争者和知识资源，那么，我们就会以一种学习和竞争的姿态，面对这一来自异域的"地方性知识"，并从中寻求和吸收一切有益于丰富我们自己的道德文化知识的资源，将中西伦理学的会面与交流看做中国地方性道德知识扩展为普遍意义上道德知识的机遇。就此而论，首先获取一幅较为完整的西方伦理学知识图像就不仅是必要的，而且也是有益的。这一确信几乎又可以说是我们编译本书的基本动力和目标。

二、20世纪西方伦理学知识镜像

麦金太尔教授在其《追寻美德》一书的开篇即大胆断言："后启蒙时代"的西方伦理学由于传统的中断已然只剩下一些道德知识的"碎片"而显得缺乏充分的理论可信度和实践解释力。这一西方式的自我批评可能有些言过其实，但就20世纪西方伦理学发展的整体而论，又很难说麦氏的此一论断全然是空穴来风。

道德知识首先是一种地方性知识，而且总是以传统的方式生长和传承着。这是为什么在此一传统中被视为正当或者善的行为在彼一传统中却可能被看做不当或者恶的行为的根本缘由。比如说，云南傣族的"阿注婚姻"（一妻多夫婚姻制的变形？！）在道德伦理上就难以为汉族所接受。所以我们可以说，任何道德知识首先必定是一种"地方性知识"，然后才可能成为一种普适性知识，因而必须首先在特定的道德文化传统语境中才可能被正确地了解和理解。麦金太尔对西方"后启蒙时代"道德知识的状况的指摘正是基于其脱出传统、一味追求普遍理性主义道德知识的主流趋势有感而发的。事实上，20世纪的西方伦理学首先就是从这种伦理知识的科学化寻求起步的。1900年，英国伦理学家摩尔《伦理学原理》一书的出版被看做一个具有划时代意义的伦理学知识事件。它第一次系统地批判了各种已有的伦理学所触犯的一个共同"谬误"——即所谓"自然主义谬误"：人们一直试图用某种自然的或人为的东西来定义"非自然的"道德的"善"概念，实际是用某种事实性的东西来定义价值（善）概念，而真正的道德价值（善）却是不可定义的，一如"红色"不可定义一样。摩尔的批判复活了18世纪"休谟命题"的非认知主义力量：我们不能合乎逻辑地从"是然"（事实命题）中推导出"应然"（价值命题），因此关于道德的学问能否成为一门科学或知识仍然是一个疑问。伦理学的知识合法性再一次以——与休谟的质疑相比——更彻底的方式突显出来，成为20世纪上半叶西方伦理学争论不休的中心课题，由是，所谓"元伦理学"（meta-ethics）或"批判的分析伦理学"（critical analytical ethics）也就成为 20 世纪西方伦理学的主流之一。

　　"元伦理学"的突显无疑是现代科学主义压迫的文化后果之一，然而，道德的人文本性决定了道德知识无法满足科学技术化知识标准的"非科学"命运。一种学院式或学究式的道德知识永远只能是灰色的理论，无法真正反映丰富多彩的人类道德生活世界。如果说人类的道德知识只能寄居于特定的道德文化传统并以文化的而非科学知识的方式生长的话，那么，麦金太尔关于"后启蒙时代"之道德知识碎片化的理论论断，就不啻对现代西方道德知识状况的文化诊断，而这一诊断的依据正来源于尼采的"道德谱系"理论。站在"世纪的转折点上"（周国平语），尼采以超人的智识洞见到，当康德、黑格尔式的理性主义伦理学在 19 世纪后期登峰造极之时，人类自身的道德知行潜能便已然枯竭见底。道德首先是一种实践智慧和意志能力，一旦它被迫蜕化为某种形式的知识技术，人类社会便不再存有任何道德崇高的渴望和英雄主义的道德激情。普遍形式化的知识所要求的是强求一律和恒定不变，而道德智慧却要求实践崇高和价值超越。尼采用一种极端的提问方式将他在 19 世纪末叶所发现的道德疑问交给了 20 世纪：在我们这个道德（文化）谱系多元化而且充满族群意志力的人类生活世界里，一种普遍的道德知识如何可能？

　　尼采的声音春雷般地随着 20 世纪西方世界的思想年轮一起滚动，不绝于世，以至于我们无法因为时间的分界而将生活在 19 世纪的尼采排除在 20 世纪西方伦理学的发展过程之外。最先发出响应的是胡塞尔及其所发动的现象学—存在主义哲学思想运动，它不可避免地带来了西方 20 世纪伦理学的革命性骚动：拨开理性主义的哲学天幕，反省现代科学主义及其所导致的价值观念危机，重返生活世界本身，成为 20 世纪前中期西方伦理嬗变的又一主题。由是，存在主义本真伦理学、生命伦理学和形形色色的人本主义伦理学相继登台。你方唱罢我登台，各领风骚数十年。20 世纪前中期的西方伦理学既有学究式的逻辑游戏，又有迪斯科式的思想宣泄。

　　思想的宣泄源于过度积压的思想爆发。20 世纪的确是一个太多思想刺激的世纪：仅仅在前半个世纪的 40 年间便爆发两次世界大战，这本身也许是人类文明史上绝无仅有的劫数！经济大萧条、饥荒、"冷战"、核威胁、种族屠杀与地区冲突、传染病与生态危机、恐怖与征服……几乎所有灾难和悲剧都在这个世纪迸发，人们不能不日有所思，夜有所梦，陷入难以摆脱的心灵焦虑。然而，生活的磨难常常成为思想的温床，甚至成为人文知识的增长动力，这仿佛又是人类文明行进的悲剧性逻辑！在欧洲大陆，这一逻辑显示为伦理思想的深度进展和广度扩张，似乎可以肯定地说，没有哪一个世纪能够像 20 世纪的欧洲大陆这样产生如此众多的道德"主义"和伦理"学说"，形成如此富有张力的伦理思想和道德理论。存在与虚无、自我与他者、生命与天道、心理与身体或者灵与肉、形上与反形上、人与自然，以及现代与后现代或后后现代，几乎人类所有的道德经验、道德情感、道德观念和伦理问题都挤压在这个世纪，一起迸发出来。与之对照，在美国，这一逻辑却更多地表现为知识的生长与积累。一方面，由威廉·詹姆斯在 19 世纪末叶创造的"美国哲学"即实用主义，迅速成为 20 世纪的显学，这种被称为"美国精神"之灵魂和核心的哲学，不仅缔造了"美国哲学的谱系"（C. West 语），成为美国开始摆脱其对于欧洲文化母体的精神依赖的基本标志，而且还凭借着 20 世纪迅速强大起来的美国国力，向世界各地迅速扩张，本土化的地方性哲学知识一跃成为普遍意义上的哲学知识。当美国人自豪地宣称詹姆斯使美国从一个哲学进口国一跃成为哲学出口国并把詹姆斯奉为"哲学的爱国者"（康马杰：《美国精神》）和美国的精神英雄时，他们实际上也在告诉世人：美国不仅要成为 20 世纪的经济强国、政治强国和军事强国，而且也将要成为精神文化的强国。另一方面，正是这一强烈而深远的动机，促使美国利用两次世界大战的机会，在大力扩张自己的物质势力的同时，也大量引进或接受了来自欧洲大陆一批又一批科学家、哲学家和人文社会科学家，获取了前所未有的技术资源和智力资源。也就是说，20 世纪中后期的知识学人的地域迁徙，使美国实际上已经成为全球的科技创造中心、思想创造中心和知识创造中心。

虽然美国实用主义哲学根本上只不过是美国现代典型经验的观念反映，一种地道的工具主义目的论道德哲学。然而，它却再典型不过地揭示了西方"现代性"道德危机的秘密：实用理性至上，让包括道德在内的一切人类和人类社会事务都暴露于市，使其接受竞争和交易规则的检验！西方"现代性"的道德危机给西方宗教的复兴提供了机遇，一如中世纪晚期的宗教危机给近代人道主义的启蒙运动提供了历史机遇一样。在整个20世纪，西方宗教尤其是宗教伦理主要是作为一种社会文化批判的精神力量而复活和发展起来的。在市场经济和商业社会的环境下，现代世俗伦理不断降低价值目标和道德标准，正当合理性的规范化诉求逐步掩盖甚至替代了人类对卓越与崇高的美德追求。缺乏终极价值关怀成了现代人普遍的道德缺失，因之也成了现代社会最稀有的道德精神资源。人类需求最大的往往是其最缺乏的。现代宗教伦理正是从这一缺口切入现代社会的。20世纪的西方宗教伦理构成了整个20世纪西方伦理知识体系中最重要也最连贯的一脉，从20世纪之初的人格主义，到马里坦的"神学人道主义"；从神正道义，到当今方兴未艾的宗教生态伦理学；西方各种形式或教派的宗教都在充分利用自身的价值精神资源和现代社会文明的缺陷，用道德批判的方式参与并干预现代社会生活，神学道德或宗教伦理学成为20世纪西方伦理学知识图像中主要构成之一。

然而，对"现代性"道德的批评与辩护始终是20世纪西方伦理学演进的主线。进至20世纪后期，这一主线演化为两个相互交错层面上的理论争论：一个是现代主义与后现代主义之间的争论，其中的道德争论更多地行进在关于"文化政治"（the politics of culture）和"文化哲学"（the philosophy of culture）的语境之中，而且所谓"后现代（主义）伦理学"至今仍然处在朦胧不清的生长初期，除了李约塔尔、鲍曼等少数后现代思想家开始讨论后现代伦理问题之外（见李氏的《后现代道德》和鲍氏的《后现代伦理学》），真正谈论后现代伦理学的学者并不多见。事实上，充满解构力量的后现代话语究竟如何谈论甚至是否能够谈论天性持守规范秩序的道德伦理话题，仍然还是一个问题，期待用后现代叙事方式去建构某种后现代伦理学，就更是一个疑问了。

另一个层面是"现代性"思想内部的理论争执，其中以新自由主义、共同体主义（社群主义）和文化守成主义（一说"文化保守主义"）三家最为突出。自由主义原本是西方现代社会的意识形态——即一种具有宰制性思想力量的社会观念形态，如何辩护和完善这一观念形态及其社会价值权威，始终是西方思想界的头等大事。20世纪70年代伊始，美国哈佛大学伦理学和政治哲学教授罗尔斯发表《正义论》(1971)，标志着 20 世纪西方伦理学的重大转折，即伦理学从学理式的纯伦理学知识论探究转向道德实践规范的重新建构。康德社会契约论的普遍主义规范伦理学传统得以复兴。与此同时，一种基于亚里士多德美德伦理或黑格尔历史主义传统的共同体主义（一译"社群主义"）伦理学也开始抬头，并与新自由主义伦理学形成鲜明对照，而与共同体主义有着内在亲缘关系的文化守成主义也悄然兴起，并逐渐成为一种全球性的当代伦理思潮。然而，当代西方伦理学的三足鼎立并不具有内在分裂的知识异质性或理论异质性，毋宁说，它们之间的理论竞争更像是一场话语权力的争夺，一如江湖门派之争终究无外乎武林势力的较量一样。不过，任何有关"现代性"的道德话语都无法脱开当代世界的社会语境，因而，当代西方伦理学所讨论的课题，诸如，自由与平等、正义与秩序、规范与美德、权利与制度、个体与群体等，实际也是全球伦理的当代主题。从这个意义上说，由罗尔斯引发的当代西方伦理学讨论不仅不会随着 20 世纪的结束而结束，而且也不会只限于西方伦理学的语境，关于上述课题的讨论将会而且实际上已经开始进入 21 世纪全球伦理的公共论坛，成为新世纪人类社会的共同话题。有鉴于此，我想特别强调，在我们这个时代和社会里，阅读 20 世纪西方伦理学的文本已经不再只是在阅读"文化他者"，它实际上也是一种本土文明或文化的道德自我阅读，包括对我们自身道德文化传统的重新解读，以及更重要的是对我们现实生活情景与意义的道德解读！

三、道德谱系与知识镜像

毫无疑问，20 世纪西方伦理学的发展展现出一种异常复杂多变的知识状态，无论人们是用"破碎凌乱"还是用"丰富多彩"来描绘这一知识状态，实际上都无关紧要，对于我们来说，重要的是通过解读那些显露抑或遮蔽这种知识状态的典型文本，了解这一知识状态背后的道德实在、道德实在与伦理知识之间的互动关联，以及有可能和有必要了解的西方伦理学知识镜像之于当代中国伦理学知识生长的复杂意义。

尼采的说法是对的。任何道德都以谱系的方式存在和发展着，没有一种无谱系生成的一般道德。不同民族、不同群体、不同阶层，其所形成并信奉的道德伦理都从属于他们各自不同的生活方式、生活环境和生活目标（理想）。因此在道德实在论的意义上说，任何一种道德知识或者道德观念首先都必定是地方性的、本土的，甚或是部落式的。人们对道德观念或道德知识的接受习得方式也是谱系式的。儿童首先是从其父母身上和家庭生活中习得原初的道德知识，而不是从书本中获取其道德知识的。必须明白，道德知识乃是一种特殊的人文学知识，而所谓人文学知识（the knowledge of humanities）不是现代知识意义上的"科学技术知识"，或者用时下的技术语言来说"可编码化的知识"，而是一种最切近人类自身生活经验的学问或生活智慧。当然，今天的儿童也可以从诸如电视和网络上习得某些普遍标准化的道德知识，如一些商业广告或社会宣传所传达的道德信息。但无论如何，这些公共的道德信息都远不及父母的言传身教对儿童的影响来得直接和根本，后者的体认式知识传授方式恐怕是永远不可替代的。

这样说来，伦理学的知识生成和传播就面临着一个难以消解的矛盾：如果伦理学是一门真正的科学，其知识就必须是超道德谱系的，或者用康德式的术语来说，必须是可普遍化的，否则，就不能叫做知识，而只能叫做常识或经验。反过来，如果脱开具体的道德文化传统或道德谱系，伦理学的知识最多也只能是一种纯形式的知识，不具有任何实质性的内容，因而很难对人们的道德实践发生普遍的实质性价值影响。如果有人对那些食不果腹、衣不蔽体的非洲部落居民宣讲自由和平等的人权原则，他或者她除了漠然、疑惑和失望之外，肯定不会得到任何实质性的价值满足。

不过，这并不是反驳基于普遍理性或普遍道德推理之上的伦理知识论的充分理由，人们同样可以反驳说，如果普遍的伦理学知识绝无可能，人类又是如何达成相互间的道德理解和道德共识的？毕竟人类社会实际上在诸如正义、和平、良知和爱等一些基本的道德伦理价值理念上有着相当程度的分享和共识。麦金太尔曾经承认并且希望，各个道德谱系或道德文化传统在达成对本谱系或本传统及其它们自身的连贯性发展的具体确认之后，有可能而且应该通过它们相互间的解读、对话和"翻译"（不仅是文本的，而且还有道德观点或文化价值观念的），寻求某些道德共识。然则，麦金太尔似乎仍然拒绝了诸如康德和罗尔斯等人主张的普遍主义伦理学知识的实际可能。相比之下，我个人可能要比麦金太尔先生更乐观一些，但也不及罗尔斯先生那般大胆，主张比如说他晚年在《万民法》(1999) 一书中所倡导的那种或可称之为万民自由主义的价值立场。我相信，道德知识首先是一种寄居于各特殊道德谱系之中的地方性或本土化知识，不同的地方性道德知识之间的确存在着某些不可通约或公度的知识元素。然而我也相信，某种基于相互沟通和相互理解的道德共识并非是完全不可能的，关键取决于各地方性道德知识是否有相互了解、相互学习的愿望，是否能够保持一种相互宽容、相互增进或共生共荣的文化姿态。况且，道德知识的普遍化实际上也是每一种地方性道德知识的生长愿望，在一个开放和竞争的时代，没有哪一个道德文化传统或哪一种地方性道德知识会轻易放弃这种普遍生长的愿望，问题是，每一种地方性道德知识或道德文化传统都必须明白，这一愿望的实现首先是以"文化平等"（参见 Brain Barry, *Culture and Equality*，2003）和相互学习、相互理解为基本前提和条件的。就此而论，一种平等的文化心态和学习理解的学术姿态，也应当是我们阅读 20 世纪西方伦理学的经典文本的基本态度。

最后我想特别说明一下，作为一名普通的伦理学知识传授者，我自身的知识局限同时也决定了这部四卷本的《20 世纪西方伦理学经典》的知识局限性。这不是参与本书编译工作的其他学人的过错，而是作为本书主编的我难以短期改善的问题。然而无论如何，我不想因为自身的局限而限制甚至挫伤本书读者的知识了解愿望，克服这种局限的唯一办法只能是，请那些想了解 20 世纪西方伦理学知识本相的读者，在翻阅本书之后，进一步研读这一时期各西方伦理学家更详细的著述文本，获取更完整更详尽的 20 世纪西方伦理学的知识图像。就此而言，本书所能起到的最大作用只不过是提供一种知识索引或知识草图而已。

万俊人
2003 年 12 月中旬成稿于广州中山大学紫荆园
12 月下旬定稿于北京西北郊蓝旗营小区悠斋

目　录

［英］摩尔（George E. Moore，1873—1958）

《伦理学原理》(1900)(节选)

《伦理学原理》（1900）（节选）

伦理学的研究对象

1. 很容易指出，某些日常判断的真理性无疑是伦理学所关心的。我们随时都说，"某某是一个好人"，或者"那个家伙是个坏蛋"；我们随时都问道，"我应该怎么办?"，或者"我这样做对不对?"，随时我们都冒险发表"节酒是德，而酗酒是不德"这类意见，——伦理学的任务无疑就是讨论这类问题和这类陈述。当我们提出怎么办才是正当的问题时，证明什么是正确的答案；当我们认为我们关于人们的品性或行为的道德性之陈述是正确的还是错误的时，提出理由来。在绝大多数情况下，在我们的陈述中，包含"德""不德""义务""正当""应该""善的""恶的"这些术语中任何一个的地方，我们就是在作伦理判断；而且，如果我们希望讨论它们的真理性，那么我们就会讨论伦理学的这一点。

这几乎是无可争辩的，但非常缺乏对伦理学领域的明确定义。其实这一领域可以定义为：关于那个对于一切这种判断来说，既具有普遍性，又具有特殊性的东西①之全部真理。然而我们还必须提

---

① 指"善的"这个概念。——译者注。本书脚注均为译者注，以下不一一注明。

出一个问题：什么是那个既具有普遍性，又具有特殊性的东西？而对于这个问题，负盛名的伦理哲学家们提出了一些异常不同的答案，并且也许其中没有一个是完全令人满意的。

2. 如果我们举出上述例子，并说它们全都是跟"行为"问题——在我们人类的行为上，什么是善的和什么是恶的，什么是正当的和什么是不正当的问题——有关，我们是不会错到哪里去的。因为当我们说一个人是好人的时候，我们通常的意思是，他行为正当；当我们说酗酒是不德的时候，我们通常的意思是，喝得酩酊大醉是一种不正当的或者邪恶的行为。同时，"伦理学"一名词事实上跟这种对人类行为的讨论是极其密切地联系着的。在语源上，就是这样联系着的；并且，行为无疑是伦理判断最平常和最广泛有趣的对象。

因此，我们发现许多伦理哲学家倾向于把这样的说法当作"伦理学"的确切定义：它处理这样的问题，即在人类行为上什么是善的或恶的？他们认为，它的各种探究正当地只限于"行为"或"实践"；他们认为"实践哲学"一名包括了和它有关的一切事情。现在撇开这个词的确切意义不谈（因为把语言学的问题留给词典著作家和其他对文学有兴趣的人们，是适当的；而哲学，我们将会看到，是与此无关的），我可以说，我倾向于使用"伦理学"包括比这更多的东西；我想，我的用法是具有非常充分的根据的。我现在正用它来包括对于"什么是善的"而作的一般探究；因为，对于这种探究来说，无论如何，没有任何其他名词。

伦理学无疑是与"什么是善的行为"这个问题有关的；可是，既然和这个问题有关，如果它不准备告诉我们"什么是善的"和"什么是行为"，那么它显然就不是从本原着手。因为"善的行为"是一个复合的概念：并不是所有的行为都是善的，因为其中有一些肯定是恶的，同时也有一些是无可无不可的。另一方面，除行为以外，其他事物也可以是善的；如果是这样，那么"善的"就表示了某种行为和其他事物所共有的性质；如果我们离开全部善的事物，单独考察善的行为，那么我们就会有出错的危险，即误认为这种特性不是其他事物所分享的性质；这样我们甚至会把这种狭隘意义上的伦理学弄错，因为我们将不会懂得，什么是真正善的行为。这是许多著作家，由于他们的探究仅仅局限于行为，而实际上犯了的错误。因此，我得首先探讨，"一般说来，什么是善的"，从而力图避免这种错误；希望我们一旦对此达到某种确实性，解决善的行为的问题就会容易得多，因为我们都非常清楚地知道什么是"行为"。于是，这就是我们的第一个问题：什么是善的？什么是恶的？并且我把对这个问题（或者这些问题）的讨论叫做伦理学，因为这门科学无论如何必须包括它。

3. 但是，这是一个可以具有许多意义的问题。例如，如果我们各自说，"我现在很好"或者"我昨天吃了一餐好饭"，这些陈述其中每一个都是对我们的问题的某种答案，尽管也许是错误的。同样，当甲问乙，他应当送他的儿子上什么学校的时候，乙的回答将必定是一个伦理判断。与此类似，对任何过去、现在和将来的人物或事物所作的一切赞扬或谴责，也肯定是对"什么是善的"这一问题的某种答案。在这一切情况下，某种特殊事物被判定是善的或者是恶的：问题"什么"是以"这个"来作答的。然而科学的伦理学并不是在这个意义上提出问题的。这类亿万个必定正确的答案中的任何一个，都不能构成一个伦理学体系的一个部分；尽管这门科学必须包含足够的理由和原理，以决定它们全体的真理性。世界上过去、现在和未来的人物、事物和事件简直太多了，讨论它们的个别价值是任何科学所容纳不了的。因此，伦理学决不处理这种性质的事实，即独特的、个别的、绝对特殊的事实，像史学、地理学、天文学这类学科不得不至少部分地加以处理的事实。同时，由于这个理由，对个人进忠言或作规劝，并不是伦理哲学家的事情。

4. 但是，还有另一个意义，可以赋予"什么是善的"这个问题。"各种书都是好的"是对它的一个答案，尽管是一个显然错误的答案；因为有些书确实非常坏。并且这类伦理判断确确实实属于伦理学，尽管我将不处理许多这类判断。"快乐是善的"这一判断就是这样，伦理学对它的真理性应加以讨论，尽管它远不及我们即将花费很多时间来研究的另一判断——"惟有快乐是善的"——那样重要。在包含一个"美德"名单的那种伦理学著作中，例如在亚里士多德的《伦理学》中，所作的就是这一类的一些判断。然而正是这同一类的判断，构成一般认为跟伦理学不同的一门学科，并且名望远逊的一门学科——决疑论学科的内容。人们会告诉我们，决疑论与伦理学不同，它要详细和特殊得多，而伦理学要普遍得多。可是，最重要的是应注意到，决疑论并不处理什么绝对的特殊东西——在它和普遍东西之间能够划一条完全精确的界限这惟一意义上的特殊东西。上述特殊不是在刚提到的这个意义上，即在这本书是一本特殊的书，甲的友人的忠告是一特殊的忠告这个意义上的特殊。决疑论确实可以比较特殊，而伦理学可以比较普遍；可是，这意味着它们仅仅在程度上，而不是在类别上有所不同。同时，当"特殊"和"普遍"二词在这种通常的，但非精确的意义上使用的时候，一般正是意味着这种情况。仅就伦理学容许它自己开列各种美德名单，甚至指出理想的诸要素来说，它跟决疑论是没有区别的。二者都是同样像在物理学和化学中那样处理"什么是普遍的"这个意义上，处理"什么是普遍的"。正像化学指望发现什么是无论何处出现的氧气的性质，而不仅仅是这个或那个氧气样品的性质一样，决疑论指望发现什么行为是善的，不管它们是在什么时候发生的。在这一点上，伦理学和决疑论同样属于像物理学、化学和生理学这样一类的科学，而它们跟另一些科学，例如史学和地理学，是有绝对区别的。同时，要注意，由于决疑论的研究具有详尽的性质，它们比通常分配给伦理学的研究更加接近于物理学和化学。正像物理学不能停止在满足于发现光是凭借以太波传播的①，而必须继续去发现与各个颜色相对应的各种以太波的特性一样，决疑论不能满足于仁爱是一种美德这一普遍规律，而必须力求发现每个不同形式的仁爱的各种相对价值。因此，决疑论构成伦理科学的理想的一部分；伦理学缺少它，就不可能是完备的。决疑论的缺陷并非原则性的缺陷，它的目的和对象是不能加以反对的。它过去之所以失败，仅仅是由于在我们现在的知识状况下，它是一个过分难于适当加以处理的题目。决疑论者不能辨别那些决定它所处理的事件的价值的因素。因此，它常常把两个实际上仅仅在某一别的方面相同的事件，看作在价值上是相同的。这种研究的有害影响，是由于这类错误而产生的。因为决疑论是伦理学研究的最终目标；所以，安全地尝试它，不能在我们研究的开端，而只能

---

① 现代物理学证明：1. 关于存在以太媒质的假设与实验事实不符，因而不能成立；2. 光是电磁波，而不是所谓以太波。

在末尾。

5. 但是，我们的问题"什么是善的"还可以具有另一意义。在第三方面，我们的意思可能并不是探讨什么事物，或者哪些事物是善的，而是去探讨怎样给"善的"下定义。这是一种仅仅属于伦理学，而不属于决疑论的探究；而且，这是我们将首先从事的探究。

这是一种应该予以最特别注意的探究；因为怎样给"善的"下定义这个问题，是全部伦理学中最根本的问题。除"善的"的对立面"恶的"外，"善的"所意味着的，事实上是伦理学特有的惟一单纯的思想对象。因此，它的定义是伦理学定义中的最主要之点；并且关于它的错误会远比任何其他错误，留下更多的错误的伦理判断。除非这第一个问题得到充分的理解，同时它的正确答案得到明确的认识，从有系统的知识的观点来看；伦理学其余部分是同样无用的。不知道这个问题的答案的人们跟知道的人们一样，固然可以作出上面处理的两类正确的伦理判断；而且，不用说，这两类人可以过同样好的道德生活。但是，如果说，缺乏对这个问题的正确答案，而最普遍的伦理判断却会同样有效，这是非常靠不住的；不久我将试图证明，一些最严重的错误大都是由于相信一个错误的答案所致。而且，一个人如果不知道这个问题的答案，就不可能知道什么是任何一个伦理判断的证据。可是，作为一门有系统的科学，伦理学的主要目的是给认为这个或那个是善的这种判断，提供正确的理由，而且，除非这个问题得到解答，那是不可能提供这样的理由的。因此，即使且莫说错误的答案会引到错误的结论这个事实，本探究是伦理科学最必需和最重要的一部分。

6. 那么，什么是"善的"呢？怎样给"善的"下定义呢？于是，也许认为这是个咬文嚼字的问题。一个定义确实常常意味着用其他的一些字眼来表达一个词的意义。然而这并不是我正在探求的那种定义。除在词典编辑法上外，这种定义在任何学科中都永远不能具有根本性的重要意义。如果我需要这种定义，那么我将首先必须考虑，人们一般是怎样使用"善的"一词的；但我的工作并不牵涉为习惯所确定的它的正当用法。诚然，如果我试图用它来代表某种它通常并不表示的东西，譬如说，如果我声明，无论何时我使用"善的"一词，人们必须理解我正在思考通常用"桌子"一词来表示的客体，那么我确实是不智。因此，我将在我所认为的普遍使用该词的意义上使用该词；但同时，我并不渴望讨论，我认为该词这样用是否正确。我的工作只牵涉我所掌握的客体或观念，即该词通常用来表示的东西；当然，我所掌握的也许是对的，也许是错的。我希望发现的是这客体或观念的本性，并且关于这一点，我极端渴望达到大家意见一致。①

但是，如果我们在这个意义上来理解这个问题，那么我对它的答案也许似乎是一个非常令人失望的答案。如果我被问到："什么是善的？"我的回答是：善的就是善的；并就此了事。或者，如果我被问到："怎样给'善的'下定义？"我的回答是，不能给它下定义；并且这就是我必须说的一切。然而这些答案虽似令人失望，却是极其重要的。对于熟悉哲学术语的读者，我可以用一句话来表达它们的重要性，即是说它们相当于：关于善的诸命题全都是综合的，而绝不是分析的。这显然绝不是无足轻重的问题。这同样一件事，也可以用一种更通俗的说法来表达：如果我是正确的，那么谁也不能借口这就是"该词的真正意义"，而骗我们接受"快乐是惟一善的东西"，或者"善的东西就是所想望的东西"这样的公理。

7. 那么，让我们来讨论这个命题。我的论点是："善的"是一单纯的概念，正像"黄的"是一单纯的概念一样；正像绝不能向一个事先不知道它的人，阐明什么是黄的一样，你不能向他阐明什么是善的。我所探求的那种定义，即描写一个词所表达的客体或概念的真实本性，而不仅仅是告诉我们该词是用来表示什么意义的定义，惟有在讨论的客体或概念是某种复合的东西的情况下才是可能的。你能给一匹马下一个定义，因为一匹马具有许多不同的性质和特质，而这一切你能列举出来。可是，当你已经把它们全部列举出来的时候，当你已经使一匹马简化为它的一些最简单的术语的时候，那么你就不能再给这些术语下定义了。它们单单是你所想到或知觉的某些东西，你绝不能利用任何定义，使任何一个不能想到或知觉它们

————————

① 摩尔认为，大家一致的意见是真理的准绳。参见本书第45节。（这里所说的"本书"指原中译本，注释性文字中所说的"本书"章节序码、页码等均指原中译本或原外文版的章节序码、页码。）

的人知道它们的本性。这一点也许会遭到反对，因为我们能够向别人描述，他们从来没有见过或想到过的一些客体。例如，我们能够使一个人懂得，吐火兽是怎样的，尽管他从来没有听说过或者看见过一匹。你能够告诉他，它是一匹野兽，具有母狮的脑袋和身子，背脊中央长着一个山羊头，而尾巴是一条蛇。然而这里你所描绘的客体是一个复合的客体；它纯粹是由我们全都十分熟悉的各部分——一条蛇、一头山羊、一头母狮——所组成；而且我们也知道这些部分是按怎样的一种方式组合起来的，因为我们知道，母狮背脊中央是什么意思，同时其尾通常长在什么地方。所以一切事先不知道，而我们能够下定义的客体都是这样的：它们全是复合的；全是由这样一些部分组成的，其本身首先能够下类似的定义，但最后一定简化为一些最简单的部分，而不能再下定义了。可是，我们说，"黄的"和"善的"并不是复合的；它们是那种单纯的概念，由其构成诸定义，而进一步对其下定义的能力就不再存在了。

8. 当我们像韦伯斯特①那样说，"马的定义是'一匹马属有蹄四足兽'"，我们事实上可以意指三种不同的东西。(1)我们可以仅仅意指："当我一说到'马'，你会懂得，我正在谈及一匹马属有蹄四足兽。"这可以叫做任意的文字定义；而我的意思并不是说，在这个意义上，"善的"是不能下定义的。(2)我们可以像韦伯斯特应该意味着的那种，意指："当大多数英国人说到'马'的时候，他们意指一匹马属有蹄四足兽。"这可以叫做正当的文字定义；而我也不是说，在这个意义上，"善的"是不能下定义的；因为肯定可能发现，人们是怎样使用一个词的；要不然，我们决不能知道"善的"可以译成德文的"gut"和法文的"bon"。但是，(3)当我们给马下定义的时候，我们可以意指某种更重要的东西。我们可以意指某一客体，而我们全都知道，它是按某种方式组成的：它具有四条腿、一个头、一个心、一个肝等，而这一切是按一定的相互关系排列起来的。正是在这个意义上，我否认"善的"是可以下定义的。我认为，它并不是由若干部分组成的，当我们想到它的时候，就可以在我们心里用这些部分来

---

① 诺亚·韦伯斯特(1758—1843)，美国词典编纂家。

代替它。我们可以同样清楚地、正确地想到一匹马，如果我们想到它的各个部分及其排列，而不去想整体的话。我认为，以刚才我们所采取的方法，我们可以同样妥当地，同样精确地想到一匹马跟一头驴是怎样不同，只是不那么容易罢了。然而我们不能用任何东西这样来代替"善的"，而这就是我断言"善的"是不能下定义的意思。

9. 然而我担心我仍旧没有消除阻碍人们接受下述一命题的主要障碍："善的"是不能下定义的。我的意思并不是说，善的东西，即"善者"是不能这样下定义的；如果我这样想，我就不写伦理学著作了，因为我写作的主要目的是促使发现那种定义。我现在坚持"善的"是不能下定义的，正因为我认为，这将减少我们在探索"善的东西"的定义时犯错误的危险性。我必须力求说明这二者的区别。我假定，可以承认"善的"是一个形容词；那么，"善的东西"，即"善者"就必须是"善的"这个形容词所适合的一个名词。这个形容词所适合的，必须是这个东西的整体，并且这个形容词必须总是真正适合它。然而，如果该整体是这个形容词所适合的东西，那么，它必须是跟这个形容词本身不同的某种东西；并且，这个不同的某种东西的整体，不管它是什么，将是我们给"善的东西"下的定义。于是，可能是这样：除了"善的"，这个东西还会有其他适合的形容词，譬如说，它可以是充满快乐的；它可以是理智的。并且，如果这两个形容词果真是它的定义的一部分，那么，断言快乐和理智都是善的，这无疑将是正确的。许多人似乎认为：如果我们说"快乐和理智是善的"，或者如果我们说"惟有快乐和理智是善的"，那么我们是在给"善的"下定义。好，我不能否认，这种性质的一些命题有时可以叫做定义；我对这个词的一般用法还不够清楚，因此不能决定这一点。我仅仅希望人们了解：那并不是当我说"不可能给'善的'下定义"时，所意指的；而且，如果我再使用这个词，我也不会表示这个意思。我极端深信：具有"理智是善的和只有理智是善的"这一形式的某一真实命题是能够找到的；如果找不到，我们给"善的东西"下定义将是不可能的。但事实上，我相信善的东西是可以下定义的；然而我仍旧断言，"善的"本身是不可能下定义的。

10. 因此，如果当我们说，这个东西是善的，我们用"善的"表示我们断言属于这个东西的那种特质，那么"善的"在"定义"一词的最重要的意义上，是不能下任何定义的。"定义"的最重要的意义是这样的一个意义，在这个意义上，一个定义要陈述那些必定构成某一整体的各部分。然而，在这个意义上，"善的"是没有定义的，因为它是单纯的，并没有若干部分。它是那些本身不能下定义的无数思想对象之一，因为这些对象是最后的术语，无论什么能下定义的，都必须参照它们来下定义。仔细想想，显然有无数个这种术语；所以，除了作一分析，我们给什么也不能下定义，而当分析被推进到所能达到的深处时，它能叫我们注意跟任何别的东西绝对不同的某种东西，并利用这一最后的不同，说明我们为之下定义的这个整体的特性；因为每一个整体都包含某些也为其他一些整体所共有的部分。因此，主张"善的"表示一种单纯的、不可下定义的特质，并不存在本质上的困难。这样一些特质的其他实例是很多的。

例如，现在来研究一下"黄的"。我们可以描写它的物理上的相等物（physical equivalent）来尝试给它下定义；我们可以陈述，必须哪种光振动刺激正常的眼，才能使我们知觉它。可是，只要稍稍想一想，就足够证明，这些光振动本身并不是我们说"黄的"所意味着的。它们并不是我们所知觉的。真的，如果我们不是首先见到过各不同色彩之间的特质的明显差异，我们永远也不能发现它们的实存。关于那些振动，我们最多只能有资格说，它们是空间中跟我们实际所知觉的"黄的"相当的东西。

但是，关于"善的"，通常就犯了这样一个简单的错误。真的，一切善的事物也是某种别的事物；这正像一切黄的东西产生光的某种振动一样真实。并且，伦理学的目的在于发现什么是属于一切善的事物的其他各性质，这是事实。然而许许多多的哲学家们认为：当他们说出这些别的性质时，他们实际就是在给"善的"下定义；并且，认为：这些性质事实上并不真正是"别的"，而是跟善性绝对完全相同的东西。我打算把这种见解叫做"自然主义的谬误"，并且我现在就试图对它加以处理。

11. 让我们来研究一下这样的哲学家们说了些什么。而且首先要注意，他们本身之间意见是不一致的。他们不仅说，就什么是"善的"而论，他们是正确的；而且他们竭力证明，说它是某种别的东西的人们是错误的。例如，一个断言"善的"就是快乐，而另一个也许断言"善的"就是所想望的东西；并且他们每一个都将锐意证明，别人是错误的。可是，那怎么可能呢？他们之一说，"善的"无非是想望的对象；而同时却试图证明，它不是快乐。然而，根据他的头一个主张，即"善的"恰恰意味着想望的对象，他的证明的结果必定是下列二者之一：

（1）他可能在试图证明，想望的对象不是快乐。但是，如果这就完了，那么他的伦理学在哪里呢？他所坚持的见解仅仅是一个心理学的见解。想望是在我们心里发生的某种东西，而快乐是这样发生的另一东西；我们的自称自许的伦理哲学家仅仅是在主张，后者不是前者的对象。然而这跟所争论的问题有什么关系呢？他的论敌坚持这样一个伦理学命题，即快乐是善的东西；那么，尽管他把快乐不是想望的对象这一心理学命题证明了一百万次，但他仍然没有向证明他的论敌错了这一点前进一步。情况正像下面所说的。一个人说，一个三角形是一个圆；而另一个回答说："一个三角形是一条直线，并且我将给你证明，我是正确的；因为（这就是惟一的论证）一条直线不是一个圆。""那十分正确"，第一个会回答说，"但是，一个三角形仍然是一个圆，而且你没有举出任何东西，证明相反。所证明的是我们当中的一个错了，因为我们都同意，一个三角形不能既是一条直线，又是一个圆；然而哪一种说法错了，不可能有现实的手段来加以证明，因为你把一个三角形定义为一条直线，而我把它定义为一个圆"。——好，这就是自然主义伦理学不得不面临的一种二中取一的选择；如果"善的"被定义为某种别的东西，那么，或者不可能证明任何其他定义是错的，或者甚至不可能否认这样的定义。

（2）另一种选择也绝不是比较受欢迎的。这种选择是：其讨论归根结底是一种咬文嚼字的讨论。当甲说"'善的'意味着'愉快的'"，而乙说"'善的'意味着'所想望的'"时，他们可能仅仅希望确定，大多数人用这个词分别代表什么是"愉快的"和什么是"所想望的"。这的确是一个有趣的讨论题；不过它并不比最前面的讨论多一丝一毫伦理学讨论的气味。我也并不认为，任何一个自然主义伦理学的代表会乐意承认，这就是全部他所意味着的。他们全都非常想使我们相信，他们称之为善的东西的，就是我们真正应该做的。"请务必这样做，因为'善的'一词一般就是用来表示这种性质的一些行为。"看来这就是他们的学说的本旨。而且，就他们告诉我们应如何行动而言，他们的学说确实是伦理学的，正像他们所想的那样。但是，他们为它提供的理由却是何等荒唐透顶！"你应该做这个，因为大多数人们用某一个词表示这样的行为。""你应该说这事物不存在，因为大多数人称它为虚妄。"这个论证和上面的论证恰好一模一样！——亲爱的先生们，我们把你们看作伦理学教员，想从你们那里了解的，不是人们如何使用一个词，甚至不是人们赞许哪种行为，像"善的"一词的用法所确实暗示的。因为我们想要了解的仅仅是：什么是善的。诚然，我们可以同意，大多数人们对于"善的"的考虑实际上是这样的；无论如何，我们将高兴知道他们的见解。但是，当我们说到他们关于"什么是善"的意见时，我们意指我们所说的；我们并不计较他们把他们所意味着的那事物叫做"马"或者"桌"，或者"椅"，叫做"gut"，或者"bon"，或者"ἀγαθός"①；我们想知道他们这样叫的究竟是什么。当他们说"快乐是善的"的时候，我们不能相信，他们单单意味着"快乐就是快乐"，并且除此没有别的。

12. 假定一个人说"我是愉快的"，并且假定这不是谎话，也不是错误，而是真实。好，如果这是真实，那么这是什么意思呢？这意思是：他的心，一颗以某些确定的标志跟所有其他的心区别开来的确定的心，在这一瞬间具有某一确定的叫做"快乐"的感觉。"愉快的"不外意味着具有快乐，尽管我们可以是具有较大的愉快或者具有较小的愉快，甚至我们可以暂且承认，具有这种或那种快乐；但是，就它是我们所有的快乐来说，无论它是大还是小，并且无论它是这一种还是那一种，我们所具有的是绝对不能下定义的一定事物，即在一切不同的程度上，在一切可能有的不同种类上，都是相同的一定事物。我们也许能够说，它是怎样跟其他诸事物关联着的；例如，它在心中，它引起想望，我们意识到它，等等。我认为，我们能够描写它对其他诸事物的诸关系，但我们却不能给它下定义。如果任何一个人为我们把快乐当作任何其他自然客体来下定义；譬如，如果一个人说，快乐意味着红的感觉，并进而从这一点推断，快乐是

---

① 这三个外文字分别是德文的、法文的和希腊文的"善的"。

一种色彩，那么我们有权利嘲笑他，并且不相信他对快乐作的各种陈述。好，这将是跟我称为自然主义的谬误相同的一种谬误。"愉快的"并不意味着"具有红的感觉"，或者任何别的事物，这一点并不妨碍我们理解它真正是什么意思。我们知道"愉快的"意味着"具有快乐的感觉"就够了；并且，虽然快乐是绝对不能下定义的，虽然快乐就是快乐，而不是任何别的事物，但我们并不感到有什么困难，说我们是愉快的人。这理由当然是：当我说"我是愉快的"时，我并不意味着，"我"是跟"具有快乐"一样的东西。同样地，也不应对下面的话感觉什么困难：即我说"快乐是善的"，但并不意味着："快乐"是跟"善的"一样的东西，快乐意味着"善的"，并且"善的"意味着快乐。如果我设想，当我说"我是愉快的"时，我的意思是"我是跟'愉快的'一样的东西"，我绝不会把这叫做自然主义的谬误，尽管对伦理学来说，它跟我称为自然主义的谬误相同。这理由是很显然的。当一个人把两个自然客体相互混淆起来，用另一个来给这一个下定义时，例如，当他把他自己这个自然客体跟另一个自然客体"愉快的"，或"快乐"混淆起来时，那么，没有理由把这谬误叫做自然主义的谬误。但是，如果他把"善的"这个并非同一意义上的自然客体跟任何一个自然客体混淆起来，那么，有理由把这叫做自然主义的谬误；它是对"善的"来说，因而使它显然成为某一非常特殊的东西，而这一特定的错误应该有一个名，因为它十分普通。至于为什么不把"善的"看作一个自然客体，其理由将留待别处讨论。然而，目前只要注意到这样一点就够了：即使它是一自然客体，这丝毫也不能改变这种谬误的性质和减少它的严重性。我听说的关于它的一切，仍然是完全同样真实的；只是我给它取的名会不像我所认为的那样适当罢了。并且我并不关心名称，我所关心的是谬误。只要当我们遇见它的时候就能认识它，"叫它什么"是无关紧要的。它几乎在任何一本伦理学著作中都可能遇见，但却没有人认识它。这就是为什么必须多举例说明它，这就是为什么给它取一个名是合宜的。其实这是一个非常简单的谬误。当我们说橘子是黄的时，我们并不认为我们的陈述迫使我们认为："橘子"不外意味着"黄的"，或者只有橘子才能是黄的。设想这橘子也是甜的吧，这难道会迫使我们去认为，"甜的"恰恰是跟"黄的"一样的东西，"甜的"必须定义为"黄的"吗？而且，如果认为"黄的"只意味着"黄的"，而不意味着任何别的东西，难道这会使"主张橘子是黄的"有了困难吗？可以完全肯定不是这样。恰恰相反，除非归根结底，"黄的"只意味着"黄的"，而不意味着任何别的东西——除非它是绝对不能下定义的，说橘子是黄的就是绝对没有意义的了。我们将不会得到对黄的东西的任何十分清晰的概念，——我们将不会把我们的科学推进得很远，如果我们必得认为任何黄的东西恰恰只意味着跟"黄的"是一样的东西的话。我们将发现，我们不得不认为，一只橘子恰恰是跟一张凳子、一张纸、一只柠檬以及你乐意选择的任何东西一样了。即使我们能够证明任何数量的荒唐事情，难道我们就会更接近真理了吗？那么，对"善的"来说，为什么就不同了呢？如果"善的"就是"善的"，是不能下定义的，为什么就认为我否认快乐是善的呢？认为两种情况都是真实的，难道有任何困难吗？正相反，说快乐是善的，这是没有任何意义的，除非"善的"是跟快乐不同的某种东西。就伦理学来说，像斯宾塞先生所努力做的那样，证明快乐的增加跟生命的增加是一致的，这是绝对无益的，除非"善的"意味着既跟生命，又跟快乐不同的某种东西。他倒不如通过指明橘子总是包在纸里，来试图证明橘子是黄的哩！

13. 事实上，如果不是这样一种情况，即"善的"表示某种单纯的和不能下定义的东西，那么，只有两种二者取一的选择是可能的：或者它是一个复合体，即某一整体，关于它的正确分析可以存在不同意见；或者它根本不意味着任何东西，并且不存在伦理学这样的学科。可是，伦理哲学家们一般都企图给"善的"下定义，却没有认识到这一企图必定意味着什么。他们实际上所使用的论证，或者陷于第 11 节中所研究的两点荒唐之一，或者两点具备。因此，我们有理由断定：企图给"善的"下定义，主要是由于对定义可能具有的性质缺乏明确认识。为了确定"善的"是一个单纯的和不能下定义的概念这一结论，事实上，只要对两种重要的二中取一的选择加以考虑就成了。它可以像"马"一样表示一复合体；或者它根本没有意义。然而这两种可能性的任何一种都没有被那些胆敢给"善的"下定义的人们，这样清晰地想到过和严肃地主张过；而这二者是可以通过对事实的简单查考来加以驳倒的。

（1）如果考虑一下这个事实，即不管对"善的"提出什么定义，往往可以对这样下定义的复合体，有意义地追问它本身是否是善的，那么，十分显然可以看出：假定关于"善的"的不同意见就是关于某一整体的正确分析的不同意见，是错误的。例如，拿这样提出的各定义当中，由于是比较复杂的一个，因而是似乎比较有理的一个来说，乍看起来，似乎容易想象："是善的"可以意指"是我们所想望想望的东西"。如果我们把这个定义应用于一个特殊的例子，说"当我们认为甲是善的时，那么我们就是在认为，甲是我们所想望想望的事物之一"，那么我们的命题似乎是十分有理的。但是，如果我们把这种考察向前推进一步，并问问我们自己"想望想望甲是善的吗？"那么，稍稍反思一下，就很清楚：这个问题本身像原来的问题"甲是善的吗？"一样，是可以理解的；因为我们现在事实上关于"想望想望甲"所要求知道的事情，恰恰跟我们先前关于甲本身所要求知道的事情是相同的。然而同样很清楚，这第二问题的意义不能正确地分析成："想望甲的想望是我们所想望想望的事物之一吗？"因为我们心里没有想到像"我们想望想望想望想望甲吗？"这一问题这样复杂的任何事物。何况任何人都能通过考察而易于确信，这个命题的谓词——"善的"——跟那个构成其主语之一部分的"想望想望"之概念是确实不同，因为"'我们应当想望想望甲'这一点是善的"并不跟"'甲应当是善的'这一点是善的"全然相等。诚然，"我们所想望想望的往往也是善的"这一点可能是真实的；或许，甚至连倒转命题也可能是真实的。但事实是否如此，是非常值得怀疑的；而我们清楚懂得怀疑它是什么意思这惟一的事实，就显然表明：我们心里有两个不同的概念。

（2）而且同样的考察足以驳倒关于"善的"没有任何意义的假定。人们极其自然会犯这样的错误，即认为凡普遍是真实的都具有这样一种本性：它的否定一定是自相矛盾的。哲学史所赋予分析命题的重要性表明，犯这一错误是多么容易。因此，非常容易断定：似乎是一条普遍的伦理学原理的东西事实上是一个同一命题；如果，譬如说，任何被叫做"善的"东西似乎都是快意的，那么"快乐是善的东西"这个命题并不断言两个不同概念之间的一种联系，而仅仅包含一个概念，即容易被认作特殊实体的"快乐"的概念。但是，无论何人，在他问"快乐（或者任何东西）究竟是善的吗?"这一问题时，只要他自己注意思考一下实际上在他心思之前的东西，就能够容易地确信：他不仅仅正在怀疑快乐是不是快意的。并且，如果他连续就每个提出的定义，尝试这个实验，那么他会老练到能认识：在每一种情况下，都有一个独一无二的对象在他的心思之前，而关于这一对象跟任何其他对象的联系，可以提出一个特殊的问题。每个人事实上都懂得"这是善的吗?"这一问题。当他想到它的时候，他的心境跟当人问他"这是快意的，还是所想望的，还是所赞成的?"时所具有的心境是不同的。在他看来，它具有一特殊意义，尽管它可能没有认识到它在哪一方面是特殊的。无论什么时候他想到"内在价值"，或"内在值"，或者说一事物"应当实存"，就有我说"善的"意味着的独一无二的对象（事物的独一无二的性质）在他的心思之前。每个人经常察觉到这个概念，尽管他可能从来根本没有察觉到它跟他也察觉到的其他概念是不同的。但是，每个人应当察觉这一事实，因为，这对于进行正确的伦理推理是极端重要的。而且，一旦对这个问题的本性有了明确的理解，那么，在分析上，向前推进中的困难就必定小了。

14. 因此，"善的"是不能下定义的；但就我所知，只有一位伦理学著作家，即亨利·西季威克教授清楚地认识并叙述了这个事实。其实，我们会看到，许多最有名的伦理学体系都远未能从这一认识得出应有的结论。现在我只引用一例子来说明这样一条原理的意义和重要性："善的"是不能下定义的，或者像西季威克教授所说，是一个"不能分析的概念"。下面是西季威克教授自己在论证"应该"是不可分析的一节[1]中的一个注解中所引用的例子。

"边沁"，西季威克说，"解释说：他的基本原理'说明了，一切其利益被考虑到的人们的最大幸福就是人类行为正当的和适当的目的'"；可是"在同一章的其他各节里，他的话却似乎暗示着"：他用"正当的"一词表示"有助于公共幸福的"的意思。西季威克教授认为，如果你把这两种说法合起来看，那么你会得到这样一个荒唐的结论："最大幸福就是有助于公共幸福的人类行为的目的。"并且，在他看来，像边沁那样把这结论称为"一种道德体系的基本原理"，是非常荒唐的，因此他以为边沁不可能有这个意思。然而西季威克教授自己在另一处[2]却说，心理学上的快乐主义是"往往跟利己主义的快乐主义混淆起来的"；并且，像我们将看到的，这种混乱主要是由于包含在边沁的各种说法中的同一种谬误，即自然主义谬误而产生的。因此，西季威克教授承认：尽管这种谬误是荒唐的，但人们却有时会犯它。而我却好作这种想法：边沁可能真正是犯了这种谬误的人们之一。我们将会看到，穆勒①确实犯了这种谬误。无论如何，不管边沁是否犯了这种谬误，而上面所引证的他的学说却为这种谬误，以及为"善的"是不能下定义的这一相反命题（the contrary proposition）的重要性，提供了一个绝好的例证。

让我们考虑一下这一学说。西季威克教授说，边沁似乎暗示："正当的"一词的意思是"有助于公共幸福的"。其实，这本身并不必定包含自然主义的谬误。因为"正当的"一词极普遍地被应用于导致获得"善的东西"的行为；这些行为被认为是达到理想的东西之手段，而不是目的本身。"正当的"这种用法，表示"什么作为一个手段是善的"，而不管"它作为一个目的是否也是善的"；这实际上是我将给这个词所规定的用法。只有在他已经证明，或者规定"公共幸福是善的东西"，或者（与此相等）"只有公共幸福是善的"这一命题是一公理的条件下（注意这个条件），如果边沁在上述意义上使用"正当的"，那么他要是把"正当的"定义为"有助于公共幸福的"，这是完全前后一贯的。因为在这种情况下，他势必已经把善的东西定义为公共幸福（正像我们已经看到的，这是一种跟"'善的'是不能下定义的"这一论点完全一致的主张）；并且，因为"正当的"既然要被定义为"有助于善的东西的"，它实际上势必会意味着"有助于公共幸福的"。但是，这条逃脱犯自然主义谬误的责难之路，被边沁自己所堵死了。因为我们看到，他的基本原则是：一切有关者的最大幸福是人类行为正当的和适当的目的。因此，他把"正当的"一词照样应用于目的，而不仅仅应用于有助于目的的手段；这样一来，"正当的"就不能再定义为"有助于公共幸福的"，而不包含所讨论的谬误了。因为现在很明显，"'正当的'就是'有助于公共幸福的'"这一定义，能够被他用

---

① 又译"密尔"。

来支持"公共幸福是正当的目的"这一基本原则；而不是从这一原则引出这一定义本身。如果根据上述定义，"正当的"意味着"有助于公共幸福的"，那么，很明显：公共幸福就是正当的目的。现在，并不需要在"正当的"定义为"有助于公共幸福的"以前，首先证明或断言公共幸福是正当的目的——这是一个完全有效的程序。然而，正相反，"'正当的'是'有助于公共幸福的'"这一定义证明"公共幸福是正当的目的"——这是一个完全无效的程序；因为在这种情况下，"公共幸福是人类行为的正当的目的"这一陈述根本不是一条伦理学原则，而正像我们已经看到的，或者是一个关于该词意义的命题，或者是一个关于公共幸福的本性，而不是关于它的正当性或善性的命题。

现在，我不希望我给这一谬误指出的严重性遭到误解。它的发现根本不否定最大幸福是人类行为的适当的目的这一边沁的论点，如果正像边沁无疑想使它成为一个伦理学命题那样，它被理解为这样一个命题的话。这个原则可以依然是正确的；我们将在后面几章中考虑它是否如此。即使向边沁指出了这种谬误，他可能还坚持这个原则，正像西季威克教授那样。我现在所主张的是：他实际上为他的伦理学命题所提供的理由，就其存于"正当的"定义之中来说，是一些荒谬的理由。我要提出的是：他没有发觉它们是荒谬的；如果他发现了，那么他会受到启发，而去寻找其他的一些理由来为他的功利主义辩护；如果他去寻找别的一些理由，那么他可能不曾找到他认为充分的。在这种情况下，他会改变他的整个体系——这是一个最重要的结果。毫无疑问，也可能他会认为别的一些理由是充分的；在这种情况下，他的伦理学体系在它的几个主要结果上，就仍保持不变。可是，即使在后一种情况下，他利用这种谬误也是妨碍他成为伦理哲学家的一个严重障碍。因为伦理学的任务，我必须坚持，不仅是得到一些正确的结果，而且是为这些结果找到一些站得住脚的理由。伦理学的直接目的是知识，而不是实践；而且，任何一个利用自然主义的谬误的人，无论他的一些实践原则多么正确，肯定没有达到这一首要的目的。

因此，我认为自然主义的缺点首先是：它根本没有为任何伦理判断提供理由。远没有提出任何站得住脚的理由；从而在这方面，它已不能满足伦理学作为一门科学研究的各种需要。其次，我认为，尽管它没有为伦理学原理提供一个理由，但它却是接受各错误原理的一个原因——它诱骗心灵去接受各错误的伦理学原理；而在这一点上，它跟伦理学的全部目的是背道而驰的。很容易看出：如果我们从正当的行为就是有助于普遍快乐的行为这一个定义出发，那么，在知道"'正当的行为'通常'就是有助于善的东西的行为'"之情况下，我们十分容易得到"'善的东西'就是'普遍快乐'"这个结果。在另一方面，如果我们一旦认识到我们绝不能从一个定义来开始我们的伦理学，那么，在我们采取任何伦理学原理以前，我们就会比较善于警惕自己得多；而我们越警惕自己，我们采取错误原理的可能性就越小。也许人们会针对这一点而回答说：对，可是在我们建立我们的定义以前，我们将充分警惕自己，使我们恰好是正确的。然而我将尝试证明，事实不是这样。如果我们从能够找到"善的"的定义这一确信开始，如果我们从"善的"所能意味着的仅仅是各事物的某一性质这一确信开始；那么，我们惟一的工作将是发现这种性质是什么①。如果我们认识到，就"善的"意义来说，任何一事物都可以是善的，那么我们开始会虚心坦怀得多。而且，且不说这样一个事实：当我们认为我们有一个定义时，我们就不能以任何方式合乎逻辑地捍卫我们的各个伦理学原理。即使是不合乎逻辑地捍卫它们，我们也将比较不善于适当地进行。因为，我们将从"善的"必须意味着如此这般这一信念开始，因而不是容易误解我们的论敌的议论，就是容易打断他的话，并回答说："这不是一个悬而未决的问题，因为单单这个词的意义就解决了它；除非陷于思想混乱，谁也不能作别的想法。"

注释

[1]《伦理学的方法》第 6 版，第 1 卷，第 3 章，§1。

[2] 同上书，第 4 章，§1。

节选自 [英] 摩尔：《伦理学原理》，北京，
商务印书馆，1983。 长河译。

------

①　摩尔意指：会陷于自然主义的谬误。

［英］普里查德（Harold A. Prichard，1871—1947）

《道德哲学建基在错误之上吗?》（1912）
《义务与利益》（1928）

《道德哲学建基在错误之上吗？》（1912）

可能对大多数道德哲学的研究者而言，他们对整个学科模糊地感到不满意的时代已经到来。这种不满意的感觉日趋增长，而不是减弱。当然，这主要并不是说某些思想家的见解，以及更进一步的他们的论证，似乎是不能令人信服的，尽管这一点确实也是真的。问题更在于该学科的目标变得越来越含糊。人们质问道："从道德哲学那里我们究竟要学些什么？""道德哲学著作究竟试图说明什么？在什么情况下它们的目标是清楚的？为何它们是如此可疑和矫揉造作？"此外，"为何如此地难于用更好的东西来取代它？"就我自己而言，这种日益增长的不满意促使我怀疑，其原因可能就在于，人们通常所理解的道德哲学试图回答不适当的问题。在本文中我将大胆断言，人们通常所理解的道德哲学整个学科的存在建基在错误之上，而且是建基在与通常所谓知识理论以之为基础的错误相似的错误之上的。

如果我们认真反思我们自己的心理历程或道德哲学史，无疑，我们会认识到那种创立道德哲学的要求的性质。任何有教养的人都会感受到生活中各种义务的力量，不时会感受到履行这些义务所带来的烦恼，并且认识到相关利益的牺牲。如果深思熟虑的话，他必定会给自己提出这样的问题："至今我一直认为我应该这样行事，但确实存在我应以这种方式行事的理由吗？在我以前的思考中，难道我不可能一直处于幻觉中吗？我难道不应提供单纯想过快乐生活的理由吗？"另外，像格劳孔（Glaucon）一样，当他感到他毕竟应以这些方式行事时，他要求证明这种感觉是合理的。换句话说，他追问："我为何应做这事？"而他以及其他人的道德哲学探讨则试图提供这个问题的答案，即通过反思过程对他以及他们在反思之前就立即或未经证明就加以相信的东西的真理性提出证明。这种心灵构架与知识理论的心灵构架极为相似。履行义务经常会与我们爱好的满足发生严重的冲突，认识到这一点会促使我们怀疑我们是否真的应该去履行我们通常称之为义务的行为；同理，我们和其他人在知识上通常都易犯错误，认识到这一点会促使我们怀疑我们可能总是在犯错误，笛卡儿就是这样怀疑的。我们试图证明我们应以通常所谓道德的方式行事，这种证明是建立在对行为和对人类生活的一般考虑之上的；同理，像笛卡儿一样，通常对我们的思维进行认真的反思，我们试图找到知识的检验标准，即找到一个原则，通过该原则的运用我们能够证明心灵的某种状况实际上是知识，这种状况被假定为是独立于反思过程而存在的。

那么，道德问题一直是如何被回答的？据我所知，答案分为两种，而且从实际需要看也应分为两种。要么他们声称我们应该如此这般行事，因为这样做对我们有好处，当我们全然理解事实时我们会明白这一点，实际上，更确切地说，这样做是为了我们的利益，或者更进一步说是为了我们的幸福；要么他们声称我们应该如此这般行事，因为在该行为中或通过该行为所实现的某种东西是善的。换句话说，回答"为何"问题的理由要么从行为主体的幸福方面来规定，要么从包含在行为中的某种东西的善性方面来规定。

为了解前种回答之流行，我们只需考察道德哲学史。让我们举一些显而易见的例子，如柏拉图、巴特勒（Bulter）、哈钦森（Hutchinson）、佩利（Paley）、密尔等人都以各自的方式试图从根本上使个人相信他应该以所谓道德方式行事，他们指出，这样做实际上是为了他的幸福。也许柏拉图是一个最重要的范例，因为在所有的哲学家中，我们最不愿意把在这种问题上的错误归咎于他，对他来说，这个错误应该是造成该错误的倾向之根深蒂固的证据。为表明柏拉图实际上是用有益性来证明道德性，惟一需要指出的是：（1）该论题应该满足的公式——正义是他人的善——意味着任何对它的反驳必须表现为证明正义是某人自己的利益；(2)"有利于(某人)"这个词不仅提供了问题的关键，而且提供了问题之解决的关键。

以这种方式证明依道德规则行事的倾向是自然的。因为正如通常所发生的那样，如果我们给自己提出"为何我们应如此这般行事"这个问题，我们满足于相信，或者这样做会导致我们想要的某种东西(如吃药将会治愈我们的疾病)，或者这样做本身就是我们想要或喜欢的某种事情，如打高尔夫球，当我们理解该行为的性质时，我们明白这一点。对问题的系统表达隐含着对行为的不情愿或不关心的状态，而我们是由回答带入情愿状态的。而这个过程似乎恰恰是我们在问像"为什么应对我们自己的损失信守诺言"这样的问题时所期望的东西；因为恰恰是信守诺言同我们的期望的满足相冲突这个事实导致了这个问题。

当然，这个答案不是答案，因为它无法使我们相信我们应该信守诺言：即使它在自己的范围内是成功的，这也只是使我们想要信守诺言。实际上，康德只是在区分假言命令和直言命令时才指出这个事实，但他使该事实的性质含糊不清，因为他错误地把他所谓"假言命令"说成是命令。但是，如果这个答案不是答案，那我们能提供什么其他答案？情况似乎是，我们只能提供惟一的答案，这个答案把做某事的义务建立在善性的基础之上，而这个善性要么属于行为所导致的某种东西，要么属于行为本身。例如，当我们怀疑我们是否真的应该以通常所谓道德的方式行事时，作为消解疑惑的一种方式，人们告诉我们，那些正当的行为产生幸福。我们立即追问道："谁的幸福？"如果我们被告知："那是我们的幸福"，那么，我们会毫不犹豫地以这些方式行事，但我们将不能重获我们应该这样做的道理。但是，我们如何能避免这个结果？显然，只能通过人们告诉我们下述两种事情中之一种：要么任何人的幸福就是善事本身，因而我们应该做能导致幸福的一切事情，要么为幸福而劳作本身就是善的，而这种行为内在的善性就是我们应该做它的理由。这种对某物之善性的诉求的优势体现在它避免了指涉欲求这个事实，相反，它涉及某种非个人的、客观的东西。以这种方式，避免把义务分解为倾向似乎是可能的。但是，恰恰因此之故，这个答案的实质是，为了有效，它必须既不包括也不包含这样的观点：对任何事物之善性的理解必定激起对它的期望。否则的话，这个答案就把它自己分解为前种答案的形式，它只是以义务感取代期望或倾向，以这种方式丧失了看起来似乎是它特别的优势的东西。

在我看来，这个回答的两种形式都不成功，尽管它们的不成功各有理由。

让我们先考虑第一种形式。这种形式可能就是通常意义上的所谓功利主义，在这种形式中善的东西不限于快乐。功利主义以本身不是行为但能为行为所引起的某物和将会产生该物的行为之间的区分为立足点，而且它还坚持认为，如果不是行为的某物是善的，那么，我们就应该进行将会直接或间接地产生该物的行为。[1]

但是，如果这个论证要恢复行为的义务感，它就必须以一个居间的环节为前提，即善的东西应该存在这个进一步的论题。[2]这个环节的必要性是显而易见的。一个"应该"的东西，如果它真是被推导出来的话，那它也只能由另一个"应该"的东西推导出来。另外，这个环节心照不宣地以另一个环节为前提，这另一个环节就是某种不是行为的善事应该存在这个主张恰恰包含由对创造该善事的行为进行思考而引起的责任感或义务感。否则的话，那个论证就不会促使我们感受到通过行为创造善事的义务。无疑，这个环节及其所蕴涵的东西是错误的。[3]"应该"这个词涉及行为且仅仅涉及行为。适当的语言从来就不是"如此这般的东西应该存在"，而是"我应该如此这般做"。即使我们有时会说世界或其中的某种事物不是它应当是的东西，我们真正的意思是上帝或某个人还没有使某物成为他应该使之成为的东西。要求我们仅能把加在我们身上的义务体验为属于我们权力范围的某种东西仅仅是说明了这个事实的另一方面；因为正是行为且仅仅是行为至少直接在我们的权力范围内。

然而，发现这个观点的不成功的最好方式也许是发现它无法与我们实际的道德信念相符。假设我们质问我们自己，我们应该还债或说真话这个观念是否由于我们认识到在这样做时我们应该是在发起某种善的东西，如 A 中的物质享受或 B 中的真实信念，这也就是说，假设我们质问自己它是否是促使我们认识到我们应该做它的行为的这一方面，我们会立即且毫不犹豫地回答说"不"。另外，如果我们以我们应该在两个党派间公正行事这个观念为例，如果可能的话，我们甚至会更加毫不犹豫地给予相似的回答。因为导致善的平衡往往不在正义那边。

至多只能说在功利主义观点中有这种真理因素，即除非我们认识到行为所创造的某物是善的，否则我们不应承认我们应该做该行为。除非我们认为知识是好东西——人们也许竭力主张这一点，否则我们不应该认为我们应说真话；除非我们认为痛苦是坏事，否则，在没有特殊理由的情况下，我们不应认为痛苦的打击是错误的。但是，这并不意味着错误的恶是撒谎之错误的理由，或者说，痛苦的恶是在没有特别理由的情况下我们不应该遭受痛苦的理由。[4]

我认为，正是由于这种形式的见解如此明显地与我们的道德意识不一致，因此，我们被迫采纳另一种形式的见解，即行为就其本身而言就是善的，而且它的内在的善性就是我们为什么应该做它的原因。这种形式的见解总是最引人注目的，因为行为本身之善性似乎比它单纯的结果或后果更为紧密地与做该行为的义务相关联，因而，如果义务是建立在某物之善性的基础上，那么，这种善性看起来应该是行为自身的善性。另外，这个见解还从这样的事实获得其可能性，这个事实就是道德行为最为明显的是"内在的善"这个词能运用于其上的那些行为。

然而，尽管这个见解也许较不浅薄，但它同样也是站不住脚的。因为它导致了试图解决康德的善良意志理论所引起的问题的每一个人所必须面对的两难困境。为理解这一点，我们只需考虑我们把"内在的善"这个词运用于其上的行为性质。

当然，无疑，我们会赞许甚至钦佩某些行为，而且我们还应该把它们说成是善的。但是，我认为，同样不可置疑的是，我们的赞许以及对"善"这个词的使用总是就动机而言的，而且它所涉及的是实际已经做出的行为，是我们认为知道其动机的行为。另外，我们所赞许的行为和我们应把它们看作具有内在的善的行为属于且仅仅属于两种行为。它们要么是行事者在其中为其所为的行为，因为他认为他应该做它，要么是其动机是由善的情感（如感激、仁爱、亲情，或公益精神）所激发的期望的那种行为，在道德哲学著作中，这种期望最突出的特点是那种可被含糊地归之为所谓仁慈的东西。为了简便起见，我忽略了部分地依据某个这种期望以及部分地依据义务感所做的那些行为实例；因为即使所有的善行都是依据这些动机的结合做出的，下述论证仍将不受影响。两难困境是这样的：如果我们据以把一个行为看作善行的动机是义务感，那么，就此而言，我们应该做该行为的判断是由我们对它的善性的理解推论出来的，但我们对它的善性的理解又以我们应该做它这个判断为先决条件。换句话说，在这种情况中，承认某个行为是善的明显地应以承认该行为是正当的为先决条件，然而我们所考虑的观点是对行为的善性的认可导致对其正当性的认可。另一方面，如果我们据以认为一个行为是善行的动机是某种内在的善良愿望，如帮助朋友的愿望，那么，认识到行为的善性将同样无法产生做该行为的义务感。因为我们无法感受到我们应该做它，该行为的做出被假定为单纯地是由做它的愿望所激起的。[5]

作为这个见解之基础的谬误是，尽管把行为的正当性建基在它内在的善性之上意味着所讨论的善性是动机的善性，但实际上行为的正当与失误根本与动机无关。因为，任何事例都会表明，行为的正当性涉及的不是较完整意义上的行为，而是较狭窄、较通常意义上的行为，较完整意义上的行为包括行动的动机，而在较狭窄、通常的意义上，我们则把行为和动机区分开，我们以行为仅仅意指某物的有意识的发起（origination），在不同的场合或不同的人们那里，这种发起可能由不同的动机所激起。"我应该付账吗？"这个问题实际上仅仅意味着"我应该带走我的店主们的财产吗？我以前的行为明显或不明显地表明我答应过他们。"这里并不存在也不可能存在我是否应依据特定的动机还清我的债务这个问题。无疑，我们知道，如果我们还债，我们将有动机地还债，但在考虑我们是否应当还债中，我们必定抽掉动机而考虑行为。即使我们知道如果我们做该行为我们的动机会是什么，我们也将并不更接近问题的答案。

进一步说，如果我们是由于恐惧去法庭而还债，我们仍然将会做我们应做的事情，即使我们不是按照我们应当做的方式来做它。试图引进动机包含着错误，这个错误相似于在假定我们能够愿意去做时所包含的错误。感觉到我们应该还债就是被鼓动去还债。但我能被鼓动去做的东西必定总是行为，而不是在其中我被以特别的方式激起的行为，即不是出于特定动机的行为；否则的话，我应朝向被鼓动而被鼓动，而这是不可能的。然而，上述的见解包含着不可能性，因为它实际上把我应该如此这般做这个观念分解为我应该以特定的方式被鼓动去做它。[6]

到目前为止，我的论点一直主要是否定性的，但我认为，它们对我要阐述的真理构成了一个有用的导言，尽管不是必要的导言。我现在所要努力加以阐述的就是被我看作真理的东西，首先要系统表达的是我们对道德义务的理解或把握的真实本质，然后把这个结果运用于阐明道德哲学的存在问题。

做某种具体行为的义务感或对于这种行为正当性的感觉绝对是非派生的或直接的。行为的正当性在于它引起某种情形中的某个 A 类事物，这种情形表现为行事者与他人及其自己本性的关系 B。为理解行为的正当性，可能需要先做两件事。我们可能得比以往更全面地对所欲做的行为究根到底，其目的是为了认识到在该行为中我们应引起 A。因此，在认识到说谎是在伤害某个听众的情感之前我们可能并不意识到说谎的错误。另外，我们可能还得把包含在情境中的关系 B 考虑在内，到目前为止我们一直无法顾及这一点。例如，我们可能没有意识到应当给 X 送一个礼品，直到我们记起他曾施善于我们。但是，如果通过一个过程——当然，这个过程仅仅是一般的过程，而不是道德思维过程——我们终于认识到所打算做的行为是我们据以在关系 B 中引起 A 的行为，那么，我们就立即或直接认识到做该行为的义务，这种认识是道德思维的一种活动。例如，我们认识到，我们应该给 X 履行这种服务，因为 X 已经给我们提供过服务，因此，我们的这种服务恰恰是提供给已经把服务提供给未来的行事者的某个人。这种理解是直接的，恰如数学的理解是直接的一样，例如，这个三角形必定有三个角这个数学理解的根据就是它是三角形。这两种理解都是直接的，这就是说，二者对所讨论的对象的洞见直接促使我们认识到它所拥有的属性。说在两种情形中所理解的事实是自明的仅仅是从另一个方面来陈述这个事实。

那种认为义务不是自明的而是需要证明的观点的可能性在于这样一个事实，即作为义务而被谈及的行为可以不完整地得到阐述，我所称之为评价义务的初步的检验的东西是不完整的。例如，我把回赠给 X 一个礼物这个行为仅仅看作给 X 一个礼物，这似乎且实际上有必要给出原因。换句话说，在一个道德行为被以这种不完整的方式加以考虑的任何地方，"为什么我应做它"这个问题都是相当合法的。这个事实表明，但这是错误地表明，即使行为的本质得到完全的阐明，我们仍然有必要给出一个理由，或者换句话说，仍需要提供证明。

当然，包含在各种义务中的关系是很不相同的。在某些情形中，这种关系是与他人的关系，它起因于他们或我们过去的行为。回报一个善行的义务包含着归因于布施者过去的行为的关系。还债的义务包含着归因于我们过去的行为关系，在过去的行为中，我们要么已经表明，要么暗含着我们将对我们已要求和已接受的某种东西给予回报。另一方面，说真话的义务暗指的不是这种明确的行为。它包含着一个存在于他人相信我们会说真话这个事实中的关系，对他们而言，对这个关系的理解将会产生真理的沟通是我们所拥有的某种东西这一观念。另外，不伤害另一个人的感情的义务包含的并不是我们与那个他者的特殊关系，即除了我们都是人，都是同一个世界中的人这层关系外不包含任何其他关系。此外，包含在义务中的关系似乎根本无需是与另一个的关系。因此，我们应该承认，我们有义务去克服我们天生的羞怯或贪婪，而这并不包含任何与其他人的关系。当然，仍然存着一个复杂的关系，即与我们自己的倾向的关系。仅仅因为我们能够而别人则不能够改变我们的倾向，因此改进倾向是我们自己的职责，而不是他人的职责，或者至少并不在同种程度上是他人的职责。

当然，所有这一切的否定面是，我们并不是通过论证而逐步认识到义务的，即不是通过非道德的思维认识到义务，尤其是，我们不是通过这样的论证而达到对义务的认识，该论证的前提是伦理的，而不是鉴别行为之善性或行为结果之善性的道德活动；这就是说，我们对行为的正当性的感觉不是由鉴别行为之善或任何其他东西之善而得来的结论。

人们或许会强调，按照这一见解，我们的各种义务就像亚里士多德的范畴一样构成了一个缺乏联系的混乱，这种混乱不可能被默许。因为，根据这个见解，报恩义务或还债义务或信守诺言义务都预先假定了另一个人以前的行为；与之相反，说真话的义务或不伤害别人的义务则并不作此假定；另外，消除羞怯的义务根本不包含与他人的关系。然而无论如何，一个实际的迎合对方利益的辩论切近于这样一个事实，即我们认作是善的各种性质同样是互不相关的：如勇气、羞怯和对知识的兴趣都是互不相关的。情况明显是这样的，如果善不同于作为善的东西，同样，为什么义务不会不同于作为他们的义务的东西？另外，如果情况不是这样，那么终究不可能存在惟一的义务，而这明显与事实相违背。[7]

某些观测将会有助于使观点变得更加清楚。

首先，情况可能似乎是，那个公开被提出的，与正当的东西是从善的东西推导出来这个见解相反的见解本身必定包含着这个见解的对立面，即康德的善的东西以正当的东西为基础这个观点，这就是说，一个行为，如果它是善的，那么，它的善是由于它的正当性。但是，情况并不是这样的。因为，在上述的观点中，正当的行为的正当性仅仅在于行为所表现的发起，相反，行为内在的善性仅仅在于它的动机；而这意味着一个道德上的善行并不仅仅因为它是正当的行为而在道德上是善的，而是因为它是出自义务感而做出的正当的行为。附带说明一下，这个含义明显是真的。

其次，那个见解含有这样的意思，即当我们出于义务感行事，或者更明确地说，就我们出于义务感行事而言，我们没有目的或目标。我们的"目的"或"目标"实际上意指的是我们所期望的某种东西的存在，这种期望的存在促使我们去行动。通常，我们的目的是行为将要引起的某种东西，正如我们转身为了看一幅画一样。但是，目的可以是行为本身，即某物引起这个行为本身，如我们把高尔夫球打进洞里，或为复仇而杀死某个人。[8] 如果我们以目的来意指我们所期望的某种东西的存在，而对这个东西的期望导致我们去行动，那么，明显地，就我们出于义务感行事而言，我们没有表现在行为或表现在该行为所产生的任何东西中的目的。这一点是那么明显，以至于似乎根本不值得指明。但出于两个原因，我还是加以指出。(1)如果我们无法处理"目标"和"目的"这样的词的意义，那么我们倾向于无批判地假定，所有审慎的行为即严格意义上的行为都必定有目的；因此，在我们寻求出于义务感而做出的行为的目的和在我们试图把手段和目的的区分运用于这种行为时，我们就会变得迷惑不解，真实的情况总是因为没有目的，因而也没有手段。（2）试图把义务感建立在对某物的善性的认可之上实际上就是试图借助某种善的东西在我们的道德行为中找到目的，善的东西之为善是我们所想要的。一旦我们停止寻求目的，对某物之善性作为义务的基础的期望也就消失了。

无论如何，就我们出于义务感行事而言，我们没有任何目的这个论题不应被误解。它不应被理解为或意指或暗含，就我们如是行事而言，我们没有动机。无疑，在普通用语中，"动机"和"目的"这样的词被看作是相互关联的，"动机"代表着引导我们去行动的意愿，而"目的"则代表着这种意愿的对象。但这仅仅是由于，当我们要寻求行为的动机——如罪行的动机时，我们通常预先假定，所谈论的行为是由意愿激起的，而不是由义务感激起的。当然，实际上，我们以动机意指的是促使我们去行动的东西；义务感确实有时促使我们去行动；而且在我们的日常意识中，我们应不动摇地承认我们正在考虑的行为可能以义务感作为它的动机。意愿和义务感是动机的对等形式或种类。

其三，如果上述的观点正确的话，我们必须严格地把道德（morality）和德性（virtue）辨识为善性的独立的种类，尽管是相互关联的种类，它们既不是某物的一个方面——他者是某物的另一方面，又不是他者的一个形式或种类，也不是可从他者演绎出来的某种东西；我们必须同时承认有德性地或有道德地或同时以这两种方式做同样的行为是可能的。而这肯定是真的。正如亚里士多德所看到的，一个有德性的行为必定是情愿地或乐意地做出的；就此而论，它不仅是出于义务感而被做出，而是由于某种内在的善的期望而被做出，由于某种内在的善良情感而被做出。因此，在慷慨的行为中，其动机是出于同情他者而希望帮助另一个人；在一个勇敢的而不再是任何其他东西的行为中，即在一个并不同时属于公益精神或亲情等的行为中，我们防止自己受恐怖的情感摆布，期望在受惊吓时出于羞耻感而这样做。这种行为的善性区别于我们把严格的狭义上的道德语词运用于其上的行为的善性，即区别于出于义务感的行为的善性。它的善性在于情感内在的善性和随之而来的我们据以行事的意愿之善性，这种动机之善性区别于严格意义上的道德动机之善性，即区别于义务感或责任感。不过，无论如何，在某些情况中，一个行为可以要么有德性地做出要么有道德地做出，要么同时以这两种方式做出。出于回报的愿望而报恩，或出于我们应这样做的情感而报恩，或出于混合的动机而报恩，都是可能的。一个医生可能或者出于对该病例的兴趣，或为了训练他自己的技艺，或出于义务感，或出于意愿和义务感的结合而护理他的病人。另外，尽管我们认识到在每一情况中行为拥有内在的善性，但我们还是把其动机是二者的结合的行为看作最好的行为；换句话说，我们把德性和道德集于一身的人看作最好的人。

有人可能会反对道，这两种动机的区分是靠不住的，其理由是，例如，报恩的愿望仅仅是义务感的表现形式，每当我们在不是回报且我们不该喜爱的行为(如复杂的损失或痛苦)中想到某种东西，义务感都把自己表示为回报的义务感。然而，我认为，这种区分能够很容易被证明是靠得住的。因为，在类似复仇的例子中，回报伤害的愿望和我们不应这样做的感觉带进相反的方向，这一点极为明显；在这里，区分之显而易见似乎消除了在承认报恩愿望和我们应当回报的感觉之间相应区分的存在所带来的任何困难。[9]

另外，该见解意味着义务不可能建立在德性的基础上或从德性推导出来，正如德性不能从义务中推导出来一样，在后一种情况中，德性表现为履行一个义务。这个含义肯定是真的且重要的。以勇敢为例，因为勇敢是一种德性，要求我们应勇敢地行动是不真实的。这是而且必定是不真实的，因为我们终究会看到，感受到勇敢去行动的义务包含着矛盾。因为正如我们前面所要求的，我们仅能感受到行动的义务；我们不可能感受到出于某种期望的行动义务，在这里，战胜恐惧情感的愿望来自它们所激起的羞耻感。另外，如果行动的义务感以特别的方式导致行为，那个行为将是出于义务感而做出的行为，如果上面对德性的分析正确的话，它因此就不是勇敢的行为。

错误地认为可能存在勇敢地去行动的义务似乎是由两个原因造成的。首先，经常存在着去做这种行为的义务，这种行为在实行中包含着战胜或控制我们的恐惧，如沿着悬崖边走去为我们的家里人请来医生的义务。在这里，依义务行事从表面上看同样是严格意义上的勇敢行为，尽管仅仅是表面上的。其次，存在着获得勇气的义务，即做这种事同样地将会使我们能够随后勇敢地行动，而这可能被误解为勇敢地去行动的义务。当然，只要在细节上作必要的变动，同样的考虑可运用于其他德性。

　　德性不是道德的基础这个事实——如果它是事实的话——将可以解释用其他方法所难以说明的东西，即它可以解释由仔细阅读亚里士多德的《伦理学》所产生的极端的不满足感。为什么《伦理学》是那么令人失望？我认为，这不是由于它实际上回答了两个极为不同的问题，这两个问题看起来似乎是一个问题：（1）"何谓幸福生活？"（2）"何谓有德性的生活？"相反，这是由于亚里士多德并不做作为道德哲学家的我们想要让他做的事情；就是使我们确信我们实际上应该做在我们非反思的意识中我们一直相信我们应该做的事情，或者要不就是告知我们实际上应该做的其他事情，如果有其他事情的话，并且他还要向我们证明他是正确的。如果我刚才所主张的东西是真实的话，那么，对有德性的品质的系统说明可能并不能满足这个要求。它最多只能向我们澄清我们的义务之一的细节，即弄清使我们自己成为更好的人这一义务的细节；但是，这项成就并不有助于我们发现在作为整体的生活中我们应做什么以及为什么应这样做；认为它确实能够这样就是认为在生活中我们的惟一的职责是自我改进。因此，不足为奇的是，亚里士多德对好人的解释所吸引我们的几乎全是它的学术价值，而与我们实际的要求几乎没有关系，用柏拉图的话可以表达为：这并不是一件小事，而是一个人该怎样采取正当的方式来生活的大事。[10]

　　当然，我不是在批评亚里士多德未能满足这个要求，我只是批评他处处引导我们认为他意欲满足这个要求。因为我的主要主张是那个要求不可能得到满足，因为它不合法而不可能得到满足。因此，我们面对着这样的问题："真正存在道德哲学这种东西吗？如果存在，在什么意义上存在？"

　　我们首先应先考虑相应的情形——似乎是相应的情形——的知识理论。正如我在前面所主张的，如果我们仔细考虑的话，就会发现，在我们所有人生命历程中的此时或彼时，我们自己和他人的错误之频繁发生一定会导致这样的反思，即可能由于我们才能的某种极度缺乏，我们和其他人总是在犯错误。结果是，我们以前应毫不迟疑地说我们知道的某些事情，如 $4 \times 7 = 28$，现在却遭受怀疑；我们变成只能说我们认为我们知道这些事情。我们不可避免地继续去寻找某种一般的方法，借助这种方法，我们能够断定，某个特定的心灵状态实际上是知识。而这包含着对知识标准的寻求，即对某种我们能据以判定一个特定的心灵状态实际上是知识的原则的寻求。对这种标准的寻求以及对它的运用，就是所谓知识理论。这种寻求意味着事实上知识 A 是 B 不是直接从考虑 A 和 B 的性质得来的，在最充分或最完整的意义上说，知识 A 是 B 只能这样获得：首先知道 A 是 B，而后通过运用一个标准——如笛卡儿的我们清楚而又明白地构思出的东西是真的这一原则——认识到我们知道它。

现在我们很容易表明建立在这种思辨的或一般的根据之上的对 A 是否是 B 的怀疑如果是真正的怀疑的话，那它从未能得到完全的解决。因为如果为了真正知道 A 是 B，我们必须首先知道我们知道它，那么，真正说来，为了知道我们知道它，我们必须首先知道我们知道它。但是——更为重要的是——我们同样易于表明这个怀疑不是真正的怀疑，而是建立在混淆的基础上，对混淆的揭示将会消除怀疑。因为，当我们说我们怀疑我们以前的状况是否是知识时，我们所意指的——如果我们到底还意指什么的话——是我们怀疑我们以前的信念是否是真的，我们把这个信念表述为"认为 A 是 B"。因为为了怀疑我们以前的状况是否是知识，我们必须把它看作不是知识，而仅仅是信念，而我们惟一的问题可能是"这个信念是真的吗?"。但是，一旦我们明白我们正在把我们以前的状况看作仅仅是信念，我们就明白我们现在所怀疑的东西不是我们第一次所说的我们正在怀疑的东西，即不是以前的知识状况是否实际上是知识这个问题。因此，为消除怀疑，惟一必要的是去了解在理解像 $7 \times 4 = 28$ 这样的式子中我们的意识的真实性质，从而理解它不单是相信的条件，还是知道的条件，而后注意到在我们随后的怀疑中，我们真正在怀疑的东西不是这种意识是否真的是知识，而是另一种意识，即像 $7 \times 4 = 28$ 这个信念是否是真的。因此，我们看到，尽管建基在思辨根据之上的怀疑是可能的，但那个怀疑所关心的不是有关我们所相信的东西的怀疑，因为有关我们所相信的东西的怀疑是不可能的。

随之而来的有两个后果。首先，如果我们以"知识理论"意指的是给"我们一直以为是知识的东西实际上是知识吗"这个问题提供答案的知识——人们通常就是这样意指的——那么不存在且不可能存在知识理论这回事，而那种认为可能存在知识理论的假定仅仅是混淆的产物。对一个不合法的问题不可能有任何答案，我们只能回答说它是不合法的。不过，在我们认识到知识的不可避免的直接性之前，这个问题仍然是我们不断提的问题之一。知识是直接的，由它是知识这个进一步的知识来改进或证实，这一点已经是实证的知识。这个实证的知识消除了那种不可避免的怀疑，而且，就"知识理论"所意指的是这个知识而言，那么，即使这个知识是前种意义上的对不存在知识理论的知识，在这个限度上说，知识理论是存在的。

其次，假设我们真的开始怀疑，例如，对 $7 \times 4 = 28$ 的怀疑就是出于一个真正的怀疑，即怀疑我们昨天相信 $7 \times 4 = 28$ 是否是正确的，这个怀疑实际上只能是由于我们丧失了对昨天意识的实在性的把握而引起的，如不再记得昨天意识的实在性，因而把它看作表现为相信。很明显，惟一的补救是重新加以计算。或者，更一般地说，如果我们开始怀疑 A 是 B 是否是真的，正如我们所曾考虑的那样，那么，补救不在于任何反思过程，而在于对 A 和 B 的性质的重新考虑，这种重新考虑导致了 A 是 B 这个知识。

有了头脑中的这些考虑，现在开始考虑相似的问题即道德哲学问题，在我看来，道德哲学问题与知识理论问题是相似的，尽管它们之间也有某些差异。对我们应该做某些事的感觉来自我们非反思的意识，是由我们自己所置身于其中的各种情境所引起的道德思维活动。在这个阶段，我们对这些义务的态度是一种无争议的自信。但不可避免的是，对这些义务的履行与我们的利益相冲突的理解引起我们怀疑所有这些义务究竟是否真的是必须履行的，怀疑我们应该做某些事这个感觉是否是一个幻觉。因此，我们想证明我们应该这样做，通过一个论证过程来使我们信服这一点，这个证明在种类上不同于我们最初的、非反思的理解。正如我已论证过的，这个要求是不合法的。

因此，首先，如果道德哲学意指的是满足这种要求的知识——人们通常就是这样理解的——那就不存在这种知识，任何想达到这种知识的企图都注定要失败，因为它们建立在错误的基础上，它们错误地认为证明什么东西能仅仅通过道德思维活动而得到直接的理解是可能的。不过，尽管该要求是不合法的，但是在我们使反思过程深入到足以认识我们义务的自明性之前，即在认识到我们对义务的理解的直接性之前，这个要求是不可避免的。对义务的自明性的认识是实证的知识，而就此而言，且仅仅就此而言，当道德哲学这个术语被限于这种知识，且被限于对各种德性之善性和善良倾向的理解相应的直接性的知识时，才存在道德哲学这种东西。但因为这种知识可以消除经常影响整个生活行为的怀疑，它是重要的，甚至极为重要，尽管它并不广泛。

其次，假设我们真的开始怀疑我们是否应当还债，这个怀疑出于一个真正的怀疑，即怀疑我们以前的应该还债的信念是否是真的，这个怀疑只有在我们无法记住我们过去的信念的实在性时才会产生。惟一的补救在于真正深入引起义务的情境中去，而后让我们的道德思维能力起作用。或者，更一般地说，如果我们确实怀疑是否真正存在在B情境中创造A的义务，那么，补救的方法不在于任何一般的思考过程，而在于大胆面对情境B中的特殊事例，而后直接地把握在该情境中发起A的义务。

注释

[1] 参看冉希焘(Rashdall)博士的《善恶理论》，第1卷，138页。

[2] 如果我没有弄错的话，冉希焘博士提供了这个环节(参见上书，135～136页)

[3] 在我们谈论任何事物时，如在谈论某种情感或谈论人的某种性质(如善)时，在我们的日常意识中，我们从未想说它因此应该存在。

[4] 人们可能注意到，如果痛苦的恶是我们不应该将痛苦强加给另一个人的原因，那么它也同样是我们不应该把痛苦强加在我们自己头上的原因；然而，尽管我们承认把痛苦无缘无故地加在我们自己头上是愚蠢的，但我们不应该考虑把它说成是错误的。

[5] 我认为马梯诺(Martineau)的观点属于这个两难困境的后一部分，参看《伦理理论的类型》，第1卷，第2部分。

[6] 当然，在这里，出于特定的动机所做的行为可以是善的这一点并不被否定；惟一被否定的是，行为的正当性取决于它以特定的动机被做出。

[7] 我们可以预期到有两个其他的反对意见：(1)义务不可能是自明的，因为被某些人看作义务的许多行为在其他人看来并不是义务；(2)如果义务是自明的，在出现与义务相冲突时我们应该如何行动这一问题是不可能解决的。

对第一个反对意见，我的回答是：

(a)当然，对义务的鉴别仅仅是对发达的道德存在者来说才是可能的，而且，不同程度的发展是可能的。

(b)不能认识到某些特殊的义务通常是由于缺乏深思熟虑这个事实，我所谓对这种认识的初步检验是不完全的。

(c)上述的观点与这样的认可是相一致的，即由于缺乏深思熟虑，即使最善良的人也对他们的许多义务熟视无睹，而且，从根本上说，我们的义务几乎与我们整个生活有着同等的范围。

对第二种反对意见我的回答是：义务承认各种程度的不同，在义务相冲突的地方，我们应该做什么的决定并不取决于"可选择的行为过程中的哪一个将创造更大的善"这个问题，而是取决于"哪一个是更大的义务"这个问题。

[8] 对行为不可能是它自己的目的这个要求并不存在反对意见，因为某种东西的目的不可能是该东西本身。因为，严格地说，目的并不是行为的目的，而是我们的目的，而认为在行动中我们的目的是行为并不存在矛盾。

[9] 在都是作为善的同等重要的、独立的形式德性和道德之间做出严格区分，解释了一个事实，不借助这种区分，这个事实难于说明。如果我们从道德哲学著作转向对人类生活和行为的任何生动的解释，如在莎士比亚中发现的解释，没有什么东西比相对远离实际生活事实的道德哲学讨论更为吸引我们了。这难道不是多半因为，尽管道德哲学集中注意义务的事实，但在我们所最为钦佩且他们的生活引起最大兴趣的那些人那里，尽管义务感是一个重要因素，但义务感在他们的生活中是一个支配的因素吗？

[10] 参见柏拉图：《理想国》，第1卷，352D。（译文参看郭斌和张竹明的中译本，39页，北京，商务印书馆，1994。）

选译自［英］《心灵》，1912（21）。 杨玉成译，陈亚军校。

《义务与利益》（1928）

在为开幕讲座选题时，我尝试着找一个题目，既无须涉及太多技术问题，让每个人都感兴趣，又能让哲学家们觉得有足够的争议性，值得作一番思考。我希望我所选的关于义务与利益的关系这一题目达到了这个目的。当然，这个话题已经是老掉牙了，然而如果再仔细想一想，就会发现它并不像乍一看时那般简单、明了。

如果对道德哲学文献略知一二，但又不甚深究，就很容易得出结论说，大部分此类文献都试图证明义务与利益之间有着必然联系，有的甚至试图将这种联系表现得似乎是不言自明的。这样的话尽管严格意义上说不是很准确，但显然道出了一些真情。人们也许会援例说，柏拉图在《理想国》中对正义的处理就明显的是这样一种努力，甚至亚里士多德在《伦理学》中也作了同样的尝试，只是他的尝试被掩饰、被削弱了。现代的例子不能不提巴特勒和哈钦森。还有康德，在他那儿我们至少可以指望找到这样的证明。格林（Green）也该加上。

当读到上面提到的种种努力时，我们自然会情不自禁地希望它们能成功，我们以此来表达我们的希望，即我们都愿意相信诚实是最好的原则。同时，我们又忍不住觉得这些努力有点不合适。所以，真正的问题不是这些努力能否成功，而是人们是否应该作此努力。我的目的是，考虑一下这些努力到底有何意义，特别是通过考察那些促成这些努力的想法来考虑一下它们的意义，从而解释我们对这些努力为何不满。为此，我想柏拉图、巴特勒和格林的观点可以作为代表，并且我建议集中考虑它们。

有必要先声明一句：我们不能假设，这样被组合到一起的——或者要证明义务与利益之间的联系，或者要表明这种联系是不言自明的这些努力——都可以用这同一个词组来描述，或者甚至假设这些努力所尝试的都是同一件事情。而且，我特别要说明的是，这样描述的努力其实是由一些前提预设互不一致的努力所组成，它们分别要做的是三种不同事情中的这一个或那一个。

如果对《理想国》只是浅尝辄止，我们可能会毫不犹豫地说，除去那些一般的形而上学，它关注的就是正义与非正义了，而有关正义与非正义问题，它主要的论证就是这样一个贯穿全书始终的努力，即试图详细阐明，如果我们不只看到表面现象，而更深入地考虑正义的行为到底在于什么，灵魂的本质是什么，以及在某种程度上我们必须行动于其中的世界的本质是什么，那么，我们会很容易看到，如果正当行事的话，我们确实会有所获利或幸福，尽管现象会恰恰相反。

更进一步说，如果我们扪心自问："柏拉图用哪些词来描述正当与不正当?"——显然这个问题毫不偏颇——我们最终给的正确的答案就是最开始时我们碰到的悖论。我们必须承认，柏拉图的描述正当与不正当的词不在如 χρῆ 或 ζῦ 这些词中，也不在它们的反义词中，譬如在 χρῆζikαιουεῖναι 或 ὅτυιυαγροπουχρλζῆν 中，根据上下文判断其主语是 ròυμελλουταμακᾶρΙου ἐ οεοθαι；他的描述正当与不正当的词是在 σικαιου（正义）和 ἄσικου（不正义）自身中。当他说某个行为是 σικαιου（正义），他是在说这个行为是正当的（right），或者说是一种义务，或是我们在道义上一定要做的事情。当他说什么是 ἄζικου（不正义），他是在说这是不正当的（wrong）。按照我们使用"正义"和"非正义"这两个词的习惯来看，与其将柏拉图所讨论的描述为正义与非正义，不如说是正当与不正当。因此，我们先前的话应该表述为，柏拉图在《理想国》中主要是想证明，通过履行我们的义务，或做到我们在道义上一定要做的事情，我们会变得幸福。

如果我们脑子里想的主要是苏格拉底在第四卷①里被迫提出的解决主要问题的办法，我们就更倾向于这样描述柏拉图的目的。但在解决问题之前，格劳孔和阿德曼托（Adeimantus）先详细地陈述了问题本身；如果我们仔细地思考这一陈述，就会发现我们必须对柏拉图的目的的描述作一番大的修正。格劳孔和阿德曼托的陈述很明白：不管他们要求苏格拉底说明什么是他们所称的正义这一行为如何，他们这样做的目的是要驳斥所谓道德的智者派理论。其结果是，如果我们根据格劳孔和阿德曼托的话来判断，则柏拉图试图要证明的一切必定是柏拉图认为可以用来驳斥智者派理论的东西。但柏拉图所阐明的这种理论又是什么呢？不用说，首先，人们对正当与不正当问题的态度是不加质疑的。不管他们如何能做到这一点，特别是，不管他们这样做是否是由于教育的原因，他们认为，而且是毫不怀疑地认为，一些行为是正当的，而其他一些行为则是不正当的。当然，在特殊情况下，他们也会心存疑虑：但是，在某些行为方面，他们毫不怀疑，尽管这么说并不等于说他们很确定。然而，有时候人们也会偶尔改变这种不加置疑的思维方式；特别是智者派们，正如柏拉图所描述的，他们在思考下列问题时就产生了疑问：人们在日常生活中认为是正当的一些行为，譬如还债，帮助朋友，服从政府，尽管在其他方面千差万别，它们至少在一个方面是一致的，即肯定会导致行为人的直接损失。这一思考让他们怀疑，人们认为这些行为是义务是否是正确的，也就是，他们是否真的这么认为。然后，由于没有找到这些行为的大于弥补直接损失的间接好处，即在我们称为明智的行为中能找到的那些好处，他们得出结论说，这些行为根本不可能是真正的义务，因此，他们和其他人在日常生活中所坚守的那些可笼统称为道德信念的东西，是个巨大的错误或错觉。最后，他们确定了这一结论，提供了一个他们自称是对正义起源的解释，但这实际上是解释了他们和其他人是如何错误地认为这些行为是正义的，也就是正当的。

　　根据柏拉图自己的陈述，这就是他想要驳斥的理论。这是个关

---

　　①　指《理想国》第四卷。

于某些行为的理论，而根据他自己的陈述，他不得不坚持的是关于同样一些行为的相反的理论。但是，如果我们的语言是准确的话，这些行为该如何指称？它们应该被称为正义的，也就是正当的行为，或者，它们应该被称为在日常生活中我们认为是正义的，也就是正当的行为？这里的区别尽管乍一看并不重要，但实际上是很关键的。以日常生活中不加置疑的态度，我们必定要么知道某些行为是正当的，要么不知道它们是正当的，而做了些别的事，对于那些事用"认为它们是正当的"来描述可能还差强人意。不可能有第三种情况，即在我们真诚地认为某事的情况下也就是知道某事。因为，正如柏拉图意识到的，真诚地认为某事并不等于知道某事，而发现在某些特定情况下我们真诚地认为某事也并不等于发现我们知道某事。而且，当我们对那些我们在不加置疑的思想状况下进行的行为作所谓反思时，我们肯定会认为这个行为有一个确定的特征，而我们这么认为时，也就是在暗示，这个行为或者是知道某事，或者不是。因为我们必须认为这种态度或者是认为某事，或者是知道某事；如果我们认为它是认为某事，就意味着它不是知道某事，或者相反。事实上，不管我们如何认为这一行为，我们都必须二者择其一。现在，智者派清楚地表明这一不加置疑的态度是认为某事而不是知道某事；因为，说那些在日常生活中我们知道是正当的行为事实上是不正当的，这毫无意义。所以他们的理论必须这样表达：那些我们在日常生活中认为、因而并不知道其为正当的行为，事实上是不正当的。结果，既然柏拉图认为这个理论他应该驳斥，那么他的话的意思也就是，在日常生活中我们认为、但不知道某些行为是正当的，在这个层面，他与智者派是一致的。因此，如果我们要准确地表述他所致力于解决的问题，我们就必须将它表述为不是指正义的行为，而是指那些他和其他人在日常生活中认为是正义的行为。

显然，当柏拉图通过格劳孔和阿德曼托之口表述他必须解决的这个问题时，他的陈述并不准确；这样的失误尽管不起眼，但很重要。格劳孔和阿德曼托在要求苏格拉底重新考虑那些行为的有益性时，坚持称它们为正义和非正义的行为，然而他们应该将这些行为称为人们在日常生活中认为是正义和非正义的行为。

现在我要肯定地说，从柏拉图在提到智者派时所作的对问题的

论点，即人们做他们认为正义的事情会有所失，与这些行为是否是正义的问题毫无瓜葛，而是从始至极为认真地对待这一论点；他认为，除非能在智者派的立场上向他们证明，这些行为确实有利于行为人，尽管它们表现得正好相反，否则他们关于人们的道德信念纯粹是习俗的结论应该允许成立。因此，他和智者派一样在暗示，任何行为都不可能是真正正义的（即使一个义务），除非它对行为人有益。

但是，一旦我们认真考虑这个前提预设，它呈现给我们的是个悖论。因为，我们也许不太能说明白是什么使一个行为成为一个义务，然而不管它是什么，我们通常还是不会认同它对我们自身利益的有益性；我们也认为，尽管是义务的行为可能是有益的，但它不必非得如此。在道德意识浅薄的智者派那儿发现这一预设，我们也许不会有多奇怪，但在柏拉图那儿发现它，我们就不能不惊讶了，因为柏拉图有着一个预言家般的道德诚挚。无疑，我们先是会强调在柏拉图思想中利益占据着优越地位，试图以此来减少我们的惊讶。但仍然无济于事。因为，不管柏拉图所考虑的利益的"优越性"有何含义，柏拉图使用这些利益毕竟只是为了证明它们跟随其后的行为是正当的。

然而，不能将这个前提预设简单地当成显而易见的谬误而不加理会。原因之一，任何柏拉图的观点都应受到敬重。原因之二，我们自己有时也会有这种想法。有时，当我们强烈地感觉到责任的重负时，我们会对自己说："为什么我应该做这些事情，毕竟是别人而不是我会从中受益？"

此外，至少在那些用奖赏的诱惑来布道的传教士的思想中有同样的前提预设。例如，他们称赞一种生活方式，其根据是这种生活方式会带来心灵的平静，这是追求世俗物质所不能的，这时他们是在给出一个作为结果的获得，以此说明我们为什么应该如此做，因而他们也是在暗示，一般而言，是对我们自身的有益性使一个行为成为我们必须要做的。事实上，这些传道士的观点和智者派的观点之间的惟一不同只在于，前者根据其神学信仰认为，我们认为正当的种种行为都会有其特定的奖赏，而智者派否认存在这种特定奖赏。当传道士继续说——有些传道士确实是这么说的——如果他们不再相信有天堂的话，他们就会不再相信正当与邪恶时，传道士和智者派的观点在原则上的一致性就昭然若揭了。柏拉图远不是惟一的提出行为必须对行为人是好的或有益的才是正当的这一假说的哲学家。这个范围都无须扩大到柏拉图的评论者之外，库克·威尔逊(Cook Wilson)就颇可引证。他在我看来是最敏锐的思想家之一，而他声称在牛津无人值得尊敬这一点又让人不能苟同。他过去常常在讲授《理想国》时强调，当人们开始思考道德问题时，他们不仅要求，而且有权要求，任何正当的行为必须通过证明对人们自身是好的来为行为的正当性提供理由；他还认为，柏拉图证明了我们认为正当的行为对社会是好的，而我们是社会的成员，对社会的好同时也是对我们的好，当我们的好的性质被正确理解时，这一点就很明显了，因而柏拉图采取的是正确的，而且是惟一的途径来证明我们的道德信念的合理性。

如果柏拉图得到正确理解的话，在历史上他也不是惟一一个提出义务和利益之间存在着必然联系的哲学家。至少还有巴特勒，他的思考缜密是无可比拟的。事实上，在这个问题上，乍一看他与柏拉图的惟一区别似乎只是他研究得更彻底。在第十一本《布道书》中，在陈述了当理智主宰一个人时宗教总是服务于自爱的观点之后，有一段著名的话："承认吧，尽管美德或道德正直确实在于对正当的和善的事物的喜爱和追求；然而当我们冷静的时候坐下来，我们既不能向自己证明这种追求的合理性，也不能证明别的追求的合理性，除非我们确信这种追求有益于我们的幸福，或至少不与之相抵触。"

对于词组"向我们自己证明一个行为的合理性"，如果我们按其本来意思理解，即我们通过理解为什么我们应该实施一个行为的理由，来知道我们应该实施这个行为的话，那么我们就必须允许巴特勒主张，最终有一个，且只有一个我们为什么应该做某个事情的理由，那就是，这一行为有利于我们的幸福或利益。如果这是对的，巴特勒不仅仅是在假设，而且是在肯定地断言，义务与利益之间有必然联系，而且他比柏拉图更进一步，主张对行为人利益的切实助益使得一个行为成为正当的行为。

然而，当我们认真地面对这个观点，即除非一个行为有益，它不可能真正是一项义务时，我们不得不舍弃它，而且还得承认，就算它是正确的，它也无助于我们为日常道德信念的真实性作辩护。

显然，如果我们坚持认为，一个行为必得是有益的才能是正当的，我们就不能不主张，正是这有益性而不是别的使一个行为成为正当的行为。不可能有折中之道，即认为尽管是有益性之外的某个原因使一个行为成为正当的，然而一个行为不可能真正成为正当的，除非它是有益的。因为，如果认为一个行为是由于具有某个其他特征而成为一项义务，那么，证明一个正当的行为必须有益的惟一机会必定是，证明具有这一其他特征的行为必须是有益的，或者证明，我们必须做某件事情，而不管是什么原因让我们非做不可，这一事实使我们将因如此做而有所获得成为必需。但前一种证明是不可能的。"一个行为"在此处上下文中的意思一定是指能导致某些结果的一个人的行动。如果使一个行为成为正当的特征不在于它能给行为人带来利益（用"X"表示），那就必定在于能导致别的东西（用"Y"表示），比如说（为了论证方便），对朋友的好处，或某人性格的改善。然而，绝不可能证明，当导致了某种结果，例如 Y，必定会导致另一种结果，例如 X。一个能导致 Y 的行为的性质不能要求它同时也必然导致 X，即让 X 成为它的结果；在任何特定情况下，导致 Y 是否会导致 X，不仅要看导致 Y 的这个行为的性质，还要看行为人的性质，以及行为发生的特殊环境的性质。只有在一种情况下我们可以不承认这些，即我们知道存在着一个神，这个神会在必要时干预奖赏，但这种说法可能会遭到反对。知道神的存在也只有在一种情况下才能导致想要的结论，即确实知道一定要做某事这一事实本身使这样一个神的存在成为必然。因为，如果知道这样一个神的存在是建立在其他根据上的，我们就不可能知道某个行为导致 Y 这一事实本身必然要求这一行为导致 X，即对行为人有益。无疑，如果我们不仅能够成功地证明一个行为导致 Y 的性质使它必然成为一项义务，而且也能够证明一个行为成为义务的性质使一个会奖赏此行为的神的存在成为必然，那么我们就能够证明，一个行为导致 Y 的性质使它获得奖赏成为必然。但这一主张实际上是退回到第二种证明；仔细想想就会发现，这一证明不会比第一种更站得住脚。我们没法成功地证明，某个行为是一项义务这一事实，不是使行为人应该获利成为必然——这个结论当然容易得出，而是使他会获利成为必然，除非能够证明这一事实使一个在必要时会奖赏这一行为的神的存在成为必然结果。这显然做不到。

无疑，康德主张，并认为有可能证明，实际上不是要做任何事情的义务，而是要做某个事情的义务，关联到人们由于履行了义务而获利这一结果。因而他假设我们知道我们的义务之一就是努力促进最高利益的实现，在这种状态中，人们既按道德行事，即做他们认为正当的事情，纯粹出于认为是正当的；同时又作为结果获得他们应得的幸福。他认为，知道了这些，我们就能得出结论，第一，实现最高利益必定是可能的，即一旦我们成功地使我们自己和别人更道德，我们和其他人就会相应地更幸福；第二，既然这一结果的实现需要一个至高的明智的意志，作为我们必须在其中行动的世界的因，来使幸福按道德平均分配，那么就必然有这样一个因。他的论证虽然看起来有一定的道理，实际上却相反。如果就像他正确表明的那样，一个行为只有在我们能够做它时，而且，只有在我们能促进哪怕是微弱程度上的道德与相应程度的幸福相结合——倘若有这么一个自然界的至高因存在——的情况下，才能是一项义务，那么将不可能认识到（像他设定的那样），促进这种结合是一项义务，除非我们知道有这么一个至高因。因此，从他认为存在于正当的行为和幸福——可由我们对义务的已有认识予以论证——之间的联系来看，对于这个义务的认识，如果可能的话，本身就要求对这一联系的独立认识。

因此，我们不得不承认，为了能主张一个行为必须是有益的才能是正当的，我们必须主张是有益性使一个行为成为正当的。但显然，人们在认真考虑之后，就不会继续这么说了。因为那样的话，要主张的就不仅仅是做任何于我们有利的事情是一项义务，而且要主张那是我们的惟一义务。对于主张这一观点的致命反对就是，没人真正这么认为。

此外，很显然，如果我们要这么主张的话，则不仅不能帮助我们，反而使我们不能证明我们的日常道德信念的正确性。因为在日常生活中，当我们认为某个特定的行为是一项义务时，我们不仅仅认为它是正当的，而且认为它的正当性在于具有某个确定的特征，而这个特征不会是对行为人有利。因为，我们考虑的是某一类特定行为，其性质由一些包含在我们指称这一行为的词组中的笼统的词表示，例如："履行我们昨天向 X 许下的承诺"或"照顾我们的父母"。我们不会盲目地认为这个行为是正当的，即毫不考虑我们认为这个行为具有的特殊的特征；相反，正是由于它具有我们用来指称它的词组所表示的那种特定的特征，我们才认为它是正当的。这样，当我们把遵守对 X 的诺言当成一项义务时，我们认为是这个行为的遵守诺言的特征使它成为一项义务。这是显而易见的，因为，我们不会用，例如，告诉 X 我们想他，或在伦敦见他，为例来说明一个我们认为正当的行为，尽管我们认为考虑到这些行为的别的某些方面，我们应该认为它们是正当的。结果是，如果我们要主张是对行为人利益的助益性使一个行为成为正当的，我们就得承认我们所有的日常道德信念纯粹是个错误，我们根本无法证明它们的合理性，因为这些信念确信，使某个特定行为成为义务的是因为它具有某种与利益无涉的特征。

　　普通的道德是显而易见的。有一些论证，通常是指那些旨在证明做正当的事情会有益于行为人的论证，结果却变成了试图证明在日常生活中我们认为是正当的行为会有益于行为人。确实没有必要去仔细思考这些论证是否成功；因为就算它们是成功的，它们也无助于证明它们本意要证明的东西，即我们日常生活中的道德信念是正确的。而且，这样的努力纯粹是建立在一个任何人只要稍加反省就肯定会舍弃的前提预设上，即是对个人利益的助益性使一个行为成为义务。柏拉图对智者派说的话应该是："你们主张在我们通常不加置疑的思维状态下，我们不确知，而只是认为，某些行为是正当的，这样说也许是对的。这些想法或信念可能是正确的，也可能不正确。但是，仅凭你们给出的理由，是不能判定它们是错误的。你们强调讨论中的行为是有害无益的，这根本不能证明它们是错误的；如果我证明了这些行为确实是有益的，我也不能证明它们是正确的。你们真正的错误在于自始至终假设是助益性使行为成为义务。你们只要稍加思考，就会完全舍弃这个假设，然后你们自己就会放弃你们的论证了。"

　　接下来我想论证在柏拉图和巴特勒的著作中都能发现的，而二人对此均未加以区分的，除试图证明我们认为正当的行为会有益于我们以外的另一种努力，准确地说来，即试图证明正当的行为会有益于我们。我还想问是什么想法让他们试图作此证明，并考虑它是否站得住脚。

当柏拉图提出"什么是正义"的问题时，他并不是要问"我们所说的词'正义'和'正义的'是什么意思，或用我们的话说，'义务'和'正当的'是什么意思"，就像我们会问"我们所说的'乐观主义'，或'生物'是什么意思？"事实上，如果他确实是这个意思，那么他提出的归根结底只是字面上的问题而非真正的问题，因为此类问题的提出就意味着答案已经是确知的了，因而等于什么都没问。他的意思是："一个行为必须具有什么特征，才能是正义的，即我们的义务，或者说，是我们应该做的？"简而言之，他的意思是："是什么使一个正义或正当的行为成为正义或正当的？"

现在这个问题实际上的意思是："是什么样的共同特征使具体的正义行为成为正义的？"任何人只要问这个问题，就表明他已经知道哪些具体行为是正义的。因为只要问"某些事物共同的特征是什么"就意味着我们已经知道这些我们想要找出其共同特征的事物是什么。当然，任何试图回答问题的举动也包含相同的意味。因为这样一个举动的前提是，我们得考虑我们知道是正义的那些具体的行为以及试图发现所有这些行为都具有的共同特征，对这些特征的模糊认识使我们认为它们是正义的。因此，柏拉图在代表苏格拉底向他的听众提出"什么是正义"的问题时，以及在代表所有听众试图对此作出回答时，都是在暗示，他们都知道哪些具体的行为是正义的，哪些不是正义的，不管他自己有没有意识到这些。如果反过来，他假设的是对话者认为，而不是知道，某些行为是正义的，那么他的问题——不管他是不是这样表达的——实际上都会是"我们认为正义是什么"，而不是"正义是什么"；或者更清楚一点，不是"是什么使一个行为成为正义的"，而是"我们认为是什么使一个行为成为正义的"。但是，在那种情况下，任何一种回答，不管它有何特点，都不会阐明"正义是什么"的问题；此外，他明显地不是在问"我们认为正义是什么"。

然而，正如前面所指出的，柏拉图归给智者派的观点假设普通人，当然包括这些对话者，只是认为而不是确知某些行为是正义的。

因此，当柏拉图将此作为需要驳斥的观点加以介绍时，而且按他的陈述，对话者们对这个假设不加置疑时，他应该始终一贯地让一个人指出，考虑到对这个假设的接受，苏格拉底的原问题"正义是什么"需要修改成"我们认为正义是什么"。但柏拉图没有这么做。在当前的语境下，重要的事实是，甚至在他介绍了智者派的观点后，他仍然将要回答的问题表述成"正义是什么"，因而仍然意味着对话者知道具体的什么是正义的。甚至当他让格劳孔和阿德曼托要求苏格拉底驳斥智者派时，他仍然前后不一致地让他们要求苏格拉底将其性质表述为正义的行为，而不是人们认为是正义的行为。当柏拉图在第四卷里继续提供苏格拉底的答案时（这答案当然是想要表达真理），他的表述同样是让苏格拉底提供而别人接受一个关于正义的行为的性质的描述，即，正义的行为能给予社会一些利益，而一个人的本性使之最适合给予这些利益，然后他让苏格拉底详细地论证正义的行为才是有益的。他这么说时，当然暗示着，对话者，以及日常生活中的人，知道具体的什么是正义的，这与他在处理智者派的观点时暗含的意思是不一致的。因为最后的陈述"正义赋予社会一定利益"只可能意味着，赋予这些利益是一定行为的特征，我们对这些特征的模糊认识使我们知道或认为它们是正义的；而对话者对这一陈述的接受则必须理解为是在表示他们承认这种特征时他们已经知道是正义的具体行为的共同特征。

因此，柏拉图在第四卷里（第八卷和第九卷当然也应如此）努力证明，正义的亦即正当的行为会对行为人有益或有利，这一点必须承认，尽管这与他对如何驳斥智者派的理论的看法不一致。

设若这就是柏拉图在第四卷里想要证明的，那么他视为证据的一般性质就显而易见了。他的想法是，如果我们一开始就知道正当的行为在于什么，简单地说就是为国家服务，然后再考虑这些行为和其他行为的后果将会是什么，不仅要考虑到我们所处的环境，还要考虑到人类心灵的各种欲望，以及实现这些目标会产生的不同程度的满足感，那么就会很明显，做正当的事情，从长远看来，无论如何，我们会变得幸福。

现在，任何此类具体的证明，如柏拉图的，一般都会引发两种评论。一种是，既然我们大体知道这种证明必定会失败，也就无须仔细考虑它的成功。因为，只能证明，以能导致一种结果——在此例中是有益于社会——为特征的行为，总是会有另一种结果，在此例中是行为人的幸福因素，设若我们能够证明——柏拉图并未作此努力——一个神的存在，这个神会干预人类事物，能恰当地分配奖赏。第二种评论是，不管有没有神学论证的帮助，这一结论的确立将对我们极为有益；如果我们知道这是真的，这会对我们更好，然而这还是不等于确立了与智者派相对应的结论，因为它根本无助于解决"什么是我们的具体义务，以及为什么它是我们的具体义务"的问题。第二种评论自然会引发在这一联系中看起来很重要的一个问题，即："为什么柏拉图把证明正当的行为会有利于行为人看得很重要？"

其解释显然不能只是，甚至不能主要是，柏拉图渴望做正当的事情和渴望幸福二者的结合使他试图通过做正当的事情使二者兼顾，以此来满足自己。解释应该向一个完全不同的方向去找。这样的结论是避免不了的，即当柏拉图开始考虑当一个人在有意识地行事，而不仅仅是出于冲动时，实际上，而不是"应该是什么"引导他行事，他回答是"渴望自己能获得某种利益，仅此而已"。换句话说，根据柏拉图的意思，我们得允许一个人追求任何东西仅仅是为了能于己有益，即这些东西能让他获得满足，或者，我们也许应该这么说，这些东西是让他幸福的因素之一。在《理想国》里，这个观点出现在第六卷里。他在那儿谈到 ròòγαθόυ，它是每个人都追求的东西，为了它的缘故，人做了他所做的一切，按柏拉图的解释，这种东西只不过是被复杂化因而难以准确把握其实质罢了；他接着谈到好的事物，当许多人乐意去做、去获得、去成为那些只是看起来正义的事物，就算实际并非如此也无所谓，却没有人会满足于获得看起来是好的东西，而是要努力去获得真正是好的东西。人们也许会反对说，这些话没有证实柏拉图的观点，因为柏拉图说 àγαθόυ(好)的意思肯定不是指人自己获得满足或幸福的一个来源。但对此的回答是，柏拉图在《理想国》和其他对话，譬如《斐里布篇》中其他地方使用 àγàθόυ(好)一词时，上下文总是表明他说好时，指的就是对一个人自己的好，这样的话，他说 àγαθόυ 时，一定也是指满足的一个来源，或者，也许更一般而言，幸福的一种来源。然而，这种观点最清楚表达的是在《高尔吉亚篇》中，柏拉图为了证明修辞学家们和暴君们不做他们真正想做的事情，主张所有的行为，甚至包括我们杀一个人或抢劫他的财物，我们做这些就是因为我们认为这样做对我们有好处。

现在，如果我们同意（就像我们一定会同意的）柏拉图的这种想法，我们就能在这一许可中找到一个对柏拉图渴望证明"正义的行为是有益的"自然的解释。显然是因为，他热切地想要人们做正当的事情，如果他认为只有对某种好处的渴望才会促使人们进行所有自觉的行为的话，这就很自然，也确实很必然，他会认为，要引诱人们做正义的事情，惟一的办法是让他们相信这样做他们会有所获益或情况会更好。

在巴特勒那儿，我们也发现同样的试图证明正当的行为会有利于行为人的努力，并试图给出同样的解释。要对巴特勒最重要的论断作出恰当的阐释不太容易。他说的是，当我们在冷静的时候坐下来，我们既不能向自己证明像这样追求正当的和好的事物，或追求别的，是合理的，除非我们确信这种追求有利于我们的幸福，或至少不与之相抵触。这儿产生了一个困扰：当一个人指称某些行为是我们必须证明其合理性的追求正当的行为时，他必然暗示，我们已经知道这些行为是正当的，然而他又说我们必须向自己证明它们的合理性，即向我们自己明白地证明它们是正当的，这时他似乎在暗示，我们不知道它们是正当的。前头给出的解释回避了这一疑问，暗地里假定巴特勒在使用"正当的"一词时是不严谨的，指的是我们认为，因而并不知道的，正当的事物。但还不如问这个假定是否是合理的。如果我们参照整个《布道词》来考虑这一论断，我们一定会下结论说，巴特勒实际上是在主张两种不同的，而且确实是前后不一致的教条，而没有意识到两者的区别：一种要求严格使用"正当的"一词，而另一种没有如此要求。当康德比较两种包含有"应该"一词的（他分别命名为"直言命令"和"假言命令"）的陈述时，尽管他并不明白地声言，他的话还是表明"应该"一词在这两种陈述中的使用是迥然相异的。他暗示，在一个直言命令中，"应该"含有通常的道德意味，和"义务"以及"道德约束"是共存的。在一个假言命令中，这个词的意思纯粹是非道德意义上的，是就对我们目的有助益的事是合适的而言的，不管这个目的是某个推动我们行动的特殊欲望的目标，譬如，我们洗是为了清洁，或者目的就是我们的幸福，譬如，我们交朋友是为了快乐。同"应该"一词有两种使用情况一样，"证明某个行为的合理性"也应有两种用法，一种是道德意义上的，另一种不是。这个词组可以意味着向我们自己证明实施这一行为是一项义务，也可意味着向自己证明就成为能导致实现我们目的的行动而言，这一行为是合适的。

现在，如果我们将巴特勒的"正当的"一词理解为适用于日常生活中我们认为是正当的事物的一个并不严谨的词，我们就能理解他使用"证明其合理性"时包含有道德意味，而不必认为他自相矛盾。我们能理解他为何说，为了知道某个我们通常认为是正当的行为是正当的，我们必须首先向自己证明这一行为有益于我们的幸福，或至少与此不相抵触；然后我们就能说他显然是在主张智者派以及柏拉图试图驳斥他们时所持的前提预设。另一方面，如果我们理解巴特勒是在严格地使用"正当的"一词，我们只能理解他是在非道德层面上使用"证明其合理性"一词的，由此避免将前面提到的自相矛盾的观点归咎于他。因为，如果他主张，甚至当我们知道某个行为是正当的时，我们还是有必要向我们自己证明在道义上我们应该做它，这时他就有自相矛盾之嫌了；如果他主张，我们仍然必须做的是向我们自己证明我们应该在非道德意义上做它，这样他就不会被认为自相矛盾了。现在，巴特勒关于良心的言论的主旨，特别是他的本身就带有权威性的论断，意味着他认为在日常生活中我们确知而不是认为某些行为是正当的；如果据此判断，我们必须理解巴特勒在这儿是严格地使用"正当的"，并主张，甚至当我们知道在道义上我们应该做什么，我们仍然需要知道我们也应该在非道德意义上做它，因为它有助于我们的目的，因此，既然幸福就是我们的目的，我们仍然需要知道它有助于我们的幸福。但如果我们认为这就是巴特勒主张的，我们就必须允许对他持此主张作出与柏拉图的完全一样的解释。因为，如果我们问："按巴特勒所言，当我们已经知道实施某个行为是一项义务，为什么我们仍然需要知道我们应该在'应该'的非道德意义上实施这一行为？"答案只能是"因为除此之外，我们不应如此行为"。其含义是：当我们在冷静的时候坐下来（巴特勒语），即，当我们没有在各种冲动的影响下，我们渴求的惟一的事情，因而是我们拥有的惟一目的，是我们自己的幸福，因此我们做任何事情只是为了幸福。不管怎么说，他的《布道词》的主旨，以及他的这个论断：很显然，除幸福之外别无他物对人类或任何生物真正重要，都表明巴特勒实际上是这样认为的（我们因此不得不将这个观点也归于他），即：尽管我们知道某些行为是正当的，我们必须向我们证明它们会有助于我们的善或幸福，因为我们只是出于对我们自身幸福的渴求而行动，如果不能证明，我们就不会做它们。这个观点其实也是已归于柏拉图的第二个观点，它与已归于巴特勒的那个观点比肩而立，与它混淆在一起，且与它相互矛盾。

以下几点已经得到证明：(1)柏拉图和巴特勒确实都在以某种思想风格努力证明正当的行为，在"正当的行为"的严格意义上，会有助于行为人的利益；(2)他们这样做的理由在于确信，甚至当我们知道某个行为是正当的，我们也不会做它，除非我们认为它有利于我们；(3)在这个信念背后隐藏着的，也确实必然会推断出的信念是，渴求对自己的某种好是自觉行为的惟一动机。

然而这些信念是正确的吗？因为，如果能够证明它们不是正确的，那么至少柏拉图和巴特勒试图证明正当行为的有利性的理由就会消失。

认为就算我们知道某个行为是正当的，我们也不会做，除非我们认为实施它对我们有好处，这一观点对于我们来说当然是个悖论。首先，我们无疑会容易将这个悖论表述错误。我们会说，这个信念确实意味着我们根本不可能做任何我们应该做的事情，因为如果我们出于私心做了某个事情，我们所做的就不是义务；而事实上，它意味着我们只是出于私心才做事。但这样说就犯了错误，即认为我们实施一个行为的动机可能与它的正当性或不正当性有关。受道德约束是指受道德约束去做什么事情，即使什么事情发生；就算只是出于最低的动机我们才使应该使之发生的事情发生，我们仍然已经做了我们应该做的事情。我称赞 A，只是为了蔑视他的对手 B，或者是为了保证将来从 A 处得到好处。当我们加以思考时，就会看到，这个事实与我是否应该给 A 称赞这个问题毫无关系。这一信念中内在的真正悖论在于它意味着不存在道德正当之类的事。如果我称赞

A 仅仅是为了将来获得好处，即使我称赞他时，或者认为或者知道我应该这样做，但不管是直接地，还是间接地，我都绝不受我这么认为或知道的影响，那么就算必须承认，我做了我道义上应该做的事情，也不得不承认我的行为无道德正当可言。我们讨论的这个信念实际上是通常所说的道德需要约束力的原则，即，为了激发一个人去实施某个行为，让他相信他受道德约束去这么做，不仅远远不够，甚至毫无用处，相反，我们必须迎合他想要让自己更好的渴求。

　　现在，当我们读密尔(Mill)时，发现他想当然地认为道德需要约束力时，我们会报以微笑来显示我们的略胜一筹，但当我们发现巴特勒，甚至柏拉图都是如此，我们就笑不出来了。而且，柏拉图和巴特勒都主张这样一个隐藏于这个信念后的原则，即，我们的目标总是，也就是说，我们总是出于渴求对我们而言的某种好而行事，在这一点上他们俩是最好的搭档。亚里士多德的《伦理学》的第一句话，实际上只是在重复着《理想国》第六卷里的论断，即每一个自觉的行为似乎都以某种好为目标，因此称好为所有事物的目标是很公正的。要让这一点明朗起来，只须考虑一下《伦理学》开头几章赋予 ἀγαθόυ(好)一词什么含义。让我们再来看一个现代的例子，格林说："每一个可找出渊源的，行为人意识到他应负责的行为的动机，是对以这样那样形式出现的个人善的欲求……无须赘言为他自己的好，因为任何行为人为之行动的被视为好的东西都必定是他自己的好，尽管他会以为只是由于他对别人的关心才把它视为自己的好，而且不管他要承受多少伴随好的获得而带来的痛苦。"此外，如果我们以一种非常泛泛的方式问自己："怎样才能让我们做某事?"那么这个原则看起来就很合理了。因为对这一问题最自然的回答是："只要想想某种事态是我力所能及的，达到这一事态也会使我变得比现在更好。"这个回答意味着，只有以这种方式，我们才会想要做什么事，而且，除非我们想做这件事，否则我们不会去做它。

　　然而，似乎很难，而且确实最终也不可能，认为这种说法能经受得了事实的验证。我们似乎不可能同意，在那些通常所说的无私的行为中，不管是好是坏，没有一点无私的成分。我们认为否认这种想法是荒唐的，即在那些所谓的善行中，我们至少部分地被下列愿望所驱动：希望别人会景况更好，而且希望使他景况更好；尽管我们也必然会有这种愿望，而且被这个愿望影响着，即希望从下列想法中获得满足感：他的景况更好，而且是我们使他景况更好的。另一种同样荒唐的主张是：当我们对待某人很恶毒时，驱动我们这样做的不是希望他不快乐，也不是希望使他不快乐。再者，当认为我们不带实用目的追求科学研究时，说我们的动机只是想从了解某一特定事物中得到满足，而一点也不是想要了解它，这似乎纯粹是歪曲事实。而当我们考虑那些我们凭良心做的事情时，我们似乎也不得不承认（人们的想法是荒唐的）。

在这个联系中，应该注意，我们在讨论的原则——即我们做某事的动机是对我们认为这个行为能带给我们的某些好处的欲求——有两个否定的含义。第一，认为或知道某个行为是正当的，对我们的行为没有影响，也就是说，认为或知道某个行为是一项义务，不能成为我们的动机，甚至都不能成为动机的一个因素。这个含义显然存在，因为如果认为我们的动机是欲求对我们而言的某种好的话，那么便意味着认为某个行为是义务，既不能驱动我们去实践那一行为，也不能成为驱动我们去实践那一行为的因素之一。第二个含义是，不存在去做正当的事情的愿望，或说得更全面点，因为某个行为是义务，所以要去做它的愿望。这第二个含义显然也存在，因为如果承认这样的愿望存在，就没有理由认为当我们实施我们认为是义务的行为时，我们的动机必然是希望对自己有一定的好处。因此，我们可以有两条途径来辩驳这个原则的正确性。我们可以或者否认前者的正确性，或者否认后者的正确性。当然前一种做法是康德采取的措施，它无论如何在形式上是卓有成效的。他实际上认为，单单是认为一个行为是义务，其中不包括做我们应该做的事情的愿望——他否认这种愿望的存在——至少在某些事例中就是这行为的动机，或至少是动机的一个因素。无疑，他坚持认为这一事实的存在引发了一个问题，而且该问题只有证明了意志的自由后才能解决；但是他主张这问题是可解决的，因此他有权坚持这个事实。现在，这种辩驳的方法有了追随者，而且乍一看，它颇为引人入胜。因为，它看上去只是一种荒唐的悖论：我们做我们认为是正当的事情，但又认为在此场合下，我们决不会因为我们认为它是正当的便去做一件事情。而这种说法却看起来很自然：当我们做正当的事情时，我们显然不想这么做，却违背自己的愿望或意图而这么做。然而我认为我们进一步思考后，必会放弃这个观点。原因之一，诉求于某种考虑(关于它的充分阐释和证明将花去太多篇幅)，这个观点包括：当我们被说成因为认为某行为是正当的所以去做它时，虽然我们有做这事的动机，但我们还是没有做它的目的。因为我们所说的我们实施某行为的目的是指导致我们实施这个行为的愿望本身。如果我们面对完全一般性的问题："如果我们没有任何想要做某事的愿望，我们真的会做它吗?"我们只能回答"不能"。但如果我们承认这点，那么，我们就不得不承认，反驳柏拉图的观点的办法显然是主张存在想做正当事情的愿望。要做到这一点似乎并不难。因为，当我们说某人具有责任感，甚至有很强的责任感时，我们显然是在指称一个事实。如果我们考虑一下我们认为那些人具有的东西是什么，就会发现我们不能将想要做义务所在的事情的愿望排除在外。事实上，很难否认这样的结论，即若不是康德已有成见，认为所有的欲望都是为了娱乐的话，他本人将会持这个观点，而非他所主张的那种极端的观点。但若我们这么想——似乎我们也必须这么想——我们当然就没有必要承认柏拉图努力证明正当的行为必然有利的原因的正确性。因为，如果我们承认存在想做正当的事情的愿望，就不再有理由把以下观点当作普遍原理：在任何一个人知道某个行为是正当的的情况下，如果他做了它，他一定确信他将从行动中获利。因为，我们应该能主张，如果他想做正当的事情的愿望足够强烈，这愿望将引导他实施这个行为，而不顾任何使他厌恶如此做的不利因素。

　　人们也许会反对这个观点，即如果我们以为存在着做正当事情的愿望，我们会卷入一个无法解决的困境。因为我们将不得不承认我们有想让景况更好或幸福的愿望，因此人们有两个截然不同的愿望，也就是两个目的全然不可通约的愿望。因此我们的意思应是，在那些事例中——这些事例当然存在——人们或者必须做正当的事情，或者必须做使他幸福的事情，他无法决定他应该做什么，因为这两种行为没有可供比较的特征，使他能从中选择或者更喜欢做这个而不是那个。但对于这个反对意见，有一种回答是：对于这些事例来说，谈论选择是完全不合适的；这种回答起初看起来有点矛盾，但最终还是有其不可抵抗的说服力的。一个选择无疑必须在两个可比较的选项中作出，例如，整个下午在河上的娱乐和整个下午在电影院里的娱乐。如果只是因为我们面前有两种行为方式，我们就必须在两者之间作出选择，这种主张未免太武断。这样，一个正想退休的人有得到新职位的机会，仔细思考后，他也许无法不下此结论：他有义务去接受它，而且他也同样确信，如果他接受了，就会损失一定的幸福。他或者会出于做正当事情的愿望而接受它，虽然他讨厌做那些有损幸福的事情；或者他会出于对幸福的渴求而拒绝它，虽然他讨厌做不正当之事。但是，无论他做什么，尽管他做的是他已经决定的，却不是他已经选择的，即不是出于喜好而选择如此做。

鉴于已给出的种种理由，下面的结论已是不言自明了：虽然我们发现柏拉图与巴特勒确实试图证明正当的行为是有利的，然而这个努力的成败已无足轻重，因为它是建立在对现实人性的根本性误解上的。

选译自［英］H. A. 普里查德：《义务与利益》，牛津，
克拉伦敦出版社，1928。 萧萍译，陈亚军校。

[英]罗斯(Sir. William D. Ross，1877—1947)

《正当与善》(1930)(节选)

《正当与善》（1930）（节选）

一、"正当"的意义

此一探究的目的是，考察伦理学中三个基本概念——即："正当"、一般"善"和"道德善"——的本性、关系和含义。这一探究将与那些近年来关于价值本性的许多讨论有着诸多的共同之处，我将有机会讨论一些较为重要的价值理论；但我的主题仍是比较狭窄的。除了最多是一些纯粹偶然性的和说明性的旁骛之外，我不讨论诸如经济价值和美等特定的价值形式。我的兴趣整个是伦理学的，所讨论的价值也仅局限于与此兴趣相关的范围。

我打算从"正当"这一术语开始。人们试图讨论的任何术语含义总是带有相当的模糊性。摩尔（G. E. Moore）教授已清楚地指出了在定义行为中可能含有的三种主要说法。"当我们如韦伯斯特（Webster）所定义的那样，说马的定义是'一种马科动物中有蹄的四足动物'时，事实上，我们可以意味着三件不同的事情。（1）我们可以仅仅意味着：当我说'马'时，你将理解为我正在谈论一种马科动物中有蹄的四足动物。这将被称为随意的口头定义……（2）正如韦伯斯特所应当意指的那样，我们可以意味着：当大部分英国人说'马'时，他们意指一种马科动物中有蹄的四足动物。这将被称为严格的口头定义……但是（3）当我们定义马时，我们可以意味一些更为重要的东西。我们可以意指那一种我们所有人都知道的物体，它以一定方式来组成：它有四条腿、一个头、一颗心脏、一个肝脏等等，所有这些都在一定的相互关系中被安排着。"[1]

我们必须自问，在讨论"正当"的含义中，我们是否尝试着以上这些定义中的某一种，还是另一些完全不同于它们的定义。我当然不想仅仅说出一种我使用"正当"一词时所指的含义。我不希望远离该词的通常用法。虽然其他某些事物也可以唤作"正当"（如短语"正当之道""正当之法"），但是"正当"一词还是更适用于行为，并且我希望讨论的是一种被广泛使用的含义（一种由公众广泛同意的、非常重要的含义）。但是我们必须对此有所准备，就是去发现该词的通常用法与其自身含义并不是完全一致。任何语言中的大部分语词都带有相当的模糊性：诸如"正当"这类语词，它们既不代表那些能通过与其他事物相互指示而为我们所认识的东西，也不代表那些能为我们某种感官所理解的东西，那么，这种模糊性就更具一种特别的危险。甚至在代表着某些东西的语词中，这种危险仍然存在。即便在两个人发现其一人称之为红的东西恰是另一人也唤之为红的东西的情况下，也没有任何办法确定他们意味的是同一种性质。这里只存在着一种通常的假定，即：由于这两人的眼睛结构（如果这两人都不是色盲的话）是如此相同，以至于同一件事物作用于他们的眼睛时竟会产生如此一致的感觉。但是在诸如"正当"这类词的情况下，在不同人的眼睛里没有如此彼此相近的器官与之对应，以致不能作出这样的假定：当人们宣称同一种行为是正当的时，他们都意味着该行为中的同一性质。事实上，在"正当"术语的应用上存在着一系列观点差异。例如，假设一个人偿还一笔特殊债务，只是出于畏惧如果不这样做的法律后果，一些人会认为他这样做是正当的，而另一些人将对此否认：他们会说，没有任何道德价值与这种行为相关联，而鉴于"正当"的意义含有道德价值评判，因此这种行为不能算是正当的。他们可能将其一般化并认为，只有当一行为出于一种义务感时，它才是正当的；或者，如果他们不坚持如此严格的学说，他们至少也会说，只有当一行为出于某种善的动机，诸如义务感或仁爱感，该行为才是正当的。

以上观点的差异可能来自下面两个原因中的一个。一个原因是，两派观点可能都是在同一意义上使用"正当"的，该意义便是"道德的义务"，但对于为了拥有这种正当性质，一种行为所必须具备的更深品格问题存在分歧。另一个问题是，第一派观点可能是在"道德义务"的意义上使用"正当"的，而第二派观点则可能是在"善"的意义上使用"正当"的。我不清楚，当这种观点的差异产生时，究竟以上这两种情况何者是经常发生的。但这两种情况实际都发生似乎是或然性的。——一种情况是，一些人没有注意到"正当"与"善"两者的区别；另一种情况是，另一些人在区分这两者的含义时，认为只有符合善才是正当的。在此只讨论第一种情形可能更切中要害，在此我们将讨论"正当"的意义。"正当"不等于"善"，在我看来这是清楚的；而且我们可以通过尝试用一方替代另一方的做法来验证此点。如果它们意味着相同的事情，我们便能够进行替换，例如，把"他是一个正当的人"替换成"他是一个善良的人"；然而并不是我们没有能力去做这种替换，因为如果我们面对诸如"这是一正当行为"这类使用"正当"一词的道德判断，我们就不能将这种替换仅仅当作一件关于英语习惯用法的事情，这种替换显然意味着我们将说，"这种（正当）行为是人们应当去做的行为""这种（正当）行为是人们在道义上必须履行的"；况且用以上的说法来替代"他是一个善良的人"中的"善"，这不仅明显不符合既定的语言习惯，而且明显荒谬。于是，"正当"和"善"意味着不同的事情这一点是显而易见的。但是有人可能这样说，"善"比"正当"有着更为宽广的适用范围，因为"善"既可适用于人又可适用于行为，并且当它指示行为时，"善"和"正当"这两者的含义皆是相同的。对此，我愿意告诉他，"正当的行为"既不等于"应当的行为"，也不等于"善的行为"。如果我能使他明白这一点，我想，他将会发现不在"善的行为"的意义上使用"正当的行为"是恰当的。

然而，我们应当首先去注意在"正当"与"应当去做的事"或"那是我的义务"，或"那是我义不容辞去做的"等之间的细微差别。有时可能发生这样一种情况：即，对于一组由两种或更多的（正当）行为组成的集合而言，与其说没有一种（应当）行为属于这一行为集合，不如说其中有一种或另一种行为是我应当去做的。在这种情况下，这组行为集合中的每一种行为都是正当的，但没有一种行为是我的义务；我的义务是去做其中的"一种行为或另一种行为"。因此，"正当"在某种程度上有着比"应当去做的行为"或类似的说法更为宽泛的可能适用的范围。可是，我们仍想用一个形容词来表达"应当去做的行为"这类意思，虽然在一般的处理中，我们使用了"义务的"一词；但是，该词仍有它自身的模糊性，因为它有时意味着"强制的"。我们不得不认为，"道德上义务的"将使我们的意思表达得更为明晰；为了避免使用这种相当繁琐的表达，我将在这种意义上使用"正当"来表达。我希望这一段落将能够阻止任何从这一稍微不精确的术语中引起的混乱。

一些人或许否认刚才得出的这一区分的正确性。他们可能认为，当存在着两种或更多的行为，其中一种或另一种正如我们所说的那样是我们应当做的（做这一行为而不做另一行为，这不是我们的义务），事实是，这些行为仅仅是产生一种结果的可供选择的方式，而严格说来我们的义务不是去履行"一种或另一种"这类行为，而是去产生一种结果；去产生这种结果才是我们的义务，去产生这种结果才是正当的。我认为，这种回答是相当适合于以下许多情形的，在这些情形中，我们认为必须产生某种结果，而达致该结果的手段却是可以选择的。例如，我们的义务是给某人传递信息，至于采用口头方式还是书面方式，则不是道德的内容。但在原则上，无论如何另一些情况也是可能的，这就是，我们的义务是去实现两个或更多不同状况的事件中的一个或另一个，而不是去产生其中的这一个而不去产生另一个；在这种情况下，每种行为都可能是正当的，但却没有一件是我们的义务。

如果我们能表明，不存在应当的同样也是善的行为的话，那么，关于"善"不等同于"应当"就更加显而易见。我认为，这一点现在已非常清楚了，这就是，只有那些出于善良的动机的行为才是善行为；这一点得到了那些我现在试图去说服的人们的支持，而且我对此点也是完全同意的。于是，倘若我们能够表明，出于善的动机的行为从来就不是道德的义务的话，我们也就证实了道德上的善从来不是正当，我们更有理由说，"正当"不等于"善"。出于善的动机的行为从来不是道德的义务，这遵循着：（1）根据康德的原则，通常认为"我应当"意味着"我能够"。这里的情况，既不是我能够在瞬间出于自愿在心中产生某种动机(不管它是一种普遍欲望还是一种义务感)，也不是我在瞬间有效地激励我去行动。惟我拥有这种动机，才能是出于这种动机而行动；否则，最多我能够做的只是通过适当地集中我的注意，或以某种合适的方式去行动，以培养这种动机，以致在未来的某些情形中它将在我心中出现，并且使我能够出于该动机而行动。因而，我当下的义务不能是此时此地出于这种有待培养的动机而被履行的义务。

(2)一个类似的结论也可以通过归谬法来得到。那些主张我们的义务就是出于某种特定动机而行动的人们(康德是一个典型的例子)，通常认为我们应当去行动所依托的动机就是义务感。假如义务感是我从事某种行为的动机，那么它必须具有这种意思，即：从事那种行动是我的义务。因此，如果我们说"这就是我的义务，即出于义务感从事行动 A"，这就意味着"这就是我的义务，即在从事行动 A 是我的义务的意义上去从事行动 A"。在这里，整个表达与其部分是自相矛盾的。整个句子是说"这就是我的义务，即在从事行动 A 是我的义务的意义上去从事行动 A"。但是该句子的后面部分却意味着，我所想的只不过是我从事行动 A 的义务。假若我们试图去修改该表达的后面部分而使之与整个表达相一致的话，正如上面理论所要求的那样，我们将得到这种结果："这就是我的义务，即在从事行动 A 是我的义务的意义上去从事行动 A，第一种从事行动 A 是在从事行动 A 是我的义务的意义上来说的。"在这里，该表达的后面部分再次与上面的理论及整个句子相冲突。以下一点是清楚的，即：要试图使该表达的后面部分与上面的理论相一致时，需要一个又一个更进一步的类似修改，直至一组无穷的修改系列，即便如此，我们这种做法也将是无法成功的。

再一次假设我对你说，"这是你的义务，即在义务的意义上从事行动 A"；这意味着"这是你的义务，即在从事行动 A 是你的义务的意义上从事行动 A"。于是，我认为出于某种动机而行动就是你的义务，然而，我却可以想象假设在这种情况中，你也将行动，即在与动机无关的情况下去做某事也是你的义务，换言之，这种情况也就是我认为是错了的行动，因为我自相矛盾了。

这里惟一能得到的结论是，我们的义务只是去做某些特定的事情，而不是出于义务感去做。[2]

上面两个论证[(1)和(2)]中的后一论证，不能用来反驳那种认为我们的义务是出于某种动机而不是出于义务感而行动的主张；因为义务感是导致上述无穷修改序列的惟一动因。但第一个论证本身似乎足够反斥所有主张一切动机都是包括义务内容的理论。而且，虽然第二个论证不能反驳那种我们应当出于其他动机而行动的观点，但既主张我们应当出于其他动机而行动，却又主张我们从来不是出于义务这一最为高尚的动机而行动很可能导致悖论。[3]

现在，让我们回到刚才摩尔教授所指出的我们在理解某种术语定义行为时可能产生的三种含义。[4]迄今为止，关于"正当"，我们所采用的立场包含着其中的前两种理解中的某些东西。我以为，在与"这是我的义务"同义（但仍存在着早已被指出的那种微小差别）[5]而与"善"相区别的意义上使用"正当"，这与大部分人（如果说不是所有人的话）在使用该词时通常所指的含义是相符合的。然而，我不能断言，他们一直都在这种意义上使用"正当"一词，因此在某种程度上，我采纳摩尔所作区分中的第一种含义，并仅仅在这种含义上来表达我使用"正当"时所指的意思。而且，以上这种做法是被一种明显的混乱证明为合理的，这种混乱是由于"正当行为"这一短语的含混使用而被引入到伦理学中的；这种含混使用是，"正当行为"有时被当作一种事物状态的特殊变化的行动实施而与其动机无关，而有时又被当作基于某种诸如义务感或仁爱感等特定动机的行动实施。我将进一步指出，如果我们把已经完成的"行为（act）"看作变化的实施，而把正在进行的"行动（action）"看作出于某种特定动机的变化之当下实施，那么事情就会变得更加清楚。于是，我们所讨论的将是一种正当的行为而不是一种正当行动，是一种善的行动而不是善的行为。可以补充的是，正在进行中的一种正当行动可能是一种恶的行为，而正在进行中的一种不当行动也可能是一种善的行为；因为"正当"和"不当"完全是指一件被做的事，"善"和"恶"则完全是指人们行动所依据的动机。严格坚持这种区分，将有助于消除我们道德观念中的某些困惑。

剩下的问题是，对于摩尔教授的第三种"定义"我们将采取何种态度。我们能主张"正当"是能够通过被还原为比它自身更小的组成部分而被定义的吗？乍一看来，这好像是利己主义和功利主义对"正当"的定义——将它定义为"产生对行为者最大可能的快乐"或"产生对人类最大可能的快乐"；并且我认为，这些理论正是经常为那些接受它们的人们这般理解的。但是，这类理论的代表人物在理解他们的理论时并非完全一致。边沁看来就是这样理解的。他说："当被如此解释时"(也就是"当[行动]意味着与功利主义相一致时")，"应当和正当……以及其他这类词，都有一种含义；否则，它们就没有意义。"[6]并且在其他地方，他还说："承认(那并不是真实的)正当一词有着一种不是指功利的含义。"[7]然而，正如西季威克所指出的，"当边沁解释(《道德与立法的原理》第一章及第一章的注释)他的基本原则'说明了所有那一类人的最大限度的幸福，那一类人的利益被当作了上面谈及的人类行为之正当且正确的目的'，我们不能通过'正当'、'有利于大众幸福'的观点来理解他真正的意思；因为把大众的幸福当作一种行为目的，将有利于大众幸福这一命题，虽然这不完全是同义反复，但也很难作为一个伦理体系的基本原则。"[8]边沁显然没有弄清楚，他到底是把"正当"视为"产生大众的幸福"，还是认为产生大众的幸福就是正当行为之所以成为正当的原因；并且看来好像他认为这种区别并不重要。据我所知，密尔并没有讨论正当能否被定义的问题。他用"只要行为能促进幸福，它们就是正当的"[9]的方式来阐述他的信条，在此，他所达到的结论，不是什么是"正当"的含义，而是什么是正当行为之所以成为正当的其他特征。因此西季威克认为，"正当"或"应当"的含义已经非常基本，以至于不能再做任何形式上的定义，[10]并且，他明确地驳斥了那种主张"正当"意味着"产生任何特定结果"的观点。[11]

最为深思熟虑的观点是由摩尔教授提出的，即"正当"可被定义为"产生这样或那样的结果"，他在《伦理学原理》中宣称，"正当"意味着"产生最大可能的善"。现在这一点也常常被人们用来反驳快乐主义，而且没有人比摩尔教授更加清楚，那种"善"意味着"快乐"的主张不能被严格地坚持；当说那些善的东西是快乐的说法可对可错时，那么"善恰好是快乐"的这一陈述就是一个综合命题，而不是分析命题；"善"与"快乐"这两个词代表着不同的性质，甚至在拥有其中一种性质的事物刚好是拥有另一种性质的事物中，情况也是一样。

如果不是这样的话，说命题"善的恰好是快乐的"，在一方面将得到支持，而在另一方面将受到驳斥，这并不明智，而只是一种头脑发热。因为我们并不为分析命题作辩护或作反驳，我们认为它们是理所当然的。人们不能这样表达相同的主张吗？即表达为"成为正当意味着成为一种在此环境中产生最大限度的可被产生的善"。关于这一反思还不够清楚吗？这一反思就是关于这不是我们使用"正当"时所指的意义，即使它可能是关于"什么是正当的"的一个真实说明。下述一点似乎是清楚的，譬如，当一个人说履行诺言是正当的时，他并不是不考虑该行为的全部后果，而是对于这些后果他知道得和关心得很少或者没有。"理想的功利主义"[12]看来是合理的，只有当它被理解为不是作为"正当"概念的一种分析或定义，而是作为这样一种陈述，即只有那些正当的行为才拥有产生最佳可能性结果的深层特征，并且因为拥有这些特征，该行为才是正当的。

如果我没有弄错，摩尔教授是从"正当"可分析为"产生最大可能的善"的命题，过渡到这一命题的。在《伦理学原理》中，前一个命题被采用，例如："这种关于'正当'的用法，即用来表示作为手段善而没有说明作为目的是否也是善的用法，实际上是我将用来定义该词的用法。"[13]"断言在某一既定时间里，某组行为是绝对正当的或绝对义务性的，这无疑等于断言从事这组行为比从事其他行为将使更多的善或更少的恶存在于世。"[14]"问哪种行为是一个人应当去做的或哪种行为是正当的，也就是问，这些行动和行为将会产生哪种结果……我希望首先指出的是，'正当'不能意味其他任何东西，而只能意味'一善结果的原因'，因而'正当'一直是与'有用'同义的……声称'我在道德上必须去从事这种行为'与声称'这种行为将会在这个世界上产生最大可能限度的善'同义，以上这些已经被概要地指出了……但是下面一点仍是重要的，即：坚持这一基本观点是明确无疑的……因此，我们的'义务'只能被定义为这种行动，它将会比其他可能被选择的行动在这个世界上产生更多的善。这样，什么是'正当'或'道德允许的'仅仅在此点上存有差异，即，什么行为将比其他可选择的行为不会产生更少的善。"[15]

在他后来的著作《伦理学》中，摩尔教授似乎采取了另一种立场，虽然这可能并不十分明确。在第8页中，他把"当我们说一种行动是正当的或是应当去做的时候，我们对于这种行动到底意味着些什么"这一问题被称作伦理学中一个"较为基本的问题"。在这里仍然假设着"正当"可能是可被分析或可被定义的。然而对于这个问题，伦理学无法严格地给出一个答案，在是书第9页中，我们发现一个问题，"我们能够找到一个同样适用于所有正当行动的理由，一个在每一种情况中都解释着正当行动缘何正当的理由吗?"这实际上是摩尔教授迫使他自己去回答的一个问题。但是，解释一种行动正当的理由，显然不等同于它的正当性，况且，摩尔教授似乎已经同意这样一种观点，即：生产最大限度的善不是"正当"的定义，而是构成和说明正当行为之正当性的一种特殊性质。此外，他将快乐主义的功利主义描述为询问"我们能够发现除了它们是正当的这一简单事实之外，属于所有完全自愿的正当行为而同时不属于其他正当行为的那些特征是什么呢?"[16]这就是他将快乐主义描述为对此作了实质性回答的问题。并且，由于他自己的观点与快乐主义的差异不在于逻辑的形式，而仅在于前者用"善"替代了"快乐"，故此，他的理论看来同样是对这一问题的实质性回答。换句话说，他不想问什么是正当，而去问什么是正当的普遍性伴随物，正如他很小心地补充道，那是正当的一种必要根基。[17]接着，他将快乐主义的功利主义表述为，给我们提供"一个准则或检测的标准，我们可以用它来识别行为到底是正当的还是不当的"[18]。与之相似，我想他是认为，他自己的理论也提供了另一种不同的关于判断正当的标准。然而，正当的标准显然不是正当本身。并且他清楚地说过，"我认为，事实上这是十分清楚的，即这两个词的含义('义务'和'权宜手段'，后一个词等同于'易于产生最大限度的善')是不一样的，因为假如(两者)一样，那么，说去做一种将会获得最佳可能结果的行为是我们的义务，将只是一种同义反复"[19]。如果我们将之与《伦理学原理》第169页中"假如我问一种行动到底是我的义务还是一种权宜手段的话，这完全与我追问上述行动的适用性是一样的"这句话作一比较，我们就会发现，摩尔教授是如此明显地改变了他的立场，并且朝着正如我所极力主张的那个使得他的观点变得合理的方向改变。如果"正当"不意味着"产生最大可能的幸福"这一点是清楚的话，那么"正当"不意味着"产生对行为者或人类最大可能的幸福"也就更加清楚了。然而，

"产生对行为者或人类最大可能的幸福"最多只是行为正当性的根基，而正当本身就是正当行为的一个明显特征，并且是功利主义未能说明的一个特征。

可是，除了功利主义外，仍有许多理论主张定义"正当"。试图一一反驳这些理论将是冗长而乏味的。关于这些理论[20]，能做到这一点似乎就足够了，即：追问它们的读者，关于这些理论所提出的"正当"定义，实际上是否与他们使用"正当"时所指的意义相符合。但是，对于某些理论而言，应该给出一些提示，这就是，那些说明什么是可能被称为正当的主观理论——该理论将行为的正当等同于行为易于产生某些感觉或某些人们在头脑中的期望。这类理论已经非常彻底地被摩尔教授反驳了[21]，我将很少甚至不对摩尔富于说服力的反驳再添加些什么。然而，这些理论或许更关注"善"，而不关注"正当"，在本书第四章中，我曾以相当的篇幅对此进行了讨论。我将要求我的读者阅读那里所提供的论证，并思考我所提供的对"善"之主观解释的反驳[22]，是否可以同样有力地去驳斥关于"正当"的主观解释。

任何一个既不满意关于"正当"意义的主观理论，也不认为最具吸引力的做法是把"正当"还原为简单客观成分的人，都可能会同意，"正当"乃是一个不可还原的概念。

这种结论不会受到下述追问的质询，即：追问我们现在的道德概念，是如何从"什么是正当"几乎无法从"什么是部落的规定"中区分出来的远古演变而来的这一历史过程。"正当"不等同于"由某种特定社会所规定的"，这一点我们现在已看得十分清楚了。然而，远古的人们是否也这样认为就值得怀疑了。他们关于什么是正当的思考，很大程度受到其所属的种族和时代的习惯与规则的制约。但这不等于说，他们认为"正当"就是"我所属的种族和时代的规定"。道德的进步是可能的，只是因为在所有的年代中，都有人们能够看到的差异，且他们实践着或至少是宣扬着一种在某些方面比其所属的种族和时代之道德要高尚些的道德。甚至那些较低道德的支持者也认为，他们的法律和习惯的根据在于"正当"，而不是在于它们自身，当然，我们对此是可以提出疑问的。"这是习惯"总是相连着"这习惯是正当的"，或者"这习惯是由有权去命令的人所规定的"。即便人类的意识是持续不断下降的，直至达到一个根本没有正当概念的弱意识，我们也无需去怀疑"正当"是一个根本的和不可怀疑的概念，或者去怀疑某些行为的正当性(显见的)[23]是自明的。因为自明的特性不为每一个未经开发的心智所理解，而为那些已达到相当成熟的心智所直接领会，并且心智要达到相当的成熟就需要一代又一代人不断积累，这如同人要达到成年状态也需要从婴儿到成人的成长过程一样。

　　在这一关联(正当与特定种族和时代的习惯与规则)中，粗略参照下述理论是很不错的，这种理论非常受欢迎，尤其在法国——这就是迪尔凯姆和列维－布留尔(Lévy-Bruhl)的社会学学派的理论，它是一种关于人类道德信念和道德实践的历史研究和比较研究，它试图用"道德科学"来替代道德哲学。若否认这一种研究的价值或否认它在众多道德信念和道德实践的历史起源方面带来启发的事实，那将是愚蠢的。这一点已为人们成功地表明，他们指出，许多人对某些特定行为的强烈厌恶感是由过去的道德制度所造成的，并且他们对此毫不知晓。任何这类企图取代道德哲学的可能必须予以否认。然而，这一社会学学派关于他们发现在不同年代和种族中所流行的道德信念系统的态度并不十分一致。一方面，我们极力主张接受的是一个作为类似现存自然法的、作为既定系统的部分而被采用或被执行的、而不是作为被质疑或被批评的现存法规；在这方面，该学派可以真诚地宣布它是道德价值的保护者，并且是在完全接纳传统道德这一意义上的真正保护者。另一方面，通过显示任何特定法规在很大程度上是过去迷信和利益的产物，必然在那些接受过这种教育(这预先假定着在人们头脑中有一位老师)的人们心中，产生一种对所有特定法规的怀疑态度。事实上，将自然法规类比于一个类似人体的自然系统(一种人们偏爱的类比)，是一件完全错误的做法。在分析人体结构时，你不能有损人体作为一种事实的真实性，并且你对此所了解的丰富知识，将有助于你更好地治疗人们的疾病。但是，信念却有着人体所没有的特征，比如，正当或不当的性质，基于知识的或基于愿望、希望和恐惧的东西；而且，一旦你将它们显示为作为这类纯粹心理学的和非逻辑的因素，你就忽略了这样一件事实：即，许多人都认为，你抹掉了他们应该在实践中所能行使的自主性和权利。

在对这些社会学学派观点的批评中，人们经常认为，道德法典的有效性问题完全不同于道德法典的起源问题。然而，在我看来这并不正确。关于判断起源的追问，可能会影响到该判断的有效性。例如，一个三角形的内角和等于两直角之和的判断。我们发现该判断的历史起源是基于一些预设判断，这些预设判断是该判断的前提和某种相关判断的运用。如果我们发现这些预设判断确实是关于知识的例证，且这种推导确实也是真正的知识——是一种对必然联系的理解——那么，我们将确立关于上述判断起源的探究有效性。另一方面，如果有人能够指出，A君坚持B行为之所以是不当的，仅仅是因为（例如）他知道这类行为是被他所处的社会禁止的，他表明了没有真正理由使得A君去相信这类行为有某种特别的性质，因为在社会禁止与不当之间没有必然联系。实际上，他也并不能表明这种主张不对，但他却表明了，A君没有充足的理由支持这种主张是正确的，在此意义上，他削弱了此种主张的有效性。

原则上，这就是那些社会学学派试图去做的事情。根据该学派观点或其原则，如果人们坚持该学派的原则，那么，就不存在一个客观的道德真理；因为每种道德都只是它所属时间和地点之条件所需要的规范，且最大可能地促进接受它的社会对其进行维护。然而，人类精神与这种观点并不吻合。这种观点并不必定导致人们认为，在道德或道德信念中有着不断持续的进步。诚然，这是显而易见的，即某个种族或年代的道德法典在某些方面稍逊于其他种族或时代的道德法典。事实上，对于相当宽广的道德原则，人们有着一种先验的洞察力，这种洞察力能够分辨出关于这些原则认识的充分程度。不仅存在着许多这样的决规，它们能够被描述为通过追溯其历史原因来解释其变化；而且存在着一种道德真理系统，正如所有的真理都具有其客观性一样，对于该系统及其内容的探究我们也是非常感兴趣的。根据这种观点，那种社会学学派的追问只是游离于真正的伦理学问题之外。它没有触及我们最想去回答的问题。[24]

二、"善"的意义

那些关于善或价值的本性之主要争论是围绕内在善（intrinsically

good)问题展开的。因为，大多数价值理论可划分为以下两类：一类
将善看作一种属性；另一类则将善看作具有价值的事物与其他东
西——即那常常但又不总是被说成是心灵的某种状态，诸如，由对
象引起的愉悦，或对之的渴望，或对之的赞许，或寻求着那种通过
对象得以满足的心灵愉悦状态——之间的一种关系。以下一点似乎
是清楚的，即：任何把善看作善的事物、与其他东西之间的一种关
系之观点，将否认内在善的存在。因为若称一事物是内在善的，便
意味着，即使没有其他东西存在该事物也是善的。作为一个关于价
值的关系观(a relational view of value)的拥护者，佩里教授寻求理由
去支持这一说法，即认为，价值的关系观点不会涉及对内在价值的
否定。他明确认为，对于他的观点来说，对内在价值的否定如果不
是致命的，也将会导致不利的后果。对其理论的"一种……严厉的反
对"，他说道[25]，"是基于内在价值的本性上的。我们认为一事物是
内在善的，'在那里，就事物的一特殊状态而言，我们认为它是有价
值的——是一件善的事物——而且事物的这一特殊状态将是存在的，
即使没有其他东西存在，或同时存在或后来存在。'"[26]如果把价值
从事物与对之发生的兴趣这一关系中驱逐出来的话，事物具有存在
其自身中的价值似乎是不可能的。在这种情况中，价值似乎一直是
被借用的，而从未被拥有过；价值只是借助没有自身光源的反射光
而发亮的。

　　"这个问题"，他继续说道，证明一个事实，即：任何判断都可
被判定为是综合的或分析的。假设"善"被当作如同黄色一般，也是
一种简单属性。那么，人们可以综合地断定：樱草花是清淡色的或
黄色的；或可以分析地断定：清淡色的、黄色的樱草花是清淡色的
或黄色的。只有清淡色的、黄色的樱草花将是清淡色的且黄色的，
"即使没有其他东西存在"。但是，如果将简单属性改换为关系谓词，
那么该情况的逻辑将有所改变；事实上，人们非常可能将一种属性
看作一种单子式的(或单称的)关系。例如，切线的是一种关系谓词，
因为仅仅是由于与另一直线或表面只有惟一接触点这一特殊关系，
该直线才成为切线。如果用 R^t 代表该特殊关系，A、B 分别代表这
两条直线，那么，人们或可以综合地断定：(A)R^t(B)；或可以分析
地断定：(A)R^t(B)是 R^t。与之类似，如果用 S 代表兴趣主体，O 代

表对象事物，R^i 代表兴趣被给出和被接受这一特殊关系，那么，我们或者可以综合地断定：$(O)R^i(S)$；或者可以分析地断定：$(O)R^i$ (S) 是 R^i。换言之，人们或者可以说：对象 O 为主体 S 所渴望；或者可以说：为主体 S 所渴望的客体 O 是一般特性"被渴望"的一种情形。

我假设，正如为了举出相关例子而似乎必然如此假设一样，这里的"清淡色的"＝"美丽的"，并且美丽的被看作善的一个样本。佩里教授显然是将"黄色"看作一种简单的、非关系的属性，并认为"善"是一种关系属性，即"善"＝"某人感兴趣的对象"（可宽泛地用"为主体 S 所渴望"来表示）。对于"只有清淡色的、黄色的樱草花将是清淡色的且黄色的，'即使没有任何东西存在'"这一句子中的"只有"，我存有疑问。（1）"只有"可能意味"然而"（yet）。如果是这样的话，佩里教授就是承认，即使没有其他东西存在于世，清淡色的且黄色的樱草花是黄色的，且是清淡色的，如果清淡色也是一非关系属性的话。倘若果真如此，那么，这便构成了这两类属性的一种重大差异，这两类属性分别是：那些即使没有其他东西存在于世仍依附在事物身上的属性；以及那些诸如"为主体 S 所渴望"的属性，这些属性必定不依附对象 O，除非主体 S 也同时存在。（2）我以为，更大的可能是，"只有"意味着"单独"（alone）；也就是，佩里教授是在说，相对照于清淡色的黄色的樱草花，假若没有其他东西存在，樱草花将不是清淡色的且黄色的，正如假若主体 S 不是与对象 O 同时存在的话，对象 O 也就不能为主体 S 所渴望。

诚然，以下一点是真实的，即：如果只有樱草花而没有其他东西存在，那么，樱草花就不能是清淡色的或是黄色的。若樱草花的清淡色不存在，那樱草花就不能是清淡色的；若樱草花的黄色不存在，那樱草花就不能是黄色的。然而，下述观点同样也是正确的，即：如果樱草花的清淡色或黄色并不存在，那清淡色的黄色的樱草花（在这一方面，佩里教授将之与樱草花作对照）就不能是清淡色的或黄色的；并且，樱草花的清淡色与黄色完全不同于清淡色的黄色的樱草花，正如它们完全不同于樱草花一样，因此，这一方面，樱草花与清淡色的黄色的樱草花没有区别。可是，如果黄色或清淡色是樱草花的一种非关系属性，那么，尽管只有樱草花和其黄色或清淡色属性而没有其他东西存在，樱草花也可能是黄色的或清淡色的。在另一方面，如果善是一种关系属性（即＝某人感兴趣的对象），那就没有什么事物是善的，除非是在该事物及其"作为某人感兴趣的对象"的属性之外，还有别的东西存在，即对之感兴趣的那个人也存在。这里，这两类属性存在着本质性差异：非关系属性可为事物拥有，即便仅有事物及其属性存在；而关系属性只有在除了事物及其属性之外，还存在某些东西，即形成该关系其他词项（the other terms）的东西（人）也存在时，才为事物所拥有。因此，倘若关于内在属性的定义——一种即使只有该事物存在该事物仍会具有的属性——被修改为以下形式："内在属性是一种即使只有事物和属性存在该事物仍将具有的属性"，那么，非关系属性是内在性的而关系属性却不是，这将是十分明显的。于是，如果"善"诚如佩里教授所定义的那样，那就没有任何事物能够是内在善的。并且，他试图通过分析判断与综合判断的区分，来克服下述困难——即（根据价值的关系观点）显然必须要否认事物具有内在价值——之努力是徒劳的。只要否认了任何与被渴望无关的对象 O 是具有内在价值的，"为主体 S 所渴望的对象 O"就不是一个与众不同的、能够被认为是真正具有内在价值的对象。"为主体 S 所渴望的对象 O 是善的"只是以下说法的另一表达，该说法是，任何对象 O 所具有的价值，与其说是存在于其自身之中，不如说是出于它与主体 S 共存的缘故而存在于某种与主体 S 的关系之中。这种说法等于否认了一切事物的内在价值。与之相似，所有其他把善等同于或使之依赖于一种善事物与其他东西之间的关系的观点，都将否认内在价值的存在。

把善等同于某种关系的理论必定会认为，这种关系或者是（Ⅰ）一种善事物与其某些要素或其全部要素之间的关系，或者是（Ⅱ）一种该事物的某些要素与其全部要素之间的关系，或者是（Ⅲ）一种该事物或其某些要素或其全部要素与其他东西之间的关系。

除了关于善本性的众多理论以外，我想不出任何属于类型（Ⅰ）的理论，恐怕也不需要考察这种类型的理论。然而，属于类型（Ⅱ）的理论，即将善等同于和谐或一致的理论，却不乏存在。依据这种观点，首先必须要追问的是，该类型的理论是否意味着：（a）善就是一致，或（b）善的事物之所以为善是因为它是一致的。只有第一种观点(a)是与这里的主题严格相关的，在这里，我们探究善是何物。第二种观点(b)并没有回答以上主题，它仍留下一个问题：若善被认为是为一致的事物所具有只是因为它们是一致的，那善这一属性的本质又是什么呢。这里，第一种观点(a)似乎是明显错误的。无论善与一致性的联系如何紧密，当我们称一事物为善时，我们从没有说它也是首尾一致的意思，这一点无疑是清楚的。但如果我们确有这样的意思的话，那么，"一致的且只有一致的，才是善的"将是纯粹的同义反复。因此，这等于说"一致的且只有一致的，才是一致的"。可是，这句话显然不是纯粹的同义反复，而是一个非常重要的命题，如果这句话是正确的话。于是，该理论(类型Ⅱ)若要可能，就须得以第二种观点(b)的形式来被理解；在这种形式中，该理论并没有回答我们所提出的那个问题，即：什么是善。

　　然而，尽管以下这段文字与我们当前的探究并无严格的相关性，但它仍很好地提供了关于在第二种观点(b)形式中的类型(Ⅱ)理论的一些解释。首先，它(类型Ⅱ理论)可以被解释为：诸如此类的理论似乎是从一种假定出发的，即假定存在着某一简单属性，它不是善，但却使得善的事物成为善，这里惟一的问题是：这属性是什么。诚然，我同意说善是一种作为结果的属性，即善的事物必定是善的，或是出于其除善以外的全部本质的缘故，或是出于其善以外的存在于其本质中的某种东西的缘故。这一点对我来说似乎是一个关乎于善的至关重要的事实，并且是一个标志着它与其余大多数属性相区别的事实。[27]但是，我不能同意以下这种假定，即认为：所有善事物之所以为善，是出于事物任何一个特征的缘故。举例来说，如果说良心和仁慈都是善的，那么，从一开始就好像在说，良心是善的是因为它是良心，仁慈是善的是因为它是仁慈。然而，事情是不能被假设为这样的，毋宁说，必须要假设为相反的情形。我们必须对此有所准备，即去考察每个可被设想的关于善之普遍基础的自身价值。但是，每当我扪心自问时，譬如问良心或仁慈能否因其构成要素的一致性而被认为是善的，我就不得不要去追问那些被设想的要素又是什么，它们在哪一方面被设想是一致的。然而，关于这些问题，我在那些主张这种价值关系论的人们身上找不到明晰的答案。于是，这样说可能更合理些(即使不是如此，我想也是对的)，即是说，凭良心去做的或仁慈的行为中的善是依赖于该行为与该行为之外某种东西之间的一致性，例如，与行为者整个目标系统的一致，或与行为者所处的社会相一致。不过，这种理论不属于我们当下考察的类型（Ⅱ）理论，而是属于类型（Ⅲ）理论。或者让我们再一次假设，人们认为一种特殊的快乐就是善的，以下的说法是否清楚呢？即：即使大多数或可能是所有的快乐都是复杂的，它们之所以被认为是善的，不是因为其是由一致性关系联结而成的复杂体，而是因为其具有一种可感的快乐性质。

在我们转向考察类型（Ⅲ）理论时，我们发现，被等同于善的那种关系（或被认为是使善事物成为善的那种关系）有时被认为必然与心灵相关，而有时又不受这种要求的限制。我把从奥本教授的一篇文章中所获得的其中一种观点，看作后一类型理论（类型Ⅲ理论）的典型表达。[28]正如奥本教授所说，谢尔登（Sheldon）教授就是支持价值是"心向（tendency）的满足，无论它是什么心向"这种理论的。在我看来，对于该理论的一种根本性反驳似乎是这样的：将任何与有意识生物（人）目的相关的东西从"心向"中抽掉（此种做法正是该理论的特点），那么对"心向的满足"而言还会剩下什么含义呢？所剩下的无非是这么一种观念，即：一事物处在某一特殊力量的影响中，及该事物实际上进入了若只受到那特殊力量作用时将会进入的那种状态。由是，谁又会说这种纯粹的物理氛围或者是等同于价值，或者甚至与价值有着同等的范围呢？

对此，谢尔登教授（正如奥本教授说道）回答道："善无疑是一种不同于满足的概念，因而似乎善或价值是一种在满足与心向之间的关系，一种由这两者单独且完全来确定的关系。"[29]对于这种说法，在我看来，似乎有足够理由去回应道：这种关系能够在诸实体（bodies）只受到物理力量作用的情况中存在，如同它也可以在其他地方存在一样，在那里，没有人会向往使用善或价值这类概念。假如我们必须主张一种价值关系理论，那么，该理论似乎更多地表现为"心理学的"形式而不是"本体论的"形式。

作为规则的"心理学的"理论表现为这么一种形式，即主张事物的善意味着：或者（A）某人或某些人对该事物具有某种感觉，或者（B）某人或某些人认为该事物是善的。而以上这些观点，更确切地说是第一种类型（A）理论，乍一看来是具有相当魅力的。那些我们认为某类事物是善的判断，实际上，一直不断地伴随着某些关于这类事物的感觉——快乐之感和缺少这类事物的遗憾之感；并且，这一事实容易导致以下两种观点的其中一种观点，或可能更为通常地导致这两种观点的混合物。一种观点是，由于成为某种感觉的对象（若采用佩里教授的完备性短语，我们则说，由于成为"兴趣的对象"），事物获得了一种深刻的性质，即价值。另一观点认为，具有价值就意味着成为一种兴趣的对象而不是别的什么东西。佩里教授自己究竟是如何对其在《价值通论》一书中所提出的观点进行归类的，我对此十分疑惑。在是书中，我们能够找到支持将其解释为他是主张第一种观点的篇章，例如，将价值描述为依赖于兴趣的篇章。但就整本书而言，他倾向于支持第二种观点，这似乎又是相当明显的。"这种观点，"他说道："可以用方程式来表达：x 是有价值的＝对 x 发生的兴趣。"[30]他紧接着又说："因此价值是一种特殊关系，也就是，无论处于何种本体论状态，不管是真实的还是虚构的，事物都可以与兴趣一块儿进入的那一种关系。"——即成为主体的兴趣对象的那一种关系他又说道："因此该问题（他对之提供了答案的那个问题）是这样一个问题：一般意义上的价值存在于何物之中（不依赖于何物）？"[31]

即使第一种解释（A）是正确的话，也仍会留下一些让佩里教授无法回答的难题。假如价值并不存在于成为兴趣的对象这一关系中，而是依赖于成为兴趣的对象这一关系，那么，价值本身是什么呢？被含糊地描述为依赖这一关系的本质又是什么呢？而这一关系是偶然的还是逻辑的？假若两者都不是，那它又是什么呢？对于以上这些问题，佩里教授并没有给出任何解答。不过，我们也无需催促佩里教授去回答这些问题，因为，我设想他将会把第二种解释（B）作为其观点的正确阐述来接受。

在这第二种解释中，价值的关系观点是认为，"善"和"兴趣的对象"是表达同一概念的不同方式。然而，这明显是错误的。显而易见的是，当我们称某物为善时，我们是认为它具有某种自在的属性，而不是认为它必须具有一种对之发生的兴趣。如果一旦我们关注某物，我们就不得不认为它是善的，这样我们就绝不可能认为：尽管我们的确只能通过关注某物才能发现它的善，但在我们关注它之前，该事物就具有善，并且即使我们从未关注过它，它仍早已具有善了。并且，人们显然可以认为，某些事物为某人感兴趣，可它们却是恶的(bad)。但如果"善"与"兴趣的对象"恰好都意味着同一个东西的话，那么，以上这两种明明可以设想的情况就变得无法想象了。因此，必须摒弃"善"和"兴趣的对象"表示同一概念的观点。如果价值关系论所必须维护的主张要成为可能，那么它就必须相异于以上的观点，必须是那种为大多数人所认同的观点，即：某些事物具有一种特性——善，它不同于那种成为兴趣对象的特征，它不为任何事物所拥有。于是，这里问题出现了，即：是什么能够导致人类去形成这么一种在现实中没有任何事物与之相应的多余概念呢？善的概念似乎不是类似于"人头马"这种在虚构剧本中形成的复杂概念，在虚构的剧本中，不存在于真实世界的性质能够被想象与事物共存；之所以如此，盖因根本不存在作为一个复合物的善性质。然而，我们可以不只是去问这样一个问题，即：如果概念不被认为是真实存在的，那么该概念又是如何形成的呢？[32] 我们还可以宣称，我们直接意识到诸如有意识的行为具有一种自身价值，该价值不等于或甚至依赖于我们或他人对之产生的兴趣。理性明确地告知我们此点，如同它明确地告知我们其他东西一样。怀疑这里的理性无疑意味着在原则上怀疑理性认知现实的能力。

当我们追问这些兴趣或感受为何人体验到时，另一种对所有这类理论——即：将善等同于成为兴趣的对象或任何特殊感觉类型的理论——的致命反驳就会凸显出来。人们的某些回答回避了某些反驳，而另一些回答则回避了另一些反驳，然而，每种回答最终至少要面对一种对其是致命性的反驳。这一背景情况早已被摩尔教授在其对关于"正当"的相应理论审察中充分地揭示出来[33]，并且在"正当"和"善"的例子中，他的论证在我看来似乎是无可争辩的。这种类型的理论可以分为如下理论：即将善等同于某一感觉，(1)该感觉至少存在于一个人身上，不管他是谁；(2)该感觉存在于认为某一对象是善的那个人身上；(3)该感觉存在于这个或那个阶层处于文明历程中某一特殊时期的人们身上；(4)该感觉存在于大多数人身上；(5)该感觉存在于所有人身上。对于(1)，似乎存在着四种反驳：(a)显而易见，这一点是很难否认的，即无论我们挑战何种感觉作为所涉及的感觉，例如，不论它被认为是愉快之感还是赞许之感，人们都可以怀疑某物是否是善的，即使他并不怀疑这个人或那个人会对之持有这类感觉。(b)如果当我称某事物为善时，我所意味的是这一个或那一个人对之持有某种感觉，或者说，如果当某人称某事物为恶时，他所意味的是这一个人或那一个人对之持有相反的感觉，那么，我们的意见可能相异。因为这两种主张可能都是正确的。然而，如果说仍存在着某种显而易见的东西的话，那就是，我们确实认为，我们自己作出了关于对象的一些无法相容的陈述。(c)如果某事物并没有改变其本性而在某瞬间第一次唤起了某一心灵中的上述感觉，那么，我们将能明确地断定，该事物不是首次成为善的，而是在此时其善属性首次被发现。(d)人们完全可能这样质问：是否每个人都可以这样认为，善可以通过这个人或那个人的感觉而被带入人间，无论这个人或那个人可能是多么的邪恶、愚蠢或无知。似乎清楚的是，在使用"善"一词时，我们意指某种无论如何都要比那种(因感觉才存在的)属性更为实在些的东西。

对于类型(2)理论的一种基本反驳与反驳(b)是相同的。如果我认为一事物是善的，就是说它唤起了我某种感觉，并且如果你认为一事物不是善的或者它是恶的，就是说它并没有唤起那种感觉或者它唤起了一种与之相反的感觉，那么，我们的意见就不会相异。因为，我们都可能是正确的。而反驳(c)对于类型(2)理论的攻击如同对于前一类型(1)理论的攻击，也是同样有力的。

类型(3)理论则可以为以下理由所驳斥：第一种反驳是，类型(3)理论将会推出，如果有两个人声称体验着某些不同的感觉，这些感觉分别为不同类型的人中的大多数所持有，那么，当这两人对同一事物宣称它是善的或恶的的时候，他们的意见就不能是相异的。然而很清楚，即使这两人属于不同类型的人，他们声称分别具有不同类型的人中大多数人所持有的感觉，他们仍然认为，当其对同一事物各自宣称它是善的或恶的时，他们是作出了相互抵牾的陈述。因此，显然他们宣称所表达的东西并不是各种不同类型的人中的大多数人的感觉。诚然，还可进而摆出第二种反驳，即：显而易见的是，当人们认为某物为善时，并没有认为有某类人对之持有某种感觉。举例来说，即使我们想象在我们所处的文明时代中存在着某类人，如果他们关注某事物就将有类似于我们所体会的那种感觉，我们仍可确切地感觉到他们并没有关注该事物，因而他们并不具有上述那种感觉。

对前一类型(3)理论的第一种反驳，对类型(4)理论是不构成威胁的。因为，那些认为存在某类人对某事物持有某种感觉的人们与那些认为他们并没有这种感觉或具有与之相反感觉的人们将会持不同的意见。不过，第二种反驳对类型(4)理论的攻击力将是它对类型(3)理论的攻击力的双倍。

最后，第二种反驳对类型(5)理论的攻击力甚至要更猛烈些。

我称之为纯粹主观的善理论的余下第二种类型(B)理论，可以有下面几种情况：在我看来，说某事物是善的就相当于说(1)这个人或那个人认为它是善的；或者(2)我认为它是善的；或者(3)某类人中的大多数认为它是善的；或者(4)大多数人认为它是善的；或者(5)所有人都认为它是善的。像我们先前仔细地考察类型(A)一样去考察类型(B)的各种情况，将是乏味且不必要的。我们有足够理由指出，关于类型(A)的相关反驳对类型(B)来说同样也是致命的，而且还可增加一条对所有类型(B)理论都是致命的反驳。

对 A_1 的反驳同样适用于 B_1

对 A_2 的反驳同样适用于 B_2

对 A_3 的反驳同样适用于 B_3

对 A_4 的反驳同样适用于 B_4

对 A_5 的反驳同样适用于 B_5

然而，除了以上这些对理论(B)的各种特殊形式的反驳之外，该理论的所有形式都存在一个荒谬之处。十分明显，"x 是善的"的意义是不等同于"某人(或我，或某类人中的大多数，等等)认为'x 是善的'"的意义，因为前一句话的意义只等同于后一句话中某一个成分的意义。或者，这一反驳可以表述为：说 S 认为 x 是善的将留下一个有待回答的问题，即 x 是否是善的。之所以如此，盖因观点有对错之分而感觉则无。假如 S 认为 x 为善是错误的，则 x 实际上不是善的；假如 S 认为 x 为善是正确的，那么 x 是善的既不等同于也不依赖于 S 认为 x 是善的这一想法。事实上，理论(A)需要最煞费心思的考量，而且，去判断摒弃此种理论这一作法是正确的还是犯下了某种逻辑混淆的错误，乃是极其困难的。与之相反，理论（3）则可不假思索地随手抛掉。诚如人们所料想的那样，佩里教授是极力主张否定理论（3）的。

在佩里教授探讨的启示下，我重新回到对理论（A）的考察上来。根据人们对价值与兴趣——即，等同于"动机—情感生活（motive-affective life)，就是说，等同于本能、欲望、感觉以及所有那些与之相关的状态、行动及态度"[34]的那种兴趣—关系的看法，佩里教授将所有可能的价值理论划分为四种。"存在着四种价值与兴趣的可能关系。首先价值可能存在于事物的本性中，与兴趣毫不相关……其二，价值可能被认为是一对象的品格，该品格使其能成为一种目的。易言之，价值暗含、唤起或规导着兴趣……其三，价值可能被归于某些兴趣的对象，而这些兴趣是那些诸如终极的、和谐的、绝对的或必须的等等被适当限定的兴趣。最后，存在一种更为简单、更为完备的观点：即认为，一般意义上的价值都是偶然依附于所有兴趣的所有对象的。"[35]

我并不特别关心以上这两种居中的观点，而且也同意佩里教授对它们的诸多批评。然而，我首先主要感兴趣的是，那种我认为是正确的理论[36]以及佩里教授认为是正确的第四种（即类型4）理论。他将摩尔教授这段说明——即："我的观点是，'善'是一简单概念，如同'黄色'是一简单概念一样；如同当没有任何人了解黄色为何时，你无法以任何方式去说明黄色是什么，同样，当没有任何人了解善为何时，你也无法说明善是什么"——看作第一种观点（理论A）的典型表述。此外，他把该观点看作最好"被理解为泛客观主义（pan-objectivism)观点的延伸，该观点结论性地认为，诸如颜色这类所谓'次要性质'，与诸如形状这类所谓'首要性质'一样都有着独立于精神的好名声，但是，没有任何理由说明为何诸如善这类所谓'第三级的'性质不能与以上两类性质处于同一层次"[37]。

也许在某些心灵中，次要性质是真实的观点与善是客观的观点之间存在着一种联系，然而应该指出的是，这两种观点之间不存在任何必然的联系。在我自己的理论中，对感觉及其幻象的反思，迫使我认为不存在诸如客观颜色之类的东西，并使我不得不承认颜色感受只是一种心理状态而不是关于颜色的概念。然而，颜色的感受[38]是一个无可置疑的事实，我将对摩尔教授这一（不同性质之间的）比较稍作修正，然后才接受之。我可以这样说，善是一种只能由其自身来定义的性质，而不能是一种感受的性质，诸如我们所描述的那种"看见黄色"（seeing yellow）的感受性质。无论我们如何想象颜色的客观性，我都可以认为，我们感受的性质之不可定义性是无可置疑的。这样，接纳摩尔教授这一比较根本不会导致次要性质是客观的观点。此外，我也不认为善是"多余心理"；因为，尽管我不认为在本质上善是关于心灵的，但我认为在本质上善是一种关于心灵状态的性质。

佩里教授对善的客观性观点的第一个批评是，"主张这种善观点的人必须要准备去指出一种明晰的可感性质。这种性质在我们的价值术语大致指示的领域中出现，它不同于事物的形状大小，不同于事物之各部分间的相互关系，不同于该事物与其他事物或主体的关系；并且它不同于所有属于相同语境的其他因素，但这些因素是由不同于'善'的术语来指定的。可是笔者还没有发现这类其余因素（re-siduum）"[39]。而这类其余因素的存在又恰恰是争论的要点所在。迄今为止，我们有两种说法，一种是那些同意摩尔教授观点的人们认为，他们确实可以辨识某些事物中那种只能用"善"或其同义词来表述的独特性质，而另一种是那些同意佩里教授观点的人们则认为他们不能如此。然而，只要人们尚未按照这些线索来考量这一问题，那么，我们所能做的就是邀请其他人一起沉思诸如自觉行为一类的问题，并亲自尝试一下他们自己能否辨识这一性质。当然，佩里教授对自己这种武断的说法并不满意，他争辩道，假如善如同黄色一样是一种无法定义的性质，那么善的存在如同黄色的存在应同样是不证自明的。另外他还指出，摩尔教授在说到哪些事物是善的时候，如同他在表明善的存在并不如黄色的存在那般同样不证自明时一样，都流露出一丝迟疑。在此，佩里教授似乎过多强调了摩尔教授所声称的善与黄色的类比，这一类比仅仅在善与黄色这两者的不可定义性方面上是恰当的。它并不论证这两种性质在其他方面上都有着以上所说的那四种关系。尤其是，对这两种性质，一种是通过感—知（sense-perception）来领悟的（如果能被完全领悟的话）[40]，另一种则是心智（intelligence）来领悟的。况且没有理由去推测，为心智所辨识的性质，同样容易为人们的感—知所辨识。然而，佩里教授夸大了关于辨识这两种性质难易程度的差距。他说："对于这些内含经验性质的术语的分配，不存在任何严重分歧。'事物毫无掩饰地带有这些性质，所有过路人都会注意到这些性质'。"[41] 可是，难道黄色不会淹没到绿色或橙色之中，颜色就没有分界吗？在颜色没有分界的情况下，我们作出以下判断的困难将是超乎寻常的，即判断在我们面前的是黄色还是绿色，是黄色还是橙色？而且只要存在何者之善这一问题，人们就会存在意见的分歧吗？如果没有诸如自觉行为之类的东西存在，难道何者之善就成为普遍一致的问题吗？

然而，我不愿意将善的不可定义性问题仅仅基于人的偏好论证上。在我看来，指出以下一点更为重要，即：关于某特殊事物中某一特定性质是否显而易见这一问题，与关于该性质是否不可定义的问题毫不相干。举个例子，假如在某一特殊行为是否为善这一问题上，有两个人的意见相左，那么，其意见分歧如同其意见一致，都同样暗示着他们用"善"来表示一种确切的性质，并且，与其说他们的意见分歧意味着该性质（善）不是不可定义的，不如说其意见一致将意味着该性质（善）是可以定义的。善的不可定义性问题与不可辨识性问题是不同的，且在逻辑上没有关联。

但是，如果我试图为摩尔教授的类比——即将善比作黄色，是一种不可定义的性质——作辩护的话，我不希望（更甚至于我想象他也将这样做）这一类比被认为是假设善在其他方面也类似于黄色。（善与黄色）最为显著的差异是，善是一种只能源于事物其他特性才为该事物所拥有的性质，譬如，一种凭良心去做的行为是善的，源于该行为是凭良心去做的。下面，我在后面通过把善描述为一种结果性的性质而非一种基本性质，来表达以上善与黄色的显著差异。[42]

接着，佩里教授转向讨论赖尔德（Laird）教授的反驳。佩里教授说道，赖尔德教授"求助于以下这一事实，即：在对美丽的赞赏或对行为的钦佩中存在着一种直接的客观性。以上这些状态并不是由对象事物引起的纯主观状态；它们呈现了那种包裹在其魅力或道德价值性质中的对象物"[43]。佩里教授指出，在对象物身上我们使用了众多形容词，因此显见的是，这些形容词似乎是表示那些独立于任何与人相关的对象物的特征。然而，经过考察我们发现，这些词恰恰是涉及上述某种与人的关系——如"渴求的""乏味的""讨厌的""希望的"等形容词。而在另一方面，诸如"红色"这类形容词则拒绝任何将它们归之于主体(人)身上的企图，并且坚持它们是寓于对象物之中的。可是，从诸如"渴求的""乏味的""讨厌的""希望的"这类词一直争论到"善"这类词，这种扩展是相当不公正的。因为，前者是通过它们的形成本身来指示一种与对象物的关系，而后者则同样清晰地指示一种只存在于对象物中而独立于任何主体与对象物的关系之外的性质。正如我将在后面指出的那样[44]，对于"美丽的"一词，我倾向同意以下说法，即：在我们上述关于善的后半部分断言中所说的事实，恰好就是某事物具有一种能使我们产生某种激情的力量；而那些几乎被当作"美丽的"同义词诸如"迷人的""可爱的"这一类词的通常用法，可被看作从以上这种观点中借得了某种支持。可是，说我们对这一行为钦佩就等于说该行为是善的，或者等于说该行为必须是善的，这显然是自然思绪的一个奇怪倒置。我们认为，行为的善等于我们对之所钦佩的那种东西，等于某种存在于行为之中的、即使从未有人对之钦佩而该行为仍具有的那种东西，比如，我们可以想象一件不但行为者而且其他所有人皆不曾对之有所钦佩的无私行为。假如现在有人开始意识到该行为并对之钦佩，即使从未有人钦佩过这种行为，他显然仍会认为该行为一直是善的。

佩里教授进一步反驳道，"客观性"理论在其耽迷于"艺术和冥想的价值"的支持者中获得其所有貌似合理的可信性，并且，它阻止这些支持者推出一种关于一切价值的完备性解释。"这类型理论最严重的后果是，它无法提供任何系统的原则。不可定义的价值与情感态度(feeling attitudes)同样的多，但由于这些价值被看作客观的性质而非感觉类型，没有任何东西能够将这两者结合，即使感觉原则也不能。要是'善的'是一独特性质，那么，'愉快的''恶的'和'应该的'也是独特的性质了。实际上不存在这样的方法，即：能将愉快归入善之中，或定义善与恶的对立关系，或将善和恶归入一个诸如价值这类更为普遍的概念之中的方法。另一个方面，如果善要由兴趣来定义，那么，兴趣的丰富性似乎能为价值的统一性和多样性提供解释。"[45]由此，他的假设是，善这个词必须一直在某种"有价值的"

单一意义上被使用；他的论点是，惟有一种主观性理论才能为善这个词提供这么一种单一的意义，并显示在各种各样特殊价值类型中的关系。在"有价值的"名义下，他把那些正常来说根本不具有价值的事物，以及那些我们显而易见只有在根本不同意义上才具有价值的事物说成是有价值的。真的有人认为义务是"有价值的"一种特殊形式吗？[46]说"有价值的"是与道德善是同类性质的一个例子，或者说美丽是另一个例子，这难道不是一种鲁莽的假定吗？我们所说的经济价值[47]只是工具性价值，它们不同于善或愉快中的价值，难道这一点还不清楚吗？在我看来，以下这一假定并不合理，即假定：必定存在着一种适用于价值一词的所有意义的价值通论。

与此同时，我倾向同意佩里教授的这样一个观点，虽然这并不是他（假如我正确地理解了他的话）试图继续从中进行推演的那个观点。他尝试寻找一条串联我们对"善"一词的所有用法的单一线索，并且从中推出"善"一词具有他所给定的那种单一意义。于是，当我考察在上述章节中提及的"善"的意义的多样性时——即：善这个词的判断性用法与属性用法，"在其努力中有成就的"的含义与"有用的"的含义，工具性意义和内在性意义——尽管我不同意在所有或以上某些情况中，我们都意味着"x 是善的"就是"x 是一种某人感兴趣的对象"，但我仍倾向认为，惟一能串联我们关于"善"这个词在所有上述意义中的用法之单一线索——即：那种无论我们何时使用"善"这一术语都存在的惟一共有的东西——就是，在每种情况中，判断者都有关于其称之为善事物的某种赞许之感或兴趣之感。然而，这也无法证明我们总是在相同意义上使用"善"的。在我看来，"内在善的"与"有用的"的意义完全不同，不论在这种或那种意义上使用善一词，在这两种情况中我们都有关于我们称之为善的事物的一种赞许或兴趣之感。这里的共同线索所联结的不是善的各种不同意义，而是在这些不同意义上我们对善的用法。尝试在我们关于善的术语使用中发现一条共同线索，并不是我的主要兴趣所在。我所感兴趣的以及我不得不认为其对于哲学来说更为重要的问题是，是否并不存在这样一种善的意义，在该意义上，善一词可以适用于各种事物，然而这里所说的事物是善的，既不是指该事物是一集合中有成就的或有用的成员，也不是指该事物是独立于其外的善之工具性载体，而是指就其本身而言该事物是善的。十分清楚，当我们陈述诸如勇敢是善的时候，我们的意思就是如此——即使有人可能认为我们作出这种陈述是错误的。在前面的章节中，我曾试图对善的其他意义表述得公正些，要言之，从上面的说法来看，我的兴趣整个儿扑在"善"的更为基本的意义上。根据这一点，我非常清晰地感到，虽然我们关于善的使用一直伴随着一种兴趣，且正是因为这种兴趣使我们称事物是善的，情况也并不是每当我们如此这般地描述事物时，该兴趣就如我们所假定的那样。

接着，佩里教授对摩尔教授关于"善"之不可定义性的论证进行了十分仔细的考量。他引用了(摩尔教授的)这段解释："说橙子是黄色的这毫无意义，除非黄色的确最终恰是意指'黄色'而不是其他东西——除非它(黄色)是绝对不可定义的。"[48] 仅仅针对以上这点，他的反驳是有根据的。"以下的说法并非是无意义的"，他指出，"说'这个物质概念是过时的'，或'这幅画是后印象主义的'，或'这一论证是循环的'；在这些情况中，被给定的谓词是可定义的。"[49] 而"橙子是黄色的"这一陈述必定是无意义的，除非"黄色"有一种单一的同一性意义。在这种意义中，"黄色"必须意指黄色而不能是其他东西。可是这不表明黄色是不可定义的。因为，倘若我们能够用"x 是 y"的方式来正确地定义"黄色"，那么，我们就不能说黄色意味着不是黄色的那些东西，因为"x 是 y"恰恰意指黄是什么。然而，在支持"善"明显不可定义的这一论点时，人们可以说，在"善"与诸如"过时的""后印象主义的""循环的"这类属性之间存在着巨大差异。若一术语是可定义的，即表示某种复合体[50]，这样，只有我们在头脑中早已有着某种程度的定义，我们才能越来越明智地使用该术语；并且，在我们使用这些术语时，我们在头脑中确实至少已有这些术语的大致定义。相反，我们在头脑中并没有任何关于"善"的定义也是能够越来越明智地使用该术语，这一事实表明善是不可定义的。

摩尔教授在进行反驳时，使用了多少有些类似的论证，他反对任何用不包含善的一组概念来定义"善"的企图，因为这种企图将可能导致人们一直追问符合了这一组概念限定的事物是否为善的。[51] 假设有人宣称"为任何人所欲求的就是善的"，但这种主张将遇到以下事实的质难，即：尽管我们知道战争是为某些人所欲求的，我们仍可以怀疑战争是否为善。

我认为，这两种论证都是在说，如果"善"表示某种复合体（正如所有价值的关系理论所主张的那样），那么，我们在明智地使用该词时，就应在头脑中有关于确定事物间明确关系的观念。在我看来，在日常交谈中我们使用该词时，头脑中并没有以上这一种观念，这似乎是一清二楚的。

然而，在此我也不能确定该问题是否已被彻底解决。因为似乎存在下列情况，即：我们寻求一个术语的定义，最后把其中一种说法看作正确的来加以接受。我们把某种定义看作正确的来接受这一事实表明，该术语的确在某种程度上代表一个由各要素组成的复合体；然而，我们会在某段时期怀疑该术语是否是可定义的，如果是，那正确的定义又是什么，这一事实实际上却表明，这一由各要素组成的复合体并没有在我们找寻其定义之前或当中清晰地在我们的头脑中呈现。于是，以下的情况似乎是我们无法回避的，这就是，可以用一个模糊地表示某一复杂体的术语来描述事物，而这一复杂体又不甚清晰地在我们头脑中呈现。在原则上，以上此点对于"善"的情况似乎是正确的。在我们的日常用法中，"善"这一术语并没有明晰表示一个复合体，但这并不因此必然意味"善"这一术语是不可定义的，尤其是，不排除该词恰好是表示一种关系的可能性。我想，正确的方法应该是考察所有被设想的似乎是合理的定义。如果它是正确定义的话，情况将是，经过对之作一定程度的考察，我们将能够说："对，这就是我一直用善来指的东西，虽然我迄今为止仍未清晰地意识到它就是我所意指的那个东西。"相反，如果结果是，我们清楚地感到"这不是我用善来指的那个东西"，那么这个被设想的定义就必须放弃。在我们考察了所有起初看来似乎合理可信的定义后，假如我们在每种情况中皆能找到这一否定性结论，那么我们将非常自信地认为，"善"是不可定义的。所以，不存在任何关于"善"是可被定义的最初假定。因为人们似乎清楚，不存在任何复杂实体，除非首先存在某些简单实体；诚然，在茫茫宇宙中，大千世界如此丰富多彩，人们没有理由认为这些简单实体的数量微乎其微。

在对人们所提出的术语定义所作的批评中，有两处是关键性的。也许，摈弃（善）术语定义的最为明显的理由是，我们可以指出那些该术语可为之定性而定义却不能为之定性的事物，反之不然。任何人都可以毫不费力地想象，被设想的"善"定义已遭到来自以上两个反驳的困扰。但即使在术语意义与该被设想的定义相一致时(或在我们无法确定它们是否相一致时)，我们仍常常看到一个被设想的定义并没有表达我们使用该被定义之术语所意味的东西。举例来说，我们会拒绝用"所有内角都相等的三角形"来定义"等边三角形"。这正是以下说法的理由，这一说法认为，大多数被设想的"善"定义——即：众多诸如将善等同于广泛性或实在性的形而上学的定义，以及众多诸如将善等同于产生愉快或成为欲望对象的心理学定义——都可以被否定。问题的关键不在于该被设想的定义在第一眼看上去就是错误的，也不在于它将要被人们拷问，而是在于它经受不住拷问。

佩里教授自己对摩尔教授的批评是以下面的方式进行的。摩尔认为，假设"善"被定义为"为某人所欲望"，这一定义被以下事实证明有误，该事实是，尽管战争为某人所欲望，追问战争是否是善的仍然可能。佩里教授似乎承认以上这一事实对被设想的定义来说是致命的，因为他打算用一种他明显认为是不同的定义——即："在某种意义上的善＝为某人所欲望"——来取代以往的定义。于是，他竭力用以下说法来回避摩尔教授的反驳，这种说法是：这一不同定义是正确的，它能与以下的追问很好地相恰，即：在这一不同定义中我们仍可以追问(我们显然可以追问)如果在这种意义上战争是善的，那么，在诸如为所有人所欲望的或义务的或美丽的等其他意义上，战争是否也是善的。[52]

忽略以上这一要害在我看来似乎是奇怪的。我猜想，没有人会根据这种理由——即：虽然战争为某些人所欲望，但战争却不是为每个人欲望的，它不是美丽的，它也不是义务的——来幻想去反驳将"在某种意义上的善"与"为某人所欲望的"等同起来。而那些(真正有力的)反驳分别是：(1)即使战争为某些人所欲望，但在任何意义上战争都不是善的(虽然战争的构成要素可能是善的)；(2)即使在某种意义上战争是善的，但说战争是善的所意指的绝不是说战争为某人所欲望。

佩里教授进一步试图将关于善与个体兴趣之关联的论证建立在"这个问题可能再度听从于每个个体的判断"这一事实之基础上。"假如当一给定的对象事物 A 早已被认定是善的时，该对象物的善仍然关联着一主体 M，那么，这被认为是在谈论着一种善的特殊意义，该意义与主体 M 相关。"[53] 显然，这是一个无意义的论证步骤。假如 A 的善早已被认可，即为相关的人们一致认可，那么，说其中某人问另一个人该事物是否是善的就没有什么意义了；而且，另一个人的诸如"我欲望它"或"我不欲望它"这类可能的说法，就与该事物是否是善的问题毫无相干，因为这早已被假设在一致同意的情况下得到了解决。

佩里教授指出，他所正在批评的这种观点的支持者们，力求寻找"善"的一种意义，这种意义将"为价值判断提供一种能决定这些判断之真假的共同对象物"。佩里教授坚持以为，要达此目的，"一事物作为善是一兴趣的对象，一如它也是其他兴趣的对象一样。M 对 A 发生兴趣这一事实在于 A 与 M 的一种关系；但该事实本身与 M 对 A 的判断或 M 对 A 任何其他主体的判断没有关系"[54]。事实上，认为一事物的善依赖于一主体说该事物是善的这一判断的观点，与认为一事物的善取决于他对该事物感兴趣的观点，这两者有着巨大的差别。前一种观点经受不住片刻的审查，而后一种观点则为价值判断提供了某种真实的判断，故而后一种观点需要极为细致的考量。然而，尽管后一种观点为我们的价值判断提供了一种独立于我们判断之外的对象（客观物），可是，在处理关于我们的价值判断同时所意味的那些东西——即：当一个人说一对象物为善而另一个人却说它不是善的时，这两个人就会相互抵牾——的时候，这一客观物就无法显示公正了。因为，假如 M 仅意味着"我对 A 有一种兴趣"而 N 则仅意味"我没有"，那么，他们是不会相互抵牾的。

简言之，佩里教授有时候把"善"等同于"为一主体所喜爱"，有时候把"善"等同于"为一主体所欲望"。然而，对于其理论而言，这两种表达都不是最合理的。佩里教授的理论是，成为善的就是成为兴趣的对象，而兴趣则被认为是包括了欲望与喜爱；这就是说，某些事物的善在于它们受人喜爱，而某些事物的善则在于它们为人欲望，而某些事物的善或许在于它们同时被人喜爱及欲求（虽然这并不可能，正如我们将看到的那样）。于是，只要我们说（正如佩里教授想说的那样）"樱草花的善在于它被人欲望"[55]，那么，乍看之下该理论似乎颇具吸引力。然而，说我欲望一朵樱草花，这显然只是对我的欲望的一种粗糙而随意的描述。其实，我所欲望的是去观赏它或嗅闻它或拥有它。只要我们明确地描述我们所欲望的那个东西，我们就发现它是某种实际并不存在的东西。我们欲望继续从事我们正在从事的事情，或继续处于我们现在所处的境况，这是毫无疑问的。但是，即使我欲望，譬如欲望继续观赏一朵樱草花，我所欲望的也并不是当前所发生的观赏行为，而是我希望在不久的将来中发生的那种观赏行为。欲望的对象总是某些不存在的东西。如果说被欲望的对象是作为一种可能性而存在的话，那我们必须回应道，说被欲望的对象是可能存在的这一说法是一种不正确的表述，因为这意味着，虽然被欲望的对象不存在，但是，某些或所有实际存在的事物之本质与将要存在的事物之本质无法相容。

　　显然，只要善或者是等同于被欲望或者是依赖于被欲望，那么，就没有任何东西同时既是存在的又是善的。现在，我假设我们都确信某些现今存在的事物是善的，以及某些在将来存在的事物也将是善的，如果它们存在的话。此外我还假设，除了这些确信之外，我们将很少或根本不对"善"这一主题发生兴趣，尤其是拒绝伦理学的介入。诚然，一旦该理论把善与被欲望等同起来，它就会拒绝以上这两种确信。然而，该理论可能回答说，现存事物的善在于它们被人喜爱，而非现存事物的善在于它们被人欲望。无论如何，我必须要放弃以下这种怀疑，即：我们能否说一非现存事物是善的。举例来说，无论一个人多么相信良心是善的，并且 A 可能是有良心的，但如果他确信 A 实际上不是有良心的，他不会说"A 的良心是善的"。但是，我们的对手可能会回应道，我们仍可以说这类事物是善的，即使我们并不确信有任何这类事物实际存在的例子。我们可以说完全凭良心去做的行为是善的，即使（正如康德所假设的那样）我们并不确信曾经存在过这样的行为。但是，这只是以下说法的一种方便表述，即：即使对这一行为是否曾经存在我们并不确信，我们也仍可确信，只要曾经存在过这种行为，则该类行为就是善的。假定的善预设了假定的存在，正如实际的善预设了实际的存在一般。倘若如是，善就永远不能与被人欲望等同起来，甚至无法与之相容。

　　樱草花于其中引起欲望的这种关系不是被欲望的关系，而是激起欲望的关系。这是一种现存事物能于其中引起欲望的关系，而该理论则可能要改换为以下形式，即："善就是激起了欲望的东西。"而欲望刺激物又可划分为两种：一种是那些诸如我们的经验促使我们渴望保留着我们现存与之关联的关系，或欲望与之及类似事物有着某种更密切关系的事物；另一种是那些诸如我们的经验促使我们欲求与之远离的事物。第二种事物就是某些欲望的刺激物，正如第一种事物是另一些欲望的刺激物一样。十分明显，第二种刺激物的主要部分（如果不是全部的话）是由疼痛刺激物组成的。于是，如果"善"意指"欲望的刺激物"，那我们将被引致以下结论，即：诸如疼痛刺激物是善事物的一个重要种类。这一结论显然不能为人接受，因此该理论将不得不被修正为以下形式，即："善就是激起欲望的东西，而这些欲望就是欲望维持我们与之（事物）关联的关系，或欲望与之有更密切关联的关系"——简言之，就是那些我们可以称之为"积极欲望"的东西。

表面看来，某些激起积极欲望[56]的事物确实是善的，因为它们被确定为是善的。显见，有人会说，如果对人自身善心向的意识或对他人善心向的沉思，会导致我希望去维护和培养这类心向的话，那么，与其说是因为我感到它是令人愉快的，不如说是因为我认为它是善的。然而，佩里教授并未意识到这一抉择，因为将我们对事物的兴趣依赖于我们认为它是善的这一做法将会导致对其主要理论的否定，他的理论主张，一事物的善或是我们对之感兴趣，或是奠基于人们对之感兴趣。因此对佩里教授来说，剩下的只是将善的事物等同于那种出于由事物引致的愉快而激起人们欲望与该事物及其他类似事物有一种更为密切之关系的东西。于是，对他来说，善的事物就是那种引起愉快从而引起一种欲望的东西。虽然他的系统表述包括了以上这两种因素，但是，引起愉快显然是一个基本性事实，而另一个（引起欲望）却只是一种结果性事实。

然而，根据这一种似乎必定需要重新进行表述的理论，不仅愉快是善的一个基本性成分而引起欲望之倾向的却是善的一个结果性成分，而且把愉快说成是善的本质远远比把这一倾向说成是善的本质要合理得多。如果我们说："产生如此这般的东西，正如它正是这般如此地行动那样，是善的"，我们无疑意指被产生的东西是内在善的，而去产生某物的东西则是工具性的。似乎有足够的理由说，"愉快是内在善的，而产生愉快的东西是工具善的"；在此，存在一个相当普遍的一致意见，即：不论愉快是否属于善的种类，它至少是善的。可是，不存在以下普遍一致的意见，即认为，欲望或积极的欲望是善的。假如我们采用这种道德观点，我们就必须说，某些欲望是善的而另一些则是恶的；并且当这些欲望为善时，它们之为善不是因为它们都是欲望，而是因为它们恰是它们所是的那一类欲望。但如果我们采用假设的观点，我们就必须说，这些欲望是善是恶(其将意味着"愉快"或"不愉快")不在于它们是欲望，而主要(我假设)在于它们被人们希望还是不被人们希望去给予满足。因而欲望(甚至是积极的欲望)不必有善存在其中，人们没有理由解释，为何引起欲望(或积极的欲望)的事物通常也应是善的。一旦我们把事物看作欲望的对象，那么，以下这一说法也许并非是不无道理的，即：欲望的对象是善的，即使该欲望不是善的；但如果我们要重新表述这类理论，并且说善就是那种引起积极欲望的东西，即那种对于欲望如同原因对于结果的东西，那么，就没有任何理论能够解释以下这一现象，即：为何积极欲望不能总是善的而其刺激物却总是善的。

由于，对于我们正在考察的这一理论的最佳表述方式是，从其中驱逐出欲望的相关物，且使之简化为如下形式，即："善就是产生愉快的东西。"[57] 不过，实际上没有人会认为所有产生愉快的东西都是善的，除非他认为愉快本身就是善的。[58] 这样，该理论就以后一种形式得以呈现，即："有且只有愉快因其自身本性而为善；有且只有产生愉快的事物因其产生某种善而为善。"尽管该理论的所有观点都是通过对内在善之通常观点的攻击来展开的，可是其理论核心却是：有且只有一种东西，即愉快，是内在善的。当该理论还原为其简单术语时，它似乎就是我们的那位老朋友——快乐主义。毕竟，所有关于快乐主义的可能批评近年来已是孺妇皆知了，在我看来似乎没有必要再重拾这些老生常谈了。此外，我还假设佩里教授将同意快乐主义是根本站不住脚的，并且他将宣称其自身理论只有在使其与快乐主义区分开来的根基上才是无懈可击的。然而，如果我没有弄错的话，这些恰是其理论中最为脆弱的因素。

然而，还有另外一种因素，我们可以由之出发来考察该理论。

佩里教授把对其理论"最流行的"反驳表述为，"在大多数价值判断中，欲望的事实并不是作为终极事实被人们接受的。欲望的对象可以被认为是恶的，即使它们被人欲望，并且不论这些欲望是否得到满足，这些对象本身仍被认为是恶的。"[59]在此，我无需考虑以下这两种反驳：(a)一种我并不同情的反驳——这是叔本华及其同道的观点，它认为所有欲望都是恶的；这是寂静主义的一种夸张式表达，对此我无需赘言。(b)该理论要面对的第一个真正困难是由佩里教授在后面提出的，即："同一对象物可为一个人所喜欢或欲望，也可为另一个人所讨厌或逃避"[60]的事实。将"善"与"兴趣的对象"等同，这导致了以下结论：同一事物可以同时既善又恶。在以上事实的质难下，该结论显出荒谬，并且自相矛盾。然而，佩里教授宣称，"一种关系性定义，例如在此被设想的那种定义，是避免自相矛盾的惟一途径。"[61]这种宣称是一种奇怪的观点：一方面，由于把善与兴趣的对象等同，我们陷入了同时称同一事物既善又恶的自相矛盾（至少一种绝对性理论可以避免以上这种自相矛盾，无论该理论具有何种优点或缺陷）；而另一方面，我们又说"噢，但是这里，善只意味着对一个人是善的，恶只意味着对另一个人是恶的，所以在此不存在自相矛盾"，以此而自鸣得意地走出上述困境。

当我们断定某一事物为善时，我们同时也肯定着某种我们认为与同一事物为恶相冲突的东西，这难道不清楚吗？我们可以将一事物描述成"既善又恶"，但这种说法并不严谨。（Ⅰ）我们可能意指，该事物包含某些善的要素和某些恶的要素，诚然，这便是解决该问题的正确途径，而"该事物既善又恶"只是解决该问题的一种不严格的方法。这种观点暗示着，在我们考察判断主体时，如果我们发现事物某些要素是纯粹善的而另一些则是纯粹恶的，同时也发现事物整个儿不能既善又恶，只能或整个儿为善或整个儿为恶。（Ⅱ）可以假设，如果认为事物不是由善的要素和恶的要素所构成的，那么，我们可以依据一种观点认为该事物是善的，而依据另一种观点认为它是恶的——也就是说，一种心灵状态可以在道德上为善，也可以在心智上为恶。然而，这证明了（Ⅱ）可以还原为前面的（Ⅰ），（Ⅰ）的分析表明了存在一种善的要素和一种恶的要素。假如我们在心灵历程中截取短暂一段，无论是多么短暂的一段，我们都能在其中找到具有某种价值的知识和意见成分，以及具有某种价值(积极的或消极的)的行为和行为的意向成分。这样，人们既不能依据道德观点也不能依据心智观点来判断整个心灵状态的善与恶，而只能根据这一观点或另一观点来判断整个心灵状态中的这样一些或另一些要素的善与恶。于是，每个要素将具有一种与其恶无法共存的善，或将具有一种与其善不能共存的恶；而整个心灵状态将具有某种程度的善或其他某种程度的恶。这些只能依据一种超越了道德观点和理智观点的观点来判定。

对大众思维习惯影响最深的，并且对导致反对当前价值理论这一偏见负有主要责任的那种情况，佩里教授说道，"是那种兴趣或其对象遭到来自道德上非难的情况"[62]。以下无疑是对主张兴趣对象都为善的理论的一种鲜明反驳，它指出：事实上，我们的确认为许多事物是恶的，而不管这个人或那个人对之发生或曾发生过某种兴趣。佩里教授对这一反驳的回应是，在这种情况中，我们进行着一种道德判断，而这种"道德判断不涉及一般意义上的价值，而只涉及价值的一个特殊且复杂的方面……它们不处理每一个体兴趣，而是处理兴趣与复杂意图间的关系，在那里，兴趣与意图是混杂在一起的"[63]。

在回应上述这种反驳时，指出术语"道德判断"具有一种严重的含糊性是十分重要的。这里，存在着三类判断，它们各自被不同的作者称为道德判断。它们分别是：(Ⅰ)那些宣告一行动是正当或不当的判断；(Ⅱ)那些断定行为或意向是道德善的或道德恶的或中性的——即，具有(或不具有)只有倾向和行为才能具有的那种善或恶——的判断；(Ⅲ)那些声称某事物是善的，或不善的，或中性的(无关善与恶)判断。前两种判断可称为分部性判断，在这种意义上，其中每一类判断只适用于一类对象物。第一类判断只适用于被认为是与其动机无关的行为，而第二类判断则只适用于被认为是与其动机相关的意向和行为。第三类判断在任何意义上都不是分部性的判断；它们可以适用于世上一切事物。人们可以说某些事情——我是暗示美德、知识、有根据的意见和快乐[64]，这些事情无论如何都是可以预示的——是善的，而另一些与之相反的事情，如缺乏根据的意见和痛苦，则是恶的，还有一些其他的事情又是中性的，就它们本身而言，尽管它们中的许多事情可能在工具性意义上为善为恶。在作出这类判断中，我们不是在接受一种狭义的伦理学观点，例如，我们可以说智慧和快乐是善的，虽然它们都不是道德善的；我们采用的是那种要求最严格的观点，而这种观点因其相关于世上一切事物的价值而为人们所接受。不过，这也是一个道德哲学家在其部分的研究中应该采纳的观点。因为，伦理学是一门研究什么是我们应该做的，以及在践履我们所应该做的过程中将牵涉什么的学科。因为我们所应该做的很大程度上（虽然如我所说，并非是完全地）依赖于我们在行动中所能够实现的善或恶。

不过，在关于一般善理论是属于伦理学还是属于形而上学这一问题上作过多纠缠，可能是一种失误。诚然，前两类判断完全属于伦理学。但如果伦理学是一种关于善行为的哲学研究，那么，关于一般善的研究当然超出了伦理学的严格范围；因为某些善事物既不是行为也不是关于行为的意向。但是，关于一般善的意义及这类善事物的研究，或属于伦理学的一部分，或属于形而上学的一部分。对此，关于纯粹伦理问题的研究不可避免地将我们引致以下结论：该研究属于何者，取决于我们如何定义伦理学及形而上学。伦理学和形而上学都不是一种迄今为止已被严格限定或一种可能将被很好界定的研究。也许，我们能为形而上学提供一套十分严格的规范的惟一方法是，认为形而上学是一种关于一切善事物所共有的特性之研究。根据这种观点，人们不得不认为关于善的理论并非形而上学的一部分。然而，我们是通过扩大我们的形而上学概念从而使之包括关于所有最宽泛的归属特性（其中包括善和恶的性质）的理论，抑或把关于价值的研究看作伦理学的一部分，抑或承认一种较伦理学宽广一些但较形而上学狭窄一些的关于价值学科学（或价值理论）的中介科学，这的确是一个问题。而对这一问题的讨论却并不引导我们对以上事实作进一步的理解。

无论怎样，我们还是要必须回到佩里教授当前对以下这一反驳的讨论以及他对之所作的回应上来。这种反驳是，虽然许多事物确实使人们从中感到快乐并为他们所欲望，但它们依然是恶的。佩里教授的回答是，这些事物不是普遍意义上的恶，而只是从伦理学的观点上说它们为恶。而我们对佩里教授的回应是，只要存在一种可称为狭义的伦理学观点，我们可以根据它来判断如此这般的行为是恶的或道德恶的，那么，就会同样存在一种要求更为严格的观点，我们可以根据它来判断行为者当时的整个心灵状态。尽管其心灵状态可能包含某些快乐价值因素，但从整体上看它仍是一种恶的事物，一种世界因其而变得更坏的事物。这种严格观点并不是那种狭义的伦理学观点，因为它是我们可以用来作出以下判断的观点，即出现了一种被认为与其伴随物分开的疼痛是一种恶的事情，虽然痛苦不是道德的恶。如果根据这种要求最为严格的观点，我们将说，尽管人们处于这些产生着兴趣以及感受到快乐的状态之中，许多这类心灵状态仍然是恶的，"善"无论如何都不能等同于"兴趣的对象"。

我总的结论是：佩里教授的论证既不能成功地反驳认为善是某些事物的一种内在属性的观点，也不能有效地抵御来自把善等同于成为某一心灵兴趣的对象的主张的攻击。[65]

三、权　利

如果没有一些（即使只有简要的一种）与权利密切相关的主题的具体讨论，对于权利或义务的一般性讨论是很难完成的。通常人们说，权利与义务是相关的，但值得我们追问的是：这一陈述是否为真，若为真，则在什么意义上为真。这一陈述可能会支持下面四个在逻辑上独立的陈述中的任何一个或任何一种组合：

（1）A 对 B 享有某种权利意味着 B 对 A 负有某种义务。

（2）B 对 A 负有某种义务意味着 A 对 B 享有某种权利。

（3）A 对 B 享有某种权利意味着 A 对 B 负有某种义务。

（4）A 对 B 负有某种义务意味着 A 对 B 享有某种权利。

（1）所断言的是，A 有权利享受 B 对它所采取的某个单个行动，这就意味着 B 有对 A 采取这种行动的义务；（2）表述的是与（1）相反的含义；（3）的意思是，A 有权利享受 B 对它所采取的某个单个行动，则意味着 A 对 B 有采取另一行动的义务，这一行动可能是一个类似的行动（例如一个人有被告知真相的权利，就意味着他有说真话的义务），也可能是一个不同类型的行动（例如某人享有他人的服从的权利，就意味着他有统治得当的义务）；（4）表述的是与（3）相反的含义。

这四个命题中的第一个命题毫无疑问地为真；某人对他人享有权利就是他有权利以某种方式对待他人或被他人以某种方式对待，并且，这显然意味着他人有以某种方式行为的义务。但是，人们有某种理由怀疑其他三个命题的真实性。这种疑虑源于我们对动物和婴儿负有义务的事实。后一例子被这样的事实弄复杂了：尽管婴儿不是实际上的道德主体（我们通常是这样认为的），但他们是潜在的道德主体，因此，那种婴儿现在不负有但将来要负有的义务，譬如说，遵从和照顾他们的父母的义务，就与父母抚养他们的义务相平衡了。因此，我们最好选取较不复杂的动物的例子，我们通常认为动物甚至不是潜在的道德主体。

当然，某些人可能会否认我们对动物负有义务。这种被一些作者所持有的观点认为，我们有关切动物的义务，却没有对它们的义务，这一理论认为，我们有义务人道地对待我们的同类，并且我们应该人道地对待动物，仅仅是为了害怕在我们自己中间产生这样一种性情——它会使我们倾向于残酷地对待我们的同类。例如，雷奇（D. G. Ritchie）教授认为，我们对动物负有义务只是在这种意义上来说的，就好像人们可能会认为，一所有历史意义的房子的主人对这所房子负有一种义务一样。[66]我认为，这后者的意义纯粹是隐喻性的。我们可能在某种幻想的情绪下将一所壮丽的房子看作一个我们必须尊重的有意识、有感觉的存在物。但是我们并不真正认为它有这些特征。我认为，一所有历史意义的房子的主人的义务，本质上是一种对他的同代人和后代的义务；并且，他可能也认为这是对他的祖先的义务。另一方面，如果我们认为我们应该以某种方式对待动物，那也是我们认为——主要对于它们的感受——我们应该如此行为；我们不把它们仅仅看作一个美德的实践场所（practising-ground）。正是因为我们认为它们的疼痛是一件坏事，所以我们不应该无缘无故地导致它们的疼痛。并且，我认为，说我们对诸如此类的东西有义务，也就是说根据与它们相关的事实，我们有义务以某种方式来对它们行动。

现在，如果我们对动物负有义务，而它们对我们并不负有义务（这似乎是很清楚的，因为它们不是道德主体），那么我们的四个命题中的第一个和第四个就不可能同时为真，因为(4)意味着，人类对动物负有的义务包含了人类对动物享有的权利，而(1)意味着人类对动物负有的义务包含了动物对人类负有的义务。因此，(4)和(1)都意味着人类对动物负有的义务包含了动物对人类负有的义务。并且，如果第一个命题无疑为真，那么第四个命题就必定为假；A 对 B 负有的义务必然地包含了 A 对 B 享有的权利不可能为真。同样，第二个和第三个命题不可能同时为真；因为(2)和(3)都意味着人类对动物负有的义务包括了动物对人类负有的义务。但是这两个命题中哪一个为真在这里还不太清楚。因为，我们应该说尽管我们对动物负有义务，但它们对我们并不享有权利，还是应该说尽管它们对我们享有权利，但它们对我们并不负有义务，还是不清楚的。如果我们采取第一种观点，那就意味着，我们为了享有权利——正如同为了负有义务一样——就必须是道德主体。如果我们采取第二种观点，那就意味着，尽管只有道德主体才负有义务，但感受快乐与痛苦的自然能力的过程是享有权利的充分条件。这两种观点哪一种是正确的还根本不清楚。总体上，由于我们认为，通过权利我们能对某种东西做出正当的要求，所以我们也许应该说，动物不享有权利，不是因为如果它们能提出被人道地对待的要求的话，这种要求是不正当的，而是因为它们无法提出要求。但是在这里，我们发现了一个关于"权利"术语的应用疑问，即这个术语的特征上的疑问。它在其他方式上的应用也是有疑问的。即使我们认为不仅要公正地对待他人，而且要超越公正的要求去提高他们的福利是我们的义务，但是我们是否应该说他们享有被超越于公正之上的仁慈地对待的权利，还是根本不清楚的。我们倾向于认为，并非一个人所负有的每一种义务都包括了相应的权利。

　　理论已经坚持了我们这种思考权利的方式的特征。例如，格林把整个义务领域划分为三个部分：(1)不包含与之相应的权利的道德义务，(2)包含了权利的义务(obligation)，这些权利和义务都被包括在自然法中，并且同样我们应该从法律的层面来认识它们，(3)包含了与之相应的法律权利的法律义务。[67]他将第(2)种类中的权利——我愿意简要地称之为道德权利——描述为对法律权利的这种特征的分享，即：它们的存在依赖于某种形式的普遍承认。在后一种情况中，承认存在于法律的制定；在前一种情况中，它仅仅存在于公众意见的普遍陈述。现在，将法律权利或道德权利描述为其存在依赖于它们的承认显然是错误的，因为承认一个事物（在这里所使用的"承认"的意义上来说）就是承认它为已经存在的东西。一个法律的公布不是对一种法律权利的承认，而是对一种法律权利的创造，尽管它可能意味着对一种已经存在的道德权利的承认。使道德权利的存在依赖于人们对它的承认同样是错误的。这将意味着，比方说，只有在人类中的大多数或某个特殊团体中的大多数形成了奴隶应该是自由的意见的那一刻，即，在那个其向这一观点的转变会使持此观点者由少数变成多数的特殊的人改变他的意见的那一刻，奴隶才获得了自由的道德权利。这样一种观点，当然是不能得到人们一致支持的，并且，我们发现，格林在接下来的部分里认为，社会承认对权利的存在来说是必不可少的，[68]并且认为，奴隶有要求公民身份的权利，尽管社会没有承认这一权利。[69]在这后面的一节中，我们看见真正的格林——善感的自由的热爱者——反对了前面的理论。一些人可能认为奴隶制不是错误的；但是每个人都会承认有某些这样的对待他人的方式：这些方式是错误的，并且受害者有权利要求别人使自己摆脱这种方式，而不论社会是否承认这种权利。

然而，我们发现，格林的另一观点还不是那么明显的错误。据此，我们就使得一种权利的存在不是依赖于对它的承认，而是依赖于对一个人的能力的承认，这个人追寻着一个对于社会的所有公民来说是普遍的目的。这就避免了一个明显的错误，即使权利的存在依赖于人们对其存在的承认。然而与前一种观点一样，它使得道德权利不依赖于某个既定个人的天性以及他与其同类的关系，而是依赖于人们对他们的想法，即依赖于社会的大多数人对他们的想法。尽管法律权利的存在依赖于社会的开化程度，但是道德权利的存在明显不是依赖于此，而是依赖于关联其中的人们的天性和关系。

格林的理论似乎是这样产生的。他从霍布斯和斯宾诺莎开始了他的历史审视，这两人将权利等同于权力。一种法律权利可能等同于某种权力；它是通过法律的帮助而不是通过某个人自己的暴力来得到某种东西的权力。格林似乎力图通过对这种赤裸的权利与权力的同一论作一个类似的修正，来得到一种道德权利的理论；并且他相应地将它们与既不是通过某个人自己的暴力也不是通过法律的帮助而是通过公众意见的帮助而得到某种东西的权力等同起来；而不是说，很明显道德权利根本不是一种权力。然而，在他的论述中有一些指向较正确的理论要素，如："'权利'是一种理想的属性（'理想'是在不能被明显地证实的意义上来说的）。"于是，我认为，在这里，一个被给定的社会是否承认一种特殊的权利，就在格林坚持权利不能被证实的意义上被明显地证实了。不能被证实的是这个社会是否完全有理由承认这种权利，并且这依赖于这种权利是否是先于社会对它的承认的。因此，对权利是不能被明显地证实的坚持就指向了一个权利的客观理论；但不幸的是，格林没有再沿着这条线索走下去。

如果我们排除认为动物有权利的可能性，说，只有有道德本性的事物才能有权利，那么我们关于权利和义务的相互关联的主要疑惑就在于这样一个问题：人是否有享有仁慈的权利。很明显，一个人有权利享有公正的对待，并且人们普遍地认为，他有权利要求他人实现对他的承诺；但是人们不是那么普遍地同意，他有权利享有仁慈的对待，即使我们承认仁慈地对待他是我们的义务。

一些人甚至会说，仁慈地对待他人超出了我们的义务。但这种陈述可能只不过是建立在一种混淆之上。我们通常用公正来反对仁慈。但是，公正地对待一个人通常被理解为对他做某些事（偿还我们对他的债务，诸如此类），而不管我们做这些事时的意愿如何；仁慈地对待他则明显地意味着出于善意而对他做某些事。我们恰当地感觉到，在这两者之间有一个巨大的差别。并且发现，这样说是很自然的，即说：一个意味着与之相对应的权利，而另一个则不是这样，甚至说（有一些人）一个是义务而另一个则不。但是如果我们愿意区分行义和怀着公正的意愿行义，行善和怀着仁慈的意愿行善，那么（依照总是行为而不是从某种动机出发的行为是我们的义务这一原则）很显然，怀着公正的意愿的行为不是我们的义务，更别说怀着仁慈的意愿行为了，并且，正如行义是我们的义务一样，行善也是我们的义务。

如果我们清楚了这一点，我们对说他人有享有仁慈的权利的主要异议就消失了。我不是说我们所有的异议都消失了；因为权利的概念还很模糊，它的概念不仅是某种一个人应该严肃尊重的东西，而且是某种他人能够严肃要求的东西，然而我们感觉到在对仁慈做出要求的行为中，却有某种不严肃的东西。

有关"权利"术语的应用的那些疑惑看来似乎是产生于这样一个事实中，即："权利"（这个名词）不代表一个纯粹的道德概念。我认为，它开始是代表一个法律概念，并且它的使用扩展了，以至于包括了某些不能在法律上作出要求的东西；但它的使用还没有扩展到变得完全与义务相关的程度。然而，一旦我们开始了拓展它的过程，似乎除此之外就没有一个安全的休息之处。

现在回到那四个关于义务和权利的相关性的命题上来，似乎，关于第二个命题，即"B 对 A 负有某种义务意味着 A 对 B 享有某种权利"（它是我们近来讨论的主题），我们应该说：(1)当 A 不是一个道德主体时，它不为真，(2)当 A 是一个道德主体时，它为真（哪怕这种义务是一种行善的义务）。并且，由于我们对第三个命题，即"A 对 B 享有某种权利意味着 A 对 B 负有某种义务"的疑惑，产生于我们对动物是否没有权利的疑惑，如果我们同意动物没有权利，我们就不需要怀疑这个命题的正确性。毕竟，那些坚持权利和义务之相关性的人们是支持这一命题的；因为本质上人们支持它以反对这样一种信念，即：认为在自然状态下，人们有"自然权利"而没有义务。

然而，一个更进一步的问题在等着我们，即：不尽义务是否包含了相应权利的丧失。说得更准确些，由于我们发现"权利"的意义要比"义务"的意义更令人疑惑，那么省略对权利的涉及并且把我们的问题放进这样的形式："如果 A 没有尽他对 B 的义务，这就终止了 B 对 A 负有的义务吗"会更为有益。在一些情况下，我们似乎很清楚，（情况）就是如此。如果一个商人将次于我在他商店里所挑选的东西的货物送来给我，我在道德上，至少在法律上，不一定要付给他全额的价钱；我可能会退还货物而不付钱，或者（经他同意）留下它们而付一个较低的价钱。一般地，任何来自契约的义务都会被另一方与之对应的义务的未完成取消。在另一些情况下，我们却没有这么清楚。比方说，人们就不是那么普遍地赞同这种情况，即：如果 A 对 B 撒了谎，则 B 就完全有理由对 A 撒谎。在这种情况下，我们会说，两个黑造不出一个白。然而，诚实的义务的特殊迫切性似乎产生于人们的这样一种默契，即：语言应该用来传达说话者的真实意见，并且似乎，一方不实行这种默契，就使得对方不再受制于这种默契；并且，我们对一个坚持要求他人的严格诚实的习惯性撒谎者是没什么耐心的。我们不得不承认，一个欺骗了我的人已经摧毁了告诉他真相之为我的义务的主要理由。但是，我们可能会对这样说有所迟疑，即：正如那个商人对契约的破坏摧毁了我向他支付价钱的义务一样，他对默契的破坏完全摧毁了我告诉他真相的义务。很多理由有助于说明这一点。一个理由是，通过欺骗一个撒谎者，我可能会间接地欺骗无辜的人；另一个理由是，这对我自身品质的后果可能是特别危险的。但是主要的理由可能还在别处。在我和商人订立契约之前，我没有向他支付这笔金额的义务。我有提高所有人的福利的普遍义务，但并没有明显的理由认为我只有把这笔钱交付给他才能将这一点做得最好。但是，即使在说真话的默契建立之前，我也有不说谎的义务，因为说谎是主动伤害他人的初步表现。由于这一义务不依赖于契约，就不会因为契约的破坏而被废除，并且因此，尽管一个被他人欺骗了的人完全有理由拒绝回答他人的问题，但他没有理由对他人撒谎。然而，在人们没有建立起说真话的默契的情况下，例如，当一个公民欺骗了他第一次遇见的奴隶时，或相反，或当属于不同部落的两个奴隶之一欺骗了另一个时，这只形成了说真话之义务的迫切性的一小部分，就能从这样一种宽大中推论出来——我们应该以这种宽大来判断欺骗。在这种情况下，欺骗是很可原谅的，因为冒犯者没有理由推定对方不是正在欺骗或将不欺骗他。

那么，随着我们明确地区分了产生于契约的义务和产生于其他方面的义务，我们不得不说，虽然另一方对契约的破坏会取消前者，但他人的坏行为却不会取消后者。从对我们实际的道德判断的考虑来看，前一种类型的义务也似乎是两者中较为迫切的。

现在，对应于从契约中产生的义务的权利与对应于其他义务的权利之间的差异，可能十分适合于用来解释契约权利和自然权利之间的差异。并且，作为一个截然不同种类的自然权利的概念，可能因此而得到维护，只要我们将它切离这种经常与它密切相连的信念：在自然的状态中，即在一种没有义务的状态中也存在权利。对于霍布斯来说，可能仅仅是一种权利与权力之间的完全混淆，或将两者等同的表述，建立起了这样一种信念。

注释

[1]《伦理学原理》，8页。

[2] 不过，这里应该补充的是，我们的一种义务且是一种重要的义务，就是在我们自身中培养义务感。但这是一种在我们自身中培养义务感的义务，而不是一种出于义务感而在我们自身中培养义务感的义务。

[3] 如果有人对此产生怀疑，我建议他参考《正当与善》，164～165页，我在那里给出了支持这段内容的一些理由。

[4] 参见《伦理学原理》，1页。

[5] 参见上书，3～4页。

[6]《道德与立法的原理》，第一章，第十节。

[7] 同上书，第十四节，第十点。

[8]《伦理学方法》，第7版，26页。

[9]《功利主义》，9页。

[10] 参见《伦理学方法》，第7版，32页。

[11] 参见上书，25～26页。

[12] 我把这当作显示摩尔教授观点的一个众所周知的方式来使用。"至善的功利主义"将更明显地表示出它与快乐主义的功利主义的差别。

[13]《伦理学原理》，18页。

[14] 同上书，25页。

[15] 同上书，146～148页，并参照167、169、180～181页。

[16]《伦理学》，17页；2版，13页。

[17] 参见上书，44、54页；2版，29、35页。

[18] 同上书，43页；2版，28页。

[19] 同上书，173页；2版，107页。

[20] 例如，进化理论把"正当"等同丁"有益于生命"。

[21] 参见《伦理学》，第3～4章。

[22] 参见本书88～104页。

[23] 关于这一限定，可参见本书19～20页。

[24] 关于这种社会学学派的一个清晰而又可接受的解释，以及对于其缺陷的一个深刻的批评，可参见 M. D. 帕罗迪（M. D. Parodi）：《关于当代伦理学问题的思考》一书，第2章。

[25]《价值通论》，132页。

[26] 此观点亦见 G. E. 摩尔：《伦理学》，162页；再版，101页。

[27] 参见本书，121～122 页。

[28][29]《哲学杂志》，1916，454 页。

[30]《价值通论》，116 页。

[31] 同上书，118 页。

[32] 参见库克·威尔逊对于一种虚构的"简单观念"的反驳，见《陈述与推理》，第 2 卷，511～521 页。

[33]《伦理学》，第 3～4 章。

[34][35]《价值通论》，27 页。

[36] 当然，我同意，一事物可以引起兴趣并将在一正常的心灵中唤起该兴趣，仅因为它是善的。而我所反对的是，事物的善或是等于或是依赖于事物而引起的兴趣这种说法。

[37]《价值通论》，29 页。

[38] 即，我们习惯地把这种体验说成是那种看见颜色的体验，不管是正确的还是(如我所认为)错误的。

[39]《价值通论》，30 页。

[40] 对于我在本书 86 页中所表示的怀疑，即颜色是否已被安全领悟，持谨慎态度似有必要。原文中的那句话并没有圆括弧内的注释，这表达了我对摩尔教授观点的一种维护，我相信他也将是这样去捍卫其观点的。

[41]《价值通论》，30 页。

[42] 参见本书，121～122 页。

[43]《价值通论》，31 页。

[44] 参见本书，127～130 页。

[45][46][47]《价值通论》，34 页。

[48] 摩尔：《伦理学原理》，14 页。

[49]《价值通论》，35 页。

[50] 我应解释，在此我用复合体来表示的意思，是指一种其各组成要素在普遍性意义上相互协调的复合体，这种复合体区别于另一类也可被称为复杂体的不可定义的术语，即，那些其相涉的各要素在普遍性意义上并不相互协调的术语，譬如，"红色"涉及颜色和红。参见库克·威尔逊：《陈述与推理》，第 2 卷，502～504 页。

[51]《伦理学原理》，15 页。

[52]《价值通论》，36～37 页。

[53] 同上书，37 页。

[54] 同上书，38 页。

[55] 参见《价值通论》，133 页。

［56］当然，欲望不是出于对象物的缘故而存在，而是出于我们的缘故而存在于某种与对象物的崭新关系中，或继续保持在原先与对象物的关系中。

［57］这一说法是含糊的，因为它既可以意味着"善"是指"快乐的产物"，又可以意味着"善之所以为善是因为它产生了快乐"；也就是说，这种含糊性从一开始（参见是书，80～81页）就一直存在于该理论中。

［58］并且，从这一点推出产生愉快的事物就是善的。但是，显而易见的是，从一事物的善中不能推论出产生愉快的事物是善的，在相同意义上是"善"的。必须要承认，我们经常把那些仅仅是有用的事物称为善的，然而在此，"善"是被不适当地使用着。而在我使用"内在善的"短语的地方，我指的是那种在普遍且宽泛意义上的"善"。

［59］《价值通论》，134 页。

［60］同上书，135 页。

［61］［62］同上书，136 页。

［63］同上书，136～137 页。

［64］为了避免作出复杂的陈述，我在此省略了一种将在后面提到的更高层次的善，参见本书，138 页。

［65］在此，我将指出门农（Meinong）在其《一般价值论基础》一书的结尾一章中对价值问题的最后处理的重要性。显然，他虽然是从评价主体行为出发，并通过对之的分析来解决这一价值问题，但他仍得出了以下这个结论，即：存在着"非个体的善"，也就是，存在着不是本质地属于主体的善，虽然这些善存在于该主体中（参见其著，147 页）。以上这个结论正是我希望建立的。

［66］《自然法》，108 页。

［67］《政治义务的原理》，第 10～11 节。

［68］"一种社会承认赋予了其现实性的要求，因此暗中包含了一种权利。"（第139 节）参见"为了使权力成为一种权利，对这种权力的承认，在某一方式或其他方式上，如它所应该是的那样，总是必要的。"（第 23 节）"承认产生权利。'除了思想使它这样而外'都是错误的。"（第 136 节）

［69］第 140 节暗示，奴隶要求公民身份的权利基于他所持有的一般的对国家公民的人类意识。

选译自［英］大卫·罗斯爵士：《正当与善》，牛津，
克莱伦敦出版社，1930。汪琼译，万俊人校。

[英]罗素(Bertrand A. W. Russell, 1872—1970)

《伦理学要素》(1910)(节选)

《伦理学和政治学中的人类社会》(1954)
(节选)

《伦理学要素》（1910）（节选）

一、善恶的含义

1. 善恶这两个词在这里的含义（我认为这也是它们通常的含义）是每个人或者几乎是每个人都具有的观念。这些观念显然是那些构成我们更为复杂观念的最为简单的观念，因此，它们是不能分析的，或者来自其他更为简单的观念。当人们问"你所指的'善'的含义是什么"时，回答就必须并不在于像如果人们问"你所指的'五角形'的含义是什么"时那样的词语定义，而在于在提问者的头脑中建立适当的观念一类的特性。这一特性可能，或许本身就包含了善的观念，这一善的观念在定义上是错误的，但当我们的目的仅在于激发想象力以形成所指的观念时，它却是无害的。人们也是这样教孩子们颜色的名称：孩子们被指给（说）一本红色的书，并被告知这是"红色的"，因为担心他们将认为"红色的"就是"书"，人们也把红花、红球等指给他们看，而且告诉他们这些都是红的。因此，红的观念被传授到他们的头脑中，尽管完全不可能分析红色或者找到构成红色的各种成分。

在"善"的情况下，这一过程就更为困难，其一因为善不能像红色那样通过感觉来体察，其二因为对于什么是善的东西要比什么是红色的具有更不一致的看法。这或许是导致人们认为善的概念能够被分析为某种其他概念，如快乐或愿望对象的一个理由。第二个理由，或许更为有力的理由是这种常见的混淆，即人们认为他们不能理解一个观念，除非他能够定义它，而忘记了这一观念也是由其他观念来定义的，如果这个定义要表达什么含义的话，其他观念也必须是已经被理解的。当人们开始进行哲学探讨时，他们似乎决心忘掉每一种熟悉的和日常的事物；不然的话，他们对红色或者任何其他颜色的熟悉就会向自己表明，在不可能具有分析意义上的定义的情况下，一个观念如何能够被理解。

2. 要解释我们所指的善恶是什么，我们可能会说，当一个事物由于自身的缘故应当存在时，它就是善的，当一个事物由于自身的缘故不应当存在时，它就是恶的。如果似乎以我们的力量能使一个事物存在或者不存在，那么，如果它是善的，我们就应令其存在，如果它是恶的，我们就应令其不存在。当一个事物为善的时候，它的存在理所应当地会使我们感到快乐；当一个事物为恶时，它的存在理所应当地会使我们感到痛苦。但是，所有的这类特性都的确是以善恶概念为前提的，并且因而仅仅是作为建立正当的观念，而不是逻辑定义的手段才有作用。

人们可能认为，"善"能够被定义为我们应当试图带来的无论什么特性。这仅仅是以"应当"来取代"善"作为我们最终不能定义的概念；但是，善事实上比我们应当试图带来的东西更宽泛得多。没有理由怀疑埃斯库罗斯①的那部分遗失了的悲剧是善的，但我们不应试图去重写它们，因为我们注定要失败。我们应当做的事情事实上要受到我们的能力和机遇的限制，而善是没有这种限制的题目。我们关于善的知识限定在我们曾体验过的，或者能够想象的事物上；但是，或许还有许多我们人类还完全一无所知的善，因为它们还未呈现在我们那狭隘的思想和情感范围内。这类的善仍旧是善的，尽管人们的行为还不能与之发生关系。因此，善的概念比关系行为的任何概念都更为宽泛，更为基本；我们用善的概念来解释正当的行为是什么；但我们不能利用正当行为的概念来解释善是什么。

---

① 埃斯库罗斯（Acschylus，公元前528—前456），希腊悲剧诗人。

3. 一个似乎十分有理的观点是，"善"与"被愿望的"含义相同，以至于当我们说一个事物是善的时候，我们的意思是它是被愿望的。因此，我们或者希望得到或者恐惧失去的任何东西都是善的。但是，人们也都承认存在着恶的愿望；而且当人们说恶的愿望时，他们似乎意味着愿望恶的东西。例如，当一个人希望另一个人的痛苦时，显然所愿望的东西就不是善的而是恶的。但是，赞成"善"意味着"被愿望的"这一观点的人将声称，没有什么本质上为善或为恶的东西，对一个人来说是善的东西对另一个人来说或许是恶的。他将强调，在每一愿望冲突的情况下，都必然会出现这种情况。如果我愿望你遭难，那么你的遭难对我来说就是善的，尽管对你来说是恶的。然而，伦理学所需要的善恶意义却不是这种个人性的，在伦理学研究中，完全有必要认识到有一种非个人的意义，在这种意义上，当一个事物是善的时，它应当由于自身的缘故而存在，而不是由于它的结果，更不是由于谁来享受它。我们不能认为，对我来说，一个事物由于自身的缘故应当存在，而对你来说它就不应当存在；这仅仅意味着我们中间的一个人是错误的，因为事实上任何事物都或是应当存在或是不应当存在的。因此，个人愿望的可能是另一个人厌恶的之一事实证明，伦理学意义上的"善"并非意味着等同于"被愿望的"，因为任何事物在本质上都是或善或恶的，而且不能马上对我来说是善的，对你来说是恶的。这只能意味着，它对我的影响是善的，对你的影响是恶的；但这里的善恶同样是非个人的。

4. 还有另一种更微妙而更具教益的论证方法，我们借此能够拒绝那些说"善"意味着"被愿望的"，或者提出任何其他的观点如把快乐当作"善"的实际意义的人们。这种论证方法不去证明善的东西与被愿望的东西并不是一回事儿；但是它将证明，倘若情况如此的话，人们就无法借助"善"这个词的含义来证明这一点。至此，人们可能认为，这种论证只能具有一种纯粹的逻辑意义，但事实上却并非如此。许多伦理理论都一直建立在这种论点的基础上，即"善"意味着如此这般，而且人们已接受了这种观点的结果——如果他们依据不为荒谬理论所扰的观察，就几乎注定已拒绝的结果。无论谁相信"善"意味着"被愿望的"，都将试图把仿佛所愿望的东西是邪恶的情况解释清楚。但是，如果他不再坚持这种理论，他将能够自由地运用自己无偏袒的伦理知觉，而且因此而逃脱否则他就会犯下的错误。

这一问题的论证是这样的：如果什么人断定善是被愿望的，我们来考察一下他所说的，或者是赞成，或者是反对，但无论如何我们的赞成或反对都是通过考虑善的和被愿望的东西实际上是什么来决定的。相反，当某人给出一个词的定义时，我们的思想状态就完全不同了。如果人们告诉我们"五角形是有五条边的图形"，我们并不考虑关于五角形我们知道了什么，因而也不考虑赞同还是反对；我们把这作为这个词的含义接受下来，而且我们知道自己正在获得信息，并不是关于五角形的，而仅仅是关于"五角形"这个词的。人们告诉我们的是那种我们希望字典告诉自己的东西。但是，当人们告诉我们善是被愿望的时候，我们马上感到他们正在告诉我们某种具有哲学意义的东西，某种具有伦理结果、完全超出字典告诉我们的范围之外的东西。这样说的理由是，我们已经知道了我们所指的善的以及被愿望的含义是什么，如果这两种含义总要应用到相同的对象，那么这将不是一个词语定义，而是一个重要的真理。这种命题的类似物并不是五角形的上述定义，而是："一个五角形（按照上述定义）是一个有五个角的图形。"每当一个被作出的定义令我们思考它事实上是否是正确的，而不是思考这个词是如何使用的时候，就有理由怀疑我们不是在论述一个定义，而是在论述一个有意义的命题。这个公开宣称被定义过的词具有一种已为我们所知的含义，或者是简单的，或者是按某种其他方式定义过的。通过使用这一检验，我们容易使自己确信，迄今为止提出的所有善的定义都是有意义的命题，而不只是词语上的，因此，尽管它们事实上可能是正确的，它们却没有给出"善"这个词的含义。

这种结论的意义在于，如此之多的伦理学理论建立在对它否定的基础上。一些理论一直坚决主张，"善"意味着"被愿望的"，另一些理论提出，"善"意味着"快乐"，还有一些理论强调，善意味着"与自然的和谐"或者"服从上帝的意志"。仅就如此之多不同的、无法调和的定义已经提出这一事实就是反对它们之中的任何一种成为真正的定义的根据。"五角形"这个词从未有过两种无法调和的定义，因而，上述定义都不是真正的定义，它们都将被理解为关于善的事物的有重要价值的断定。在我看来，它们不仅在形式上而且在事实上全都是错误的，但在这里我并不打算逐一地否定它们。

5. 重要的是认识到，当我们说一个事物自身是善的，而不仅仅是作为一种手段为善时，我们把这一事物归结成一种特性，这一特性或者存在或者不存在，这并不依赖于我们对这个问题的看法，或者不取决于我们的希望，抑或其他人的希望。大多数人都倾向于赞成哈姆莱特："没有什么东西是善的或者恶的；只是思考令之使然。"人们认为，伦理学的偏好是一个纯粹的嗜好问题，如果 X 认为 A 是一种善的事物，而 Y 认为它是一种恶的事物，我们所能说的是，对 X 来说 A 是善的，对 Y 来说 A 是恶的。由于善恶意见的分歧，以及找到论证以劝服在这个问题上与我们意见不同的人们的困难，这种观点被提出来似乎是有道理的。但是，找到真理的困难并不证明没有真理可寻。如果 X 说 A 是善的，而 Y 说 A 是恶的，他们中间必有一个人是错误的，尽管人们不可能发现谁是错的。如果情况并非如此的话，他们之间就不存在意见分歧了。如果在断言 A 是善的的过程中，仅意味着 A 同 X 有一种特定的关系，例如以某种方式满足了他的嗜好；而 Y 在说 A 不是善的时，仅仅意味着否定了 A 对自己有一种类似的关系的话，那么他们之间的辩论也就失去了主题。如果 X 说"我正在吃鸽肉馅饼"，那么对 Y 来说，回答"这是错误的，我现在没吃任何东西"就是荒谬的了。但是，这还不像如果我们说 A 是善的，仅仅意味着肯定了 A 与我们自身的一种关系时，有关善的辩论那样的荒谬。当基督教徒断言上帝是善的时，他们并不是仅仅意味着沉思上帝使他们产生了某种情感：他们可能承认，这种沉思在人们相信和为之战栗的魔鬼那里并不产生这种情感，而且缺乏这种情感正是使魔鬼邪恶的东西之一。事实上，我们认为某些嗜好要强于另一些嗜好：我们并没有只是坚持某些嗜好是我们的，而另一些嗜好是其他人的。我们甚至并不总是认为自己的嗜好是最好的：我们可能喜欢桥牌更甚于诗歌，但却认为诗歌要好于桥牌，当基督教徒断言仁慈的造物主所创造的世界必定是仁慈的时候，他们并不是说这个世界一定满足了他们的嗜好，因为通常说来，这并未满足他们的嗜好，但他们以世界的仁慈来争论世界应当满足他们的嗜好。他们指的也并不仅仅是这满足了上帝的嗜好，因为如果上帝并不仁慈的话，这个世界也依然如故。因此，善恶正像圆和方一样，是独立于我们观念的对象的特性；当两个人就一个事物是否是善的问题出现意见分歧时，他们当中只能有一个人是正确的，尽管可能很难知道谁是正确的。

6. 人们必须强调"善"的这种不可定义性的一个非常重要的后果，即关于什么事物存在着，存在过或将要存在的知识的根据完全不能说明什么事物是善的。在纯粹逻辑的范围内，可能有某种普遍的命题，其大意为"存在着的任何事物都是善的"或者"存在着的任何事物都是恶的"，抑或"将要存在的要优于（或劣于）存在着的事物"。但是，这类的普遍命题并不能通过考察"善"的含义来证明，也不能通过体验来经验地获得，因为我们并不知道目前存在的全部事物，也不知道曾经存在过的或将要存在的全部事物。因此，我们不能得出这样一个普遍的命题，除非它本身是不证自明的，或者来自某一自明的命题，而这一命题必须是同一种普遍的命题（为保证其结果）。然而，在我所能观察到的范围内，事实上并不存在着关于现有的、存在过的、将要存在的全部事物之善恶的不证自明的命题。由此可见，从存在的世界是如此这般的本质中，无法推论出什么事物是善的，或者恶的。

7. 世界总体上是善的观点仍旧得到了普遍的承认。人们之所以这样认为，或是因为作为天启的一部分，世界一直被看作由一个仁慈的和万能的上帝创造的；或是因为按照形而上学的理论，人们认为有可能证明存在事物的总体必定是善的。这里，我们不想考虑前一种论证，但对后一种论证必须扼要地说几句。

相信不假定任何伦理前提，我们就能证明世界是善的，或者实际上包含着善的概念的任何其他的结论，在逻辑上蕴涵着这样一个信念，即善的概念是复杂的而且能够定义的。如果当我们说一个事物是善的时，我们的意思就是它有三种其他更为简单的特性的话，那么，通过证明一个事物具有这样的三种特性，我们也就证明了它是善的，而且我们得到了一个包含着善的概念的结论，尽管我们的前提并没有包括它。但是，如果善是一个简单的概念，这种关系就将是不可能的了，除非我们的前提包含了善的概念，否则我们的结论就不能包括它。这种情况同化学中的元素和化合物的情形是相似的。通过合成元素或化合物，我们能够得到一种新的化合物，但在化学反应中，并没有得到一种最初没有出现的元素。因而，如果善是简单的，不包含善的概念的命题就不能得出包含善的概念的结果。

事实上，那些一直努力去证明世界作为总体是善的人们，通常也接受了这一观点：所有的邪恶全都在于缺少某种东西，没有什么肯定的东西是恶的。他们通常以把"善"定义为与"现实的"含义相同来支持这种看法。斯宾诺莎认为："现实与完美在我看来是同一个东西。"[1]这可以比形而上学家通常采用的证明不那么多麻烦地得出现实就是完美的结论。这也是《阿伯特·沃戈勒》(Abt Vogler)中的看法："邪恶什么都不是，什么都不是，它是有声的沉默。"

无论何时，当人们说所有的邪恶都是有限的时，也就意味着相同的理论；所指的就是邪恶绝不在于能被称为邪恶的某种事物的存在，而仅仅在于某种事物的非存在。因而，存在着的一切都必定是善的，存在的总体既然存在得最多，也一定是存在中的至善。这种观点是由"恶"的含义推导出来的。

人们拒绝了非存在意味着邪恶的概念，就完全如同"善"的先前的定义被拒绝了一样。事实上，并没有人主张存在的事物都不是邪恶的观点，除非一个捍卫一种理论的形而上学家。痛苦、仇恨、嫉妒和残忍的确都是存在着的，而且不仅仅是由于它们的对立面的缺乏，但这种理论将坚持说，这些东西同一只牡蛎的茫然无识难以分辨开来。事实上，似乎这种理论的提倡仅仅是因为有利于乐观主义的不自觉的偏见。它的反面在逻辑上也同样是站不住脚的。我们可能极力主张，邪恶在于存在，而善在于非存在；因此，存在的总体是最邪恶的事情，而只有非存在是善的。实际上，佛教似乎主张着某种与这类似的观点。显然，这种观点是错误的，但从逻辑上看，它只是同自己的对立面一样的荒谬。

8. 因而，从对存在事物的研究中，我们不能推论出任何关于什么是善的或什么是恶的结论。现在，首先有必要用这个结论来反对进化论伦理学"适者生存"这句话似乎已包括了这样一个信念：生存下来的人们在某种伦理学意义上是最适应的人，而且进化的过程提供了后者居上的根据。按照这种偏见，人们很容易树立起对暴力的崇拜以及渐渐地蔑视通过文明来缓和争端。人们认为，最成功的战斗是最受人尊敬的，无助于争斗的东西毫无价值。这一观点完全没有逻辑基础。自然的进程，正如我们所见到的那样，与善恶的确定毫无关联。一种前在论认为，进化或许将从恶到更恶，正像它将从善到更善一样。令这一观点似乎有理的是，较低级动物的存在要先于较高级的动物。在人类中，文明的种族能够打败和常常根绝不文明的种族。但是，这里的较高级的动物对较低级的动物，根绝者对被根绝者的伦理优先权并未建立在进化的基础上，而是独立的、无意的存在强行闯入我们关于进化过程的判断的结果。如果进化论伦理学是正确的，我们就应当完全不关心进化的过程可能会是什么，因为不论它是什么都因而证明是最好的。但是，倘若它将证明，黑人和中国人能够驱逐欧洲人，我们就将不再对进化有任何的敬佩了，因为事实上，我们对欧洲人而不是黑人的偏爱完全不取决于挎着马克沁水冷式机枪的欧洲勇士的勇敢。

广义地说，一个事物不可避免的事实并未提供它并非一种邪恶的证据；一个事物不可能出现的事实也并未提供它并非一种善的根据。在实践中，为这种不可避免性而忧虑无疑是愚蠢的，在理论上，让现实世界来支配我们关于善恶的标准也是错误的。显然，在存在着的事物中，一些是善的，一些是恶的，而且我们对宇宙知之甚少，以致无权对善或恶的优先权发表意见，或者对将来是否这一方可能战胜另一方发表意见。乐观主义和悲观主义同样是没有任何理由接受的有关宇宙的一般性理论。我们对这个世界所了解的东西倾向于强调善恶是相当平衡的，但是，当然有可能的是，我们并不知道的东西要比我们知道的东西更善得多或更邪恶得多。因此，在这个问题上，最终判断的悬而不决是惟一合理的态度。

二、正当与不当

9. 正如我们所见到的那样，关于正当与否的观念是通常人们认为伦理学涉及最多的观念。这种过于狭隘的看法是由对"善"这个词的使用而来的，善不仅用于那种正当的行为，而且也用于由于自身内在价值的缘故应当存在的那种事物。"善"一词的这两种用法是非常含混的，而且倾向于极力地遮掩目的和手段的差别。因而我要说的是正当的行为，而不是善的行为，把"善"这个词限定在第二部分所解释的意义上。

"正当"一词是很模棱两可的，在一般用语中，人们很难区分它所具有的各种含义。由于这些含义的多样性，倘若坚持一种，那么当我们在应强调它那另一种含义的场合下使用它时，就必然陷入明显的悖论。这是语言精确性的通常的结果，但只要这种矛盾仅仅是词语上的，它们带来的也仅仅是词语上的异议。

在行为判断中，我们一开始就会发现有两种大相径庭的方法，其一是由一些道德学家提倡的，另一种是由其他人倡导的，而这两种都由那些不具备伦理理论的人们实践着。在这些方法中，功利主义主张的一种方法是联系行为结果的善恶来判断行为的正当性。另一种由直觉主义坚持的方法，通过道德感或良心的赞成与否来判断正当。我认为有必要把两种理论结合起来，以便得到对正当与否的一个完整的说明。我认为有一种意义，在这种意义上，当一个人做或许将带来最好结果的事情时，他的行为是正当的，而在另一种意义上，当一个人遵循自己的良心命令行事时，不管行为的结果如何，他的行为也是正当的（我们可以给出"正当"一词的许多其他的含义，但这两种似乎是最重要的）。让我们从考虑第二种含义开始。

10. 我们必须自问的问题是：我们所指的道德感的命令是什么？如果这些命令将提供一个正当行为的定义，我们就不能说它们在于判断如此这般的行为是正当的，因这将使我们的定义陷入循环。我们将不得不说，道德感在于对某一行为持有的赞成的情感。当行为者对他决定去完成的行为当即感到这种赞成的情感时，这一行为就被称作正当的。的确在一种意义上，一个人应当完成他所赞成的任何行为，避免他不赞成的任何行为；而且似乎也不能否定的是，存在着可以被称为赞成或不赞成的两种情感。因此，不管这一理论是否充分，人们都必须承认它包含了部分真理。

然而，十分明显的是，正当的行为也有其他的含义，尽管有一种赞成的情感，也有一种赞成的判断。它或者可能或者不可能是正确的。因为我们的确认为，一个履行自己良心赞成的行为的人可能是错误的，在某种意义上，他的良心不应当赞成他的行为。但是，如果除了一种情感之外，并不包括其他的东西，这种说法就是不可能的。说它是错误的意味着一个判断；因此我们必须承认存在着赞成的判断一类的东西。如果情况并非如此的话，我们就不能就什么是正当的与人评理。对一个人来说，做他所赞成的事情也势必是正当的，而且无法有反对他的赞成的论证。事实上，我们认为当一个人赞成某种行为，而另一个人不赞成这种行为时，他们当中有一个人是错误的，这并不是一个纯粹的情感问题。如果一个人喜欢牡蛎，而另一个人不喜欢，我们不能说他们当中谁是错误的。因此，存在着一个赞成的判断[2]，而且这必须由在一种新的意义上，一个行为是正当的判断来构成。赞成的判断并不仅仅是我们感到赞成情感的判断，因为如果这样，另一个不赞成的人将没有必要认为坚持我们的赞成判断是错误的。因此，为了说明赞成判断的含义，有必要承认一种正当的意义，而不是赞成的意义。在这种意义上，当我们赞成一种自我判断为正当的行为时，我们可能在作出如此判断的过程中是错误的。这种新的意义是客观的；它并不依赖于行为者的意见和情感。因此，服从自己良心的命令并不总是履行客观意义上的正当的行为。当一个人做自己良心赞成的事情时，他正在做自己相信是客观正当的事情，但未必是客观正当的事情。因此，我们需要某种除了道德感之外的其他原则，以便判断什么是客观正当的。

11. 在定义客观正当的过程中，与行为结果关联了起来。一些道德学家确实反对依赖结果；但我认为，这将被归结为与主观感觉的混淆。当人们争辩如此这般的一个行为是否正当时，他们总是以这种行为具有的或者可能希望具有的结果来证明。一个必须确定什么是正当政策的政治家，或者一个必须确定什么是正当教育的教师，将被希望去考虑什么政策或什么行为可能具有最好的结果。无论何时，当一个问题十分复杂的时候，就不能以下列某种简单的准则来证明，如"你不应当偷盗"或"你不应当作伪证"。因而显而易见的是，除非是借助于行为结果的考虑，否则就无法作出决定。

但是，即便是能够以简单的戒律作出决定，诸如不说谎或不偷盗，这种戒律的正当性证明也只能通过考虑结果得到。人们必须承认，一个诸如十诫之类的行为规范很难是正确的，除非以结果的善恶来确定行为的正当与否。因为在一个如此复杂的世界里，服从十诫不可能总是带来比不服从它更好的结果。然而，令人怀疑的是，违犯人们仍旧作为一种责任来服从的十诫中部分戒律，事实上在大多数情况下会有邪恶的结果，而且在它们的结果完全肯定是善的情况下，人们也不把它们看作不当的。后一个事实被以强词夺理地寻求富有道德意味的词汇掩饰起来。因此，如"你不应谋杀"，若像托尔斯泰解释的那样，意味着"你不应伤害人命"的话，这就是一条重要的戒律。但是，这并非是如此解释的，相反，某种伤害人命被称作"合乎情理地杀人"。因此，谋杀就成了"不合乎情理地杀人"，而且说"你不应当不合乎情理地杀人"是一个纯粹的同义反复。西奈山宣布的这条戒律同哈姆莱特的鬼魂报告一样毫无结果。"从不存在着一个在整个丹麦周游的恶棍，但他是一个十足的恶棍。"事实上，人们把杀人作了确定的分类，确定了某些种类是合理的，另一些种类是不合理的。但也有许多令人怀疑的情况：诛戮暴君，极刑，战场上的屠杀，自杀，自卫时的杀人都属此类情况。如果寻求作出一个决定，人们通常通过考虑属于这类行为的结果在总体上是否是善的来寻求。因此，诸如十诫一类的戒律的意义在于，它们提供了简单的准则，几乎在所有情况下服从它们要比不服从有更好的结果，而且这些准则的正确性并非全部与结果无关。

12. 在日常语言中，接受道德准则中的规范通常是有前提的，当一个行为触犯了这样一种准则时，这个行为就仅仅被称作"不道德的"。不管做什么事情，只要不触犯这些准则就被看作可以允许的。因而，在生活中的大多数场合，并没有一种行为方式仅仅以正当标明出来。如果一个人采取了并不相悖于已接受的规范的行为方式，尽管这将有恶的后果，他也被称作不明智的，而不是不道德的。因此，根据我们已经作出的关于客观正当和主观正当的区分，一个人在不做主观不当之事，即他的良心不赞成之事的情况下，也可能按照客观不当的方式来行动。当一个人的良心不赞成一个行为时，这个行为就是不道德的（我大体上将回到现在的观点上），当他的良心赞成这个行为时，它就被判断为仅仅是不明智的或有害的，尽管我们判断它或许会有邪恶的后果。因此，在日常语言中，这个普通的道德规范被认为是可以由每个人的良心接受下来的，因而当一个人触犯它时，他的行为就不仅仅是有害的，而且是不道德的；相反，当这种规范保持沉默时，我们就把一个不幸的行为视为客观不当的，而不是主观不当的，即是有害的，但不是不道德的。接受一个道德规范有很大的益处——只要它的准则是客观正当的，它就倾向于把客观正当和主观正当协调起来。因此，它试图包括所有通常的情况，仅仅把不太常见的情况留给了行为者的个人判断。因此，当各种新的道德情况普遍化时，道德规范很快就会转而对付它们；因而，每一行业都有针对本行业一般情况的规范，尽管行业之外并不适用。但这种道德规范本身绝不是目的，它基于对可能的结果的强调，而且实质上是一种导致人们的判断去赞成客观正当而不赞成客观不当的方法。一旦人们接受了一个十分公正的规范，那么承认这一规范的例外情况就变得比其他情况要少得多，因为承认例外的一个结果是削弱了这一规范，而这一结果通常恶得足以盖过由承认这种例外而来的善的结果。然而，反过来说，这一论证也适用大体上并不正确的规范。人们将观察到，许多传统的道德规范体现了某种程度的无根据的自私，个人，行业，或者国家，因此在一些方面是令人憎恶的。

13. 因而，客观正当在某一方面取决于结果。初步的最自然的推测是，客观正当的行为在任何情况下都是将带来最好结果的行为。我们将把这定义为"最幸运的"行为。因而，最幸运的行为是将带来善胜于恶的最大盈余的行为，或者是恶胜于善的最小盈余的行为（因为可能会出现这样的情况，即每一可能的行为都将在总体上有恶的结果）。但是，我们不能坚持，最幸运的行为总是在一个聪明人将认为他应当完成的意义上说的客观正当的行为。因为可能会出现这样的情况：一个事实上将证明是最幸运的行为，按照我们掌握的所有证据，很可能是比某种其他行为更不幸运。在这种情况下，至少在一种意义上，与这种证据相悖的行为是客观不当的，尽管我们依此去做时，现实中会有善的结果。的确存在着一些人，他们做了太多伤天害理的事情，以至于若是他们的接生婆把他们扼杀在襁褓之中，对这个世界来说是幸运的。但是，如果他们的接生婆这样做了，她们的行为就不是客观正当的，因为或许这并不是最好的结果。因此，在判断客观正当的时候，我们似乎必须考虑到可能性；让我们来考虑一下我们是否能够说，客观正当的行为将可能是最幸运的行为。我将把这定义为最明智的行为。

因而，在考虑到所有可能得到的材料之后，最明智的行为是给我们以总体上最大善的期望的行为，或者总体上最小恶的期望的行为。当然，在关于什么将被看作可能得到的材料方面是有困难的；但在拥有一定知识的状况下，我们都能大体上区分能被预见的和不能预见的事情。我猜想被考虑的大致是现有的知识。实际上就是当人们进行法律和医疗咨询时所期待的那种考虑。毫无疑问，这将使我们比考虑现实中最幸运的行为时更接近于客观正当。例如，如果要作出一个实际决定，几乎总是必要的，不可避免地局限在并不遥远的结果上。在考虑遥远结果的过程中，错误的可能性如此之大，以至于它们对可能的善或恶的贡献是非常小的，尽管它们对现实善恶的贡献或许比更近期结果要大得多。似乎显而易见的是，在判断正当行为的过程中，完全不可能知道的东西无法考虑进来。如果本周内或许一场灾祸将毁灭这个星球的生命的话，许多否则就是有益的行为就将证明是徒劳的，如明年的天文年鉴的准备；但是，既然我们没有理由去期待这样一场灾祸，行为的正当与否显然就是在没有考虑到它的情况下被强调的。

14. 这个限定自身马上就提出了一个明显的异议。很少有行为足以重要到得证明，为形成一个它们是否为最明智的观点所需的这种详尽而认真的考虑是正确的。事实上，最微不足道的决定常常是那些在纯粹理性基础上最难以作出的决定。一个终日争辩在两种锻炼方式中，采取哪一种可能证明是最有益的人被视为是荒谬的；这个问题既是困难的，又是微不足道的，因此不值得在上面浪费时间。然而，尽管微不足道的决定的确不应当过分地关注，但如果把这看作对我们关于客观正当定义的一种异议的话，也有混淆的危险。因为在上述情况下，一个客观不正当的行为是认真考虑的行为，而不是取决认真考虑结果的行为。这种认真考虑是为我们的定义所谴责的，因为有益的消磨时间的方式同辩论行为的细枝末节的存在一样是非常可能的。因此，尽管在彻底的审查之后，最明智的行为似乎可能是给予最幸运结果的行为，但是，需要表明它是最明智行为的彻底审查本身仅仅在非常重要的决定场合才是明智的。这仅仅是一个明智的人不会在细枝末节上浪费时间的一个详尽的说明。因此这种明显的异议是能够回答的。

15. 对于客观正当行为的定义，需要进一步补充的一点是，它必须是可能的。在那些人们要考虑其后果的行为中，我们必须排除或者体力上不可能完成的，或者行为者不可能想到的那一类的行为。这后一个条件带来了与决定论（在第四部分要讨论的）相关的困难。无视这些困难，我们可以说，客观正当的行为是在所有可能的行为中，或许将带来最好结果的行为。

16. 我们现在必须回过头来考虑主观正当，以便把仅仅是错误的行为同不道德的或应受惩罚的行为区分开来。这里，我们需要应当的一种新的意义，它绝不是容易定义的。在客观的意义上，一个人应当做客观正当的事情。但在我们现在要审查的主观意义上，他有时应当做客观不当的事情。例如，我们看到，比起形成一个客观正当的真正判断来说，更少地考虑并不重要的行为问题常常是客观正当的。现在似乎明确的是，如果我们给予这样一个问题以客观正当的数量和种类的考虑，那么我们就因而去做对我们来说似乎是客观正当的事情，尽管我们的行为可能是客观不当的，但在某种意义上，它是主观正当的。我们的行为的确不能称作一种犯罪，而且甚至可能是品德高尚的，尽管它是客观不当的。我们现在必须考虑的正是这些有罪的和有道德的概念。

17. 自然要提出来的第一个议题是，当行为者判断一个行为是客观正当的时候，这个行为是主观正当的；当行为者判断一个行为是客观不当的时候，它却是主观不当的。我们的意思并不是说，当行为者判断一个行为在所有可能的行为中，或许是将带来最好结果的行为时，它是主观正当的；因为行为者可能并不承认上述的对客观正当的说明。我的意思仅仅是，这是一个他具有赞成判断的行为。一个人在并未对一个行为的结果作出它或许是最好可能的判断的情况下，也可以判断这个行为是正当的。我只是极力地主张，当他真的判断出一个行为是正当的时候，这一行为的结果或许将是最好的可能。但是，他对客观正当的判断可能是错误的，不仅仅是由于对可能结果的错误强调，或者是由于没有考虑到一个他本可以考虑到的行为，而且也由于关于客观正当构成的一种错误的理论。换句话说，我给出的客观正当的定义并不意味着对这个词含义的分析，而是作为事实上标明所有客观正当的行为，而不是其他行为的一个标志。

接下来我们考虑的是这样一个议题：当行为者赞成一个行为时，这个行为就是道德的，当他不赞成它时，就是不道德的。这里使用的"道德的"指的是"主观正当"，而"不道德的"意味着"主观不当"。显然，这一议题若是没有许多修正的话是站不住脚的。首先，我们通常认为，赞成某些事物和不赞成另一些事物是不道德的，除非是在可以原谅这种赞成或不赞成的特殊情况下。其次，未经考虑的行为，在并未形成或是赞成，或是反对判断的情况下，常常也是道德的或不道德的。由于这两方面的理由，人们必须把已提出的定义看作不充分的。

18. 当行为者认为一个行为是正当的，这个行为就绝不是不道德的理论有这样一种缺陷（或者长处），即它原谅了几乎是所有普遍受到谴责的行为。很少有人蓄意去做他当时相信是不正当的事情；通常他们首先要自我争辩形成一个信念，即他们想做的事情是正当的。他们确定，教授如此这般的一堂课是自己的职责；他们的权利已经被如此粗暴地践踏，以致如果自己不去复仇，就将带来一种对侵权的鼓励，以及不适当地沉溺于快乐，性格就不能以最好的方式发展，等等。然而，我们并没有据此不去谴责这些行为。当然，人们可能说，一个由自我欺骗方式产生的信念并非真正的信念，因为为自己编造这类理由的人们也始终知道真理并不如此。这一点无疑是正确的，尽管我怀疑它是否是永远正确的。但是，也有其他的关于正当的错误判断的情况，在这种情况下，判断的确是真实的，但我们仍旧谴责行为者。这就是一些缺乏考虑的情况，此时一个人记住的是对自己的结果，但是忘掉了对其他人的结果。在这种情况下，他可能依据自己所记忆的全部材料作出正确而诚实的判断，倘若他是一个更善良的人，他还将记住更多的材料。许多普遍被谴责为自私的行为或许就属于这种情况。因此我们必须承认，一个行为可能是不道德的，即便是行为者十分真诚地判断它是正当的。

还有，缺乏考虑的行为在没有正当与否的判断的情况下，也常常被赞扬或谴责。例如，当慷慨的行为出自冲动时，要比它们出自思考时更受人尊敬。我并不是认为，当行为出自冲动时要比它出自审慎时受到更多的谴责；但是，许多冲动的行为的确要被谴责，如出自恶毒或者残忍的冲动的行为。

19. 在所有这些缺乏考虑，也包括考虑不周的情况下，人们可能会说，恰当地说来，谴责的并不是这种行为本身，而是这种行为所具有的特性；或者说，如果针对某些行为，那也是针对那些先前审慎思考的行为，是它们导致了那种造成目前行为的特性。因而，自我欺骗将以自我欺骗者从不真正相信他希望相信的东西为由而消除。我们继而又回到我们最初的定义，即一个道德行为是行为者判断为正当的行为，而一个不道德的行为是行为者判断为不当的行为。但我们并不相信这将与大多数人的真正意图一致起来。我宁愿认为，一个道德行为应当被定义为行为者已经判断是正当的行为，如果他认真而适当地考虑过这个问题的话；也就是说，如果他已经审查过先于自己的材料，为的是发现什么是正当的行为，而不是去证明如此这般的方式是正当的。如果一个行为是无关紧要的，同时并不明显地比某一显而易见的选择缺乏正当性，我们就将认为它既不是道德的，又不是不道德的；因为在这种情况下，这个行为并不值得认真考虑。一个决定值得考虑的程度取决于它的意义和困难，例如，倘若一个政治家要倡导一种新政策，那么数年的深思熟虑有时是必不可少的，这可以使他免于渎职。但对于不那么重要的行为，作决定通常是正确的，甚至在进一步的考虑可能表明目前的决定是错误的情况下。因此，对各种行为都有适当程度的思考，同时，当一些正当的行为出自冲动（尽管这些是思考所赞成的行为）时，它们就是最善的。因此，我们可以说，当一个行为是行为者经过适当的、公正的考虑后判断为正当的行为时，它就是道德的，或者，在为形成一个初步意见所需的一定数量和种类的思考后，不假思索就是最善的行为本身也是道德的。当行为者经过适当的思考后判断一个行为是不当时，这一行为就是不道德的。当一个行为是无关紧要的，而且有限的思考不足以证明它是否是正当的时候，这个行为就既不是道德的，也不是不道德的。

20. 现在我们可以总结我们对正当与否的讨论了。当一个人自问："我应当做什么"时，他正在问的是，什么行为在客观意义上是"正当的"，他并不能意味着，"一个人应当做我所认为的一个人应当做的事情吗？"因为他对一个人应当做什么的看法是由他对"我应当做什么"这个问题的回答来决定的。但是，一个认为这个人错误地回答了这个问题的旁观者可能仍旧认为，按照行为者的回答来行为，他在第二种意义上即主观意义上是行为正当的。第二种正当的行为，我们称作道德的行为。我们认为，当行为者经过适当的、公正的思考之后，或者是对发自冲动的最善的行为稍加思考后判断一个行为是正当的时候，这个行为就是道德的。思考的适当程度取决于决定的困难和意义。我们认为，在所有可能的行为中，当一个行为或许有最好的结果时，它就是正当的行为。正当也有许多其他的含义，但这些似乎都是为了回答这样的问题："我应当做什么"和"什么行为是不道德的"所需要的含义。

注释

[1] 参见《伦理学》第二部分第六条。

[2] 赞成的判断并不总与赞成的情感相一致，例如，当一个人被他的理性驱使拒绝一个他先前坚持的道德规范时，那么通常出现的情况是(至少在一段时间内)，他那赞成的情感总要追随先前的规范，尽管他的判断已经抛弃了它。因此，他可能像穆罕默德最早的门徒一样，被培养去相信以谋杀谋杀者或他们的亲属来向谋杀复仇是一种责任；而且当他对此不再有赞成的判断时，他可能仍旧感到对这种复仇的赞成。这种赞成的情感在随后的问题上将不再出现。

选译自［美］O. A. 约翰逊编：《伦理学：从古典到现代的
著作选集》，1984 年英文版。 万俊人译。

《伦理学和政治学中的人类社会》（1954）（节选）

伦理信念与伦理情感的来源

伦理学与科学的不同在于，它的基本材料不是知觉，而是情感和激情。这应当被严格地理解；就是说，这种材料是情感和激情本身，而不是我们拥有它们这一事实。我们拥有它们这一事实，像其他事实一样是一个科学事实，而且我们按照通常的科学方法，通过知觉便可以认识它。但一个伦理判断却不是一个事实陈述；它表达了某种希望或恐惧，某种愿望或反感，某种爱或恨，尽管常常采取一种隐蔽的形式。它应当是以祈使或者命令的语气，而不是以陈述的语气来阐明。《圣经》曰："爱邻如己"，而一个为国际争端的场面所纷扰的现代人可能会说："所有人都应当彼此相爱"，这些都是地道的伦理句子，仅仅用事实的堆砌不能使之得到清晰的证明或证伪。

通过设想一个纯粹的物质宇宙的假设，设想没有感觉的物质，人们就容易看到这种与伦理学相关的情感。这样一个宇宙既不是善的，也不是恶的，而且也不存在什么正当或不正当的事物。在《创世记》篇中，上帝在尚未完成生命的创造之前，就"看到宇宙是善的"，对此我们必须设想，这种善或是在于上帝沉思自己工作时的激情，或是在于这个无生命的世界作为感觉生物环境的适宜性。如果太阳与其他星球相撞，地球将化为气体的话，倘若我们认为人类的存在是善的，我们就会判断说，这一行将到来的灾难是恶的；但是，一场类似的灾难若发生在一个无生命的地方，就只是件有趣的事情了。因此，伦理学与生命密切相关，这并不是生物化学家研究的作为物质过程的生命，而是由幸福和悲痛、希望和恐惧，以及使我们宁要这个世界而不要那个世界的其他类似的对立物构成的生命。

但是，我们承认了情感和愿望的基本伦理意义之后，仍然还面临着一个问题：是否存在着伦理学知识。"你不应该杀人"是命令性的，但"谋杀是罪恶的"则似乎是陈述性的，而且强调了某种正确或错误的东西。"所有人都将是幸福的"是祈使性的，但"幸福是善的"却与"苏格拉底是不死的"有着同样的语法结构。这是对语法结构的误解，还是在伦理学中如同科学中一样存在着正确和错误呢？如果我说尼罗是个坏人，那么，我是像如果我说他是一个罗马皇帝一样在提供信息呢，还是我所说的能够以这样的词"尼罗？哦，呸！"来作更准确的表达呢？这并不是一个简单的问题，而且我认为任何简单的回答都是不可能的。

还有另一个密切相关的问题，即关于伦理判断的主观性问题。如果我说牡蛎是好吃的，而你说它们是令人作呕的，我们双方都明白我们只是表达了各自的嗜好，没有什么可争论的。但是，当纳粹说拷打犹太人是善的，而我们认为这是恶的时，我们就不会感觉到似乎我们只是在表达一种嗜好的不同了；我们甚至宁愿为自己的信念去战斗牺牲，而我们将不会这样地坚持自己关于牡蛎的看法。不管可能以什么样的论证来说明这两种情况的相似性，大多数人都将仍旧相信它们之间存在着某种不同，尽管人们可能难以准确地说出这种不同是什么。我认为，尽管这种情感并不确定，但却是值得重视的，而且使我们不情愿地、不费吹灰之力地接受这样的观点：所有的伦理判断都完全是主观的。

人们可能会说，如果希望和愿望构成了伦理学的基本东西，那么，既然希望和愿望是主观的，伦理学中的一切也都必定是主观的。但是，这一论证并不像它听起来那样确定。科学的材料是个体的知觉，它们远比常识所想象的更具有主观性；然而，正是在这一基础上建立起了非个体的、庄严的科学大厦。这有赖于这样的事实：在某些方面存在着大多数人赞同的知觉(色盲者以及幻觉受害者的不同知觉可以忽略不计）。在伦理学中，可能也有某种相似的达到客观性的途径；如果存在着这样的途径，那么，既然它必须诉诸大多数人，也就把我们从个体伦理学带入政治学领域。事实上，政治学与伦理学是很难分开的。

伦理学同神学的分离要比它同科学的分离更为困难。正确地说，科学经过长期的斗争仅仅解放了自身。直到17世纪后半叶，人们还普遍认为，一个不信巫术的人一定是个无神论者，而且仍然有人以神学为据谴责进化。但是，现在绝大多数的神学家都赞成这样的观点：科学中没有什么东西能够动摇宗教信仰的基础。伦理学的情况就不同了。许多传统的伦理概念是难以解释的，许多传统的伦理信念也难以证明是正确的，除非是假定存在着上帝或者世界精神，或至少是一种固有的宇宙目的。我并不是说，不借助神学基础，这些解释和证明就是不可能的，但我认为，没有这种基础，它们也就失去了说服力和心理压力。

对正统理论的一个一直受人宠爱的论证是，没有宗教，人们就会变得邪恶。从边沁到亨利·西季威克①的19世纪的英国自由思想家都极力否定这一论证，他们否定的根据是——他们本身就属于迄今为止存在过的最善良的人们。但在一直受自称不信教的极权主义者暴行冲击的现代世界里，维多利亚式的不可知论的美德似乎更不具有确定性，甚至可能被归结为基督教传统的不彻底的解放。因此，在任何适当的社会形式下，伦理学是否能够摆脱神学的整个问题都必须重新思考——凭借着我们比祖先更充分的对罪恶深切可能性的认识，在理性的进步中，我们的祖先以自己令人惬意的信念保持了舒适。

在有记载的历史上，伦理信念有两种截然不同的来源，一个是政治上的，另一个则与个人的宗教及道德信仰相关。在《旧约》中，这两者完全是独立出现的，一个作为法令，另一个作为各种预言书。在中世纪，这两者同样是以由统治集团灌输的官方道德和由伟大的神秘主义者教导并实践了的个人尊严区别开来。我们今天也同样延

①　亨利·西季威克（Henry sidgwick，1838—1900），英国哲学家，曾任剑桥大学道德学奈特布里奇讲座教授。主要伦理学著作为《伦理学方法》和《伦理学史》。

续着这种两分法。俄国革命后，当克鲁泡特金①能够从长期的流放中返回时，他见到的并不是他所梦寐的俄国。他曾梦想着一个由自由、自尊的个人组成的松散的社会，但正在创建的却是一个强大的集权国家，在这个国家里，个人仅仅被看作手段。个人及公民道德的两重性是任何一种适当的伦理学理论都必须说明的问题。没有公民道德，社会就会解体，没有个人道德，他们的生存也就失去了价值，因而，公民道德和个人道德对于一个善的世界是同样必要的。

在所有已知的人类社会里，甚至最原始的社会中，也存在着伦理信念和伦理情感。人们赞扬一些行为，谴责另一些行为；一些行为得到奖赏，另一些行为受到惩罚。人们认为个人的某些行为不仅会给个人，而且会给社会带来财富；另一些行为则被认为会带来灾难。有关这类的信念有一部分是可以由理性来辩护的，但在原始社会中，也有一种占据统治地位的地地道道的迷信信仰，最初它常常产生了甚至后来人们发现在理性基础上能够证明是正确的禁律。

道德的一个主要来源是禁忌。某些物品，尤其是属于头领的物品充满了"超自然的力量"，如果你触到它们，你就会死亡。一些东西被奉献给神灵，而且必须只由巫术师使用。某些食物是合法的，另一些食物是不合法的。某些个人直到净化后才是洁净的，这尤为适于沾染过血污的人，不仅是犯下谋杀罪的人，而且也包括生育时和行经期的妇女[1]常常也有完备的族外婚准则，使这个部落的大多数人不能同本部落的异性婚配。所有这些禁忌一旦被触犯，就很可能会给触犯者，实际上也是给整个部落带来灾难，除非进行适当的净化仪式。

在对触犯禁忌的行为进行惩罚时，并不借口于我们所理解的公正，人们宁愿把这看作与触电而死相似的事情。大卫在用牛车运送约柜时，它随着猛烈震动的车板而摇晃，负责赶车的乌撒以为它要倒了，就伸手扶住它，由于这种不敬神，尽管他的动机值得称赞，但他还是被击杀。[2]同样的不公正也可见于：不仅仅是谋杀，而且偶然的杀人也都要有求净化仪式。

---

① 克鲁泡特金(Kropotkin，1842—1921)，俄国无政府主义者。

　　基于禁忌的各种道德持续到文明社会，其程度也大于一些人的想象。毕达哥拉斯派①禁止吃豆子，而恩培多克勒②则认为嚼月桂树叶是邪恶的。印度教信徒一想到吃牛肉就浑身发抖，而伊斯兰教徒和正统的犹太人认为猪肉是不洁净的。英国传教士圣奥古斯丁写信给格列高利大教皇，想知道在前夜发生过性关系的已婚夫妇第二天是否可以进教堂，教皇裁决说，只有在仪式上的洗礼之后，他们才可以这样做。在康涅狄格③有一条法律——我相信它在形式上依旧保留着——即规定一个男人在星期日吻他的妻子是非法的。1916年一个来自苏格兰的牧师给报纸写信，把我们未能成功地抵抗德国归因于政府鼓励在星期日种马铃薯。所有这些观念只能在禁忌基础上证明是正确的。

　　禁忌的一个最好的例证是普及了禁止各种形式族内婚的法律和准则。有时，一个部落被分成若干集团，一个男人必须从自己所属的集团之外娶妻。在希腊教会中，同一孩子的教父与教母不能结婚。在英国，直至最近也不允许一个男人与亡妻的妹妹结婚。这种禁止不可能以所禁止的结合会带来什么伤害为理由证明是正确的，它们只能以古老的禁忌进行辩护。但更有甚者是，对于我们中的大多数人仍看作法律并不允许的各种形式的乱伦，大多数人还是以一种与它们的实际危害不相称的恐怖来看待，这种恐怖必须被看作先于理性的禁忌的结果。笛福④笔下的摩尔·弗兰德斯远不是个典范，而且毫不犹豫地犯下了许多罪行；但当她发现自己无意中已与弟弟结婚时，她吓坏了，而且再不能忍受把他看作丈夫，"尽管他们在一起幸福地生活了许多年。这是虚构的，但对生活的确是真实的"。

　　禁忌作为道德行为的来源具有一些重要的优势。比起任何纯粹的理性准则来说，它在心理上的强制力要大得多；例如对乱伦浑身战栗的厌恶与对伪造罪一类的罪行冷静的谴责相比较，人们并不迷

---

　　①　毕达哥拉斯派（Pythagoras），由古希腊哲学家毕达哥拉斯（公元前580—前500）创始的唯心主义哲学学派。

　　②　恩培多克勒（Empedocles），公元前5世纪的希腊哲学家和政治家。

　　③　康涅狄格（Connecticut），美国的一个州。

　　④　笛福（Defoe，1659?—1731），英国小说家。1722年出版小说《摩尔·弗兰德斯》。

信地看待后者，因为野蛮人并不犯这种罪，而且禁忌道德可能是完全准确和确确实实的。的确，它或许禁止了诸如吃豆子一类的根本无害的行为，但它也可能禁止了真正有害的行为，如谋杀，而且这种禁止对于原始社会来说，比实行任何其他的伦理方法更为成功。它对于加强政府的稳定也是有用的。

> 有这样的神灵在保佑着国王，
>
> 叛逆者只能窥视一下他想要的东西，
>
> 他的目的很少能得逞。

既然谋杀国王通常导致内战，人们必然把这种"神灵"看作一种对保护首领的禁忌有利的结果。

正统派在论证否定神学信条必然会造成道德沦丧时，所坚持的最有力的论据是禁忌是有用的。当人们不曾对古老的戒律感到迷信般的敬仰时，他们也就不可能满足于与自己亡妻的妹妹结婚和在星期日种马铃薯了；他们可能去犯甚至更可恶的罪行，如谋杀、背信弃义和叛逆。这在古希腊和文艺复兴时期的意大利都出现过，这两个地方最后都蒙受了政治灾难。在这种情况下，祖祖辈辈都一直是虔诚的、规规矩矩的老百姓们，在自由思想的影响下都成了无政府主义的罪犯。我并不想贬低这些考虑的价值，尤其是在今天，纪律在很大程度上成了对那些人——已抛弃了禁忌道德，但又未得到什么其他道德的人们的散漫的无政府倾向的逆反。

但是，在我看来，反对依赖禁忌道德的论证要比支持它的论证考虑得更为周全，而且在我着手试图论述一种理性伦理学时，我必须作出这些论证，以便证明我的想法是正确的。

第一个论证是，在现代教育和科学的世界里，保持对仅仅是传统的东西的尊敬是困难的，除非是以其目的在于破坏独立思考能力的教育来进行严格的控制。如果人们按新教徒的标准培养你，你就无须理会是星期六而不是星期日这一天种马铃薯是邪恶的。如果人们按天主教徒的标准培养你，你就不必在乎这样的事情，即尽管婚姻是不可解除的，但公爵和公爵夫人的婚姻可以由教堂解除，其理由在一对卑贱的伴侣看来也并不充分。必要的愚昧对社会是有害的，而且也只能通过冷酷的愚昧制度来保证。

第二个论证是，如果道德教育仅限于反复灌输禁忌，那么抛弃一个禁忌的人就很可能抛弃所有其他的禁忌。如果人们一直教导你说，十诫的约束力全都是相同的，那么你会得出结论说，在安息日工作并不是邪恶的，你会断定，谋杀也是允许的，把一种行为看得比另一种行为更邪恶是没有道德的。普遍的道德崩溃——常常是伴随自由观念的突袭而来，可以归因于传统的伦理准则缺乏一种理性基础。在19世纪的英国自由思想家那里没有这种崩溃，这主要是因为他们相信功利主义为服从那些被认为是有效的道德戒律提供了非神学的根据，这些戒律实际上全都是有助于社会利益的。

第三个论证是，在迄今为止存在的每一禁忌道德中，一直有某些的确有害的戒律，有时还具有很大的危害。如这样一条戒律："人们不应让女巫活下去。"[3]正是由于这条戒律，仅在德国从1450年至1550年的一百年间就大约有100 000名女巫被处死。在苏格兰，相信巫术是极为普遍的，在英格兰，詹姆斯一世也鼓励相信巫术。正是出于奉承他的目的，才写出了《麦克白》①，而且巫婆也是这种奉承的一部分。托马斯·布朗②先生强调，否认巫术的人们是无神论者。并且不是在基督教时代，而是在大约自牛顿时代起科学观念就得以传播的时代，以莫须有的罪名烧死了无辜的妇女。在今天的时代，传统道德中的禁忌成分比起300年前来说不那么残忍了，但它们仍在一定程度上妨碍着仁慈的情感和行为，这可见于对生育控制和安乐死的反对。

随着人类开始变得文明起来，人们就不再满足于纯粹的禁忌，而代之以神的命令和禁令。十诫的开篇就是："上帝讲了这些话和说过。"各种法典贯穿的也都是上帝之言。上帝所禁之事就是罪恶的，违背将受到惩罚；即便是不被惩罚也仍旧是罪恶的。因此道德的本质就变成了服从。最根本的服从是服从上帝的意志，但也有许多派生的形式，它们把自己的约束力归因于：社会的不平等一直是上帝设置的。臣民必须服从君主，奴隶必须服从主人，妻子必须服从丈

---

　①　《麦克白》为莎士比亚的四大悲剧之一。

　②　托马斯·布朗(Thomas Browne, 1605—1682)，英国医生及作家。

夫，孩子必须服从父母。君主只应服从上帝，但如果他做不到这一点，他或他的人民就要受到惩罚。大卫在进行人口普查时，不喜欢统计学的上帝就降下了一场瘟疫，使成千上万的犹太儿童在瘟疫中丧生。[4]这表明了君主的德性对每一个人来说是何等的重要。牧师的威力一部分取决于他们能在某种程度上阻止君主的罪恶，无论如何也能够阻止君主欺骗神灵一类的更大的罪恶。

服从作为伦理学的基本戒律在一个稳定的社会里发挥了良好的作用，在这一社会里，没有人对已确立的宗教及政府是否可以容忍表示怀疑。但在许多时代并不具备这些条件。在各种预言书看来，当君主成了偶像的崇拜者时，他们就会倒台；在早期教会看来，当统治者是异教徒或阿拉伯人时，他们也会失去统治。当新教徒认为对天主教徒的君主，抑或天主教徒认为对新教徒的君主并没有尽忠的义务时，他们在大规模的宗教改革中就会失败。但新教徒面对着比天主教徒还大的困难，因为天主教徒仍然有教会，它们的伦理学说是确实可靠的，而新教徒在受到政府压制的国家里，道德戒律却没有官方的来源。当然，他们还有《圣经》，但在一些问题上，《圣经》保持了缄默，而在其他问题上，它却发出了几种不同的声音。放高利贷是合法的吗？这在《圣经》中是找不到答案的。无子女的寡妇应当同亡夫的弟弟结婚吗？《利未记》认为不行，但《申命记》则认为可以。[5]

因此，新教徒倾向复活一种已在各种预言书和《新约》中见过的观点，其大意是说上帝教诲了每个人什么是正当的或不正当的事情。因此，并不需要一个外在的道德权威；不仅如此，当这一权威的命令与个人良心相悖时，服从这种权威就是有罪的。没有什么戒律命令服从一个尘世的权威是绝对的，或者是能具有约束力的，除非是良心赞成这样做。这一理论对于伦理学和政治学的改革具有深远的影响，甚至在那些拒不接受它的人们那里也是如此。它为宗教的宽容，为反对腐败的政府，为否定社会的尊卑贵贱，以及妇女的平等、父权的衰落提供了证明。但它却一直灾难性地无法为社会内聚力提供一个新的道德基础，以取代被破坏了的、旧的道德基础。良心就是一种无政府的力量，任何政府制度都不能建于其上。

伦理情感和伦理戒律从最初时起就一直有两个完全不同的来源，

即平等和交换，或社会的妥协。像我们到目前为止一直讨论的各种道德一样，它既不依赖迷信，也不依赖宗教，宽泛地说来，它出自一种平静生活的愿望。我想要马铃薯时，我可能趁夜在我邻人的地里挖些来，但他可能以偷我苹果树上的苹果相报复。因而我们每个人都不得不让人整夜守候着，以避免这种掠夺。这是不方便的和令人厌烦的；最后，我们发现尊重各自的财产权——始终假设我们中没有人饿死，就不必那么麻烦了。这种道德尽管在早期可能借助于禁忌或宗教的约束力，但它能经久不衰的原因是它对每个人都有利，至少在意图上是这样。随着文明的进步，它在立法、政府以及个人道德方面发挥了越来越大的作用，但却从未成功地唤起过与宗教或禁忌相关的强烈的恐怖感或敬畏感。

人是群居的动物，但并不像蚂蚁和蜜蜂那样出自本能，而是或多或少地出自对共同的自身利益的模糊认识。具有稳固本能基础的最大的社会集团是家庭，但自从国家渐渐地认识到，保护为父母所忽视的新生儿的生命是一种职责时，国家就开始削弱家庭的基础了。人们必须假定，蚂蚁和蜜蜂依据冲动去做对自己的巢穴有利的事情，而且从未想过反社会的行为会给自己带来更多的好处。但人类却不这样幸运。要让人们的行为符合公共利益，就不得不发挥法律、宗教以及开明的个人利益教育方面的强大威力，但它们的成效却总是很有限的。人们可能会假定，最早的社会是扩大了的家庭，但社会进一步凝聚的主要原因则一直是战争。在战争中人们可能希望一个强大的社会战胜一个弱小的社会，因此，对大集团来说，任何产生社会内聚力的方法都具有生物学上的优势。

增强社会的内聚力一直是战争的主要动力，道德不得不由两个完全不同的部分构成，即对自己集团成员的责任以及对自己集团之外的个人或集团的责任。目的在于普遍性的宗教，如佛教和基督教一直追求着消除这种道德上的不同，并把全人类视为一个惟一的集团。在西方，这种观点作为亚历山大征服的结果始于斯多葛派。尽管宗教都这样强调，但迄今为止它仍旧还是少数哲学家和圣人们的一种期望。

现在我想考察一下仅限于集团内部的道德，这种道德仅就其目的而言是加强社会的合作。显然，最具有命令性的是某种方法，它并非个人的力量，人们借助这种方法能够确定出什么东西属于谁。在多数文明社会里，为解决这个问题所建立起来的两种制度是法律和财产制度，旨在调整这些制度的道德原则一直是公正的，或者是能为公众意见接受为公正的。

法律主要是由一系列的准则构成的，由国家来支配这种力量的使用，而且要禁止个人或集团私自使用这种力量，除非是在某一特殊的场合，如在自卫的情况下。在没有法律的地方，就会出现无政府状态，强壮的人就会随心所欲地运用武力。尽管法律可能是邪恶的，但它们很少能达到比无政府状态还要邪恶的程度。因此，尊重法律的人是一个明智的人。

私人财产是一种设置，据此使得服从法律并不比其他情况更令人生厌。在原始共产主义瓦解的初期，一个人有权支配自己的劳动，有权居住和开发自己一直生息的土地；而且允许他把财产留给自己的子女似乎也是自然的和合乎情理的。在游牧社会，他的财产主要是牛羊。

在拥有法律和财产的地方，"贼"成了一个可以定义的概念，而且能被列入十诫中作为可恶的罪行之一。

当人们认为法律廉明时，它们就是"公正的"，但"公正"却是一个十分难以明确的概念。柏拉图的《理想国》宣称要试图给它下定义，但还不能说这种尝试是很成功的。在民主思想的影响下，现代人倾向把公正和平等等同起来，但甚至直至今日这种观点仍受到各种限制。如果有人提出，女王应同一个瓦工收入相同，那么大多数人，包括瓦工在内都会认为这个提议是令人吃惊的。直到近些时代，这种赞成不平等的情感仍然大有市场。我认为，事实上"公正"必须被定义为"大多数人认为是公正的制度"，或者为避免循环，更准确地定义为"把普遍承认的抱怨理由降至最低限度的制度"。为使这个定义具体化，我们还必须说明它将被应用到的社会所具有的各种社会传统和社会情感。"公正的"制度是带来最低不满程度的制度，这对于任何社会来说都是相同的。

显然，当作平等和交换问题的伦理学难以同政治学区分开来。在这一点上，它不同于由服从上帝意志或良心声音所构成的那种更具个人特色的伦理学。伦理学理论必须思考的一个问题是，这两种道德体系的关系如何以及它们各自的范围是什么。考虑到一个艺术家宁愿创作一件优秀的作品而不愿混饭吃的那种情感，我们必须承认它是一种伦理价值，尽管它与公正并无关系。基于这种理由，我认为伦理学不能完全是社会性的。我们一直在考察的伦理情感的每一来源，不管最初是何等粗糙，都能够发展为对文明人产生极大影响的形式。如果我们忽略了它们当中的任何一种，那么所形成的伦理学将是片面的和不充分的。

注释

[1] 参见《利未记》第 15 章，第 19～29 节。

[2] 参见《撒母耳记》（下）第 6 章，第 6～7 节。

[3]《出埃及记》，第 22 章，第 18 节。

[4]《编年史》第 1 卷，第 21 章。

[5] 参见《利未记》第 20 章，第 21 节；《申命记》第 25 章，第 5 节。

节选自［英］伯特兰·罗素：《伦理学和政治学中的人类社会》，

北京，中国社会科学出版社，1992。 肖巍译。

［奥］维特根斯坦（Ludwig Wittgenstein，1889—1951）

《伦理学演讲》(1929)

《维特根斯坦日记》(1916. 6. 11— 1917. 1. 10)

《文化和价值》(1977)（节选）

《逻辑哲学论》(1922)（节选）

《哲学研究》(1951)（节选）

《伦理学演讲》（1929）

　　在我开始正式谈论我的题目以前，让我先讲几句开场白。我感到我将很难把我的思想传达给你们，但我认为，一些困难可能由于我先提出来就算不得什么困难了。不用我说，第一个困难是，英语不是我的母语，因此我的表达常常不够精确不够巧妙，而这却是人们在谈论一个难题时应该能避免的。我只能要求你们尽量抓住我的意思，尽管我讲演中常会出现英语语法错误。我要说的第二个困难是，大概会同你们中许多人的期待相违，为此，我简单讲讲我选择这个题目的理由。当我荣幸地应你们前任秘书的要求给大家作个报告时，我首先想到的是我一定要作，其次，如果我有机会和你们谈谈，我就谈论一些我渴望与你们交流的问题，而不会滥用这次演讲机会，谈论像逻辑这类问题。我称为滥用，因为给你们解释一个科学问题，需要连续的讲演而不是一小时的报告。另一种选择是我可以讲讲所谓大众科学，这种演讲打算让你们相信你们会理解一种你们实际上并不理解的东西，去满足我以为是现代人们最低的欲望之一，即对最新科学发现的肤浅的好奇心。但我不讲这些，决定给你们谈谈在我看来具有普遍重要性的题目，希望它会有助于说明你们对这个题目的想法（即使你们完全不同意我的意见）。我的第三个也是最后的困难是，听众难以认清演讲者所引导的道路和它导向的目标，这是很多冗长的哲学演讲常有的困难。这就是说，他或者认为：

"他所说的一切我都明白，但他究竟用意何在?"或者他认为："我明白他的用意，但他究竟怎样到达目的?"我只能再一次要求你们耐心，并希望你们最后既能认清道路，又能知道它导向何方。

现在我就开始演讲，正如你们所知，我的题目是伦理学，我将采用摩尔教授在他的《伦理学原理》一书中对伦理学一词所作的解释。他说："伦理学是对什么是善的一般的研究。"现在我在稍微宽泛的意义上使用这个词，事实上这种意义上的伦理学包括我以为被人一般称为美学的最本质的部分。为了使你们尽量弄清楚我认为是伦理学主题的若干或多或少有些同义的表达，其中的每一种表达都可以替代上述定义，而且通过一一列举它们，我要像加尔顿那样，为了取得照相的人共同具有的典型特征而在同一照相底版上摄下若干不同面孔时，所获得的相同效果。为了给你们展示这张集体照片，使你们看清什么是典型的，比方说，中国人的面孔。所以，我希望你们通过我放在你们面前的这排同义词，看到它们共同具有的特征，而这些便是伦理学的独特特征。现在我就说伦理学研究什么是有价值的，或者研究什么是真正重要的，或者我说伦理学是研究生活意义的，或者是研究什么使我们感到生活是值得的，或者研究生活的正确方式，而不说："伦理学是研究什么是善的。"我相信，如果你们考察一下所有这些片语，就会对伦理学关心的是什么这一问题获得一种粗略的观念。在这里首先我们发现，每一种表达实际上都是在两种非常不同的意义上使用的。一方面，我把它们称为不重要的或相对的意义；另一方面我又称它们为伦理学的或绝对的意义。例如，如果我说这是一把好椅子，这意味着这把椅子对某一先定目的有用，在这里，"好"一词仅仅在这种目的预先确定的情况下才有意义。事实上，在相对意义上，"好"这个词仅仅意味着符合一种先定的准则。因此当我们说这个人是位好钢琴家时，我们的意思是说他能够灵巧熟练地演奏一定难度的音乐作品。同样如果我说，就我而言不要伤风感冒是重要的，我的意思是说伤风感冒对我的生活会产生某种干扰。如果我说这是条正确的道路，我是相对于一定的目标而言的。用这种方式使用这些表达，并不会产生任何困难或深奥的问题。但是伦理学并不用这种表达方法。假设我能打网球，你们中有个人看着我打，并说："行啦，你打得够糟的。"假设我回答说："我知道我打得不行，但我并不想打得更好些。"那个人只好说："嘿，那就得了。"但是假设我对你们中的某个人说了句荒谬的谎言，他走近我说："你的行为像个牲口。"如果我说："我知道我的行为不好，但我并不想表现得更好。"那么他会这样说吗，"哦，那就得了？"他肯定不会这么说，他会说："哼，你应当要求行为举止更好些。"在这里，你们看到一种绝对的价值判断，而第一个例子却是一个相对的价值判断。很明显，这种区别的本质在于：每一个相对的价值判断只是事实的陈述，因此可以不用带有任何价值判断迹象的形式加以表述，例如，"这是去格兰彻斯特的正确之路"这句话，我也可以这样说："如果你想在最短时间内到达格兰彻斯特，这便是你必定要走的正确之路。""这个人是一位好赛跑者"这句话仅仅意味着他在一定时间内跑完一定的路程，如此等等。现在我想争辩的是，尽管所有相对价值的判断可以用纯粹的事实判断表述，但并不是事实陈述都能够或者意味着是绝对价值的判断。让我解释一下：假设你们中有一个全能的人，他通晓世上所有死亡的或活着的肌体的运动，也通晓所有人类精神的一切状态；而且假设他在一部巨著中写下了他所知道的一切；那么，这本书就会包含对世界的整个描述；而我要说的是，这本书却不包含任何我们称之为伦理学的判断或在逻辑上意味着这种判断的东西。当然它包含所有相对的价值判断、真正的科学命题以及事实上能够得出的一切真实命题。但是可以说，所有被描述的事实都处于同一层次，所有的命题都同样处于同一层次。在任何绝对的意义上，一切命题都不是崇高的、重要的或不重要的。现在你们有些人也许会同意这一点了，而且会想起哈姆莱特的话："没有或好或坏的东西，但思想却使它这样。"但这又会引起一个误会，哈姆莱特说的意思似乎是，虽然好与坏不是外在于我们的世界的性质，却是我们精神状态的特点。但我的意思是，精神状态就它是我们能够描述的事实来说，在伦理学意义上并没有好坏之说。例如，在我们的世界见闻录中，我们阅读了一起关于谋杀的详细描述（包括作案具体行动和心理活动），这些纯粹事实的描述并没有包含任何我们称之为伦理学的命题。谋杀和其他事实（比如一块石头掉下来）一样，完全处于同一层次。当然，看到这些描述会引起我们的痛苦、愤怒或其他情绪，或者我们会读到其他人在听到这种谋杀时所引起的痛苦或愤怒，但是这里仅仅只有事实！事实！事实！而没有伦理学。现在我必须说，如果我沉思伦理学实为何物，假如有这种科学的话，我看这种结果相当明显。在我看来，显然我们任何时候都不能想象或者说出这种东西应该是什么。我们无法写一本科学著作，它的主题能够是真正崇高而且超越所有其他主题之上的。我只能通过比喻来描述我的情感，即如果一个人能够写出一本确实是关于伦理学的伦理学著作，这部著作就会一下子爆炸毁灭世界上所有其他著作。我们所使用的词，正如我们在科学上使用的一样，是惟一能包含和传达意味与意义，即自然的意味和意义的容器。如果伦理学是某种东西的话，那么它就是超自然的，而我们的词却只表达事实；正如一个茶杯只能盛一杯水，即使我再倒上一加仑水，也只能盛一杯水。我说过，在事实和命题的范围内，只有相对的价值和相对的善、正当，等等。在我继续谈下去之前，让我用一个比较明显的例子阐明这一点。正确的路是引向一种武断的先定目的之途，我们大家都相当清楚，脱离这种先定目标而谈正确之路是没有任何意义的。现在让我们看看，用"绝对的正确之路"这一表达可能意味着什么。我以为，这条路可能是一条每个人看见以后、由于逻辑的必然而不得不走的，或者因不走就感到惭愧的路。同样，如果绝对的善是一种可描述的事态，每个人就不会依赖个人的兴味和意向，必然地感到要实现这种事态，或因不促其实现而感到内疚。而我却要说这种事态是一种怪物。任何事态本身都没有我所谓一种绝对判断的强制力量。那么，是什么使得大家都像我一样，仍然诱使我们使用诸如"绝对的善""绝对价值"之类的表达呢？我们头脑里在想什么？我们试图表达的又是什么？无论我什么时候试图弄清楚这一点，很自然，我就应该回忆这样的事例，在这些事例中，我肯定会使用这些表达，那时我与你们的心境一样，比如，当我给你们作一次关于快乐心理学演讲的时候，你们就会设法回忆起一些你们总是感到快乐的典型境遇。请把握住这种种境遇，因此我对你们所谈的一切就会变得具体，就是说，是可以控制的。人们通常也许会举他们在晴朗的夏日散步时的感觉为例。现在如果我集中我的思想在我所意味的绝对的或伦理学的价值事物上面，我就处于这种境遇之中了。而且在我这种情况下，总有一种特殊的经验的观念出现，因此，从一种意义上说，这种观念是

我的典型的经验。这就是为什么我在讲话中把这种经验当作我首先
的和最重要的例子的缘故(我前面说过，这完全是个人兴趣的事，别
人可能会发现其他更突出的例子)。为了能使你们回忆起相同的或类
似的经验，我愿意描述一下这种经验，以便我们能有一个共同研究
的基础。我相信，当我有这种经验时，描述它的最佳方式就是：我
对世界的存在惊讶不已。我倾向于使用"一切存在多么非凡"，或"世
界的存在多么非凡"等语句。我愿马上提及我知道的另一种经验，你
们中的一些人可能熟悉：人们可以把这种经验称为绝对安全感经验。
我的意思是指这样的精神状态，在这种状态中，人们倾向于说："我
是安全的，无论发生什么事都不能伤害我。"现在，让我考虑一下这
种经验，我相信，为它们展示出的正是我们试图弄清楚的特点。我
首先要谈的是，我表达这些经验的词是无意义的，假如我说："我对
世界的存在惊讶不已"，我就是在滥用语言。让我对此作点解释：说
我对事物的某种情况感到惊讶，这句话有一种完全令人满意的和清
晰的意义；我们都明白它的意思是说，我看到这么大个儿的狗感到
惊讶，它比我以前见过的都大，或者对任何事物，就这个词的普通
意义说，非常特别，而感到惊讶。在所有这些情况下，我对事物的
某种情况感到惊讶，因为我能够设想不是这种情况的事物。我惊讶
于狗的个儿大，因为我设想到了另一种个儿的狗，即想到了狗的一
般的个儿，我不应该对这种个儿感到惊讶。说"我对如此这般的事物
的情况感到惊讶"，这只有在我能够想象它不是这种情况的时候才有
意义。在此意义上，当一个人看见一座长期没有光顾过、同时又想
象它早已被拆毁的房子时，他会对这座房的存在感到惊讶不已。但
是说我对世界的存在惊讶不已则是荒唐的，因为我不能想象它不存
在。当然，我可以对我周围存在着的世界感到惊讶。比如，当我仰
视蔚蓝的天空时，就有过这种经验，我会对这种与乌云翻滚的天空
形成反差的蓝天感到惊讶。但我说的并不是这个意思。我是对不论
什么样的天空都感到惊讶。人们可能会说，我是对一种同义反复感
到惊讶，就是说，对蓝色的或不是蓝色的天空感到惊讶。但是，说
一个人正对一同义反复感到惊讶恰恰荒谬绝伦。这同样也适合于我
已经提及的另一种经验，即绝对完全的经验。我们都知道在日常生
活中安全意味着什么。当我不会被一辆公共汽车轧过时，我在我的

屋子里就是安全的。如果我患过百日咳因此不可能再次患这种病的时候，我是安全的。安全基本上意味着，某些事情从自然律上说对我是不可能发生的，因此说不论发生什么我都是安全的，这十分荒唐。这也是滥用"安全"一词；正如在其他例子中滥用"存在"或"惊讶"各词一样。现在我要求你们铭记，一些特有的滥用语言的做法渗透到所有伦理学和宗教的表达之中。这些表达乍看起来确乎是明喻。因此，当我们在伦理学意义上使用正当这个词的时候，尽管我们的意思不是指不重要意义上的正确，但是有些相似；同样，当我们说"这是个好人"的时候，尽管"好"一词在这里与"这是个好足球运动员"里的"好"一词意味不同，但看起来有某种相似性。当我们说"这个人的生活是有价值的"，我们的意思与我们谈到某些有价值的珠宝是不同的，但看起来有某种类似。现在所有的宗教词语在这种意义上似乎都被使用为明喻或寓言式的了。因为当我们谈到上帝的时候，他看到一切；当我们跪下向他祈祷的时候，我们的所有词语和行动似乎是一种伟大而精心制作的寓言的一部分，这种寓言把上帝当作一个力大无边的人，我们力图去赢得他的恩惠，如此等等。但是这种寓言也描述了我们刚才提到的经验。我相信，因为这些经验中的第一种经验恰恰是人们在说上帝创造世界的时候他们所指的是什么东西；而绝对安全的经验则是我们通过说在上帝的庇荫下我们感到安全这种方法来描述的。同样第三种同类的经验即我们感到负疚的经验，也是通过说上帝不赞同我们的行为而描述的。因此我们似乎总是在伦理学的和宗教的语言中使用明喻。但是，一种明喻必须是某种东西的明喻。如果我能用一个明喻来描述一种事实，我必须也能够放弃这一明喻，不用它来描述这一事实。现在就我们的情况而言，当我们试图放弃这种明喻，径直陈述它背后的事实时，我们发现并无这种事实。所以最初似乎是一种明喻，现在看来不过是胡说八道而已。以上我对你们提及的三种经验（我还可以列举其他例子），在那些有过这些经验的人，比如在我看来，在某种意义上具有内在的、绝对的价值。但当我说它们是经验的时候，的确它们就是事实；它们是已经在当时当地发生并继续在一定的有限时间内存在，因而是可以描述的。所以从我几分钟以前所谈的事例中，我必须承认，说它们具有绝对的价值，这是胡说八道。我愿意通过说："一种经验、一种事实似乎应该具有超自然的价值，这是自相矛盾的"，来使我的观点更为尖锐。现在我打算用一种方法来对付这一自相矛盾。首先，让我再来考虑一下我们对世界的存在感到惊讶的第一个经验，让我用稍微不同的方式来描述它。我们都知道，日常生活中称为奇迹的东西，很明显，它不过是一种我们从未见过的像它那样的事件。现在假设这种事件发生了，以此为例：你们中有一个人突然长出了一个狮子头，并开始吼叫，这肯定是我想象不到的一件非凡奇特的事情。现在一旦我们从惊异中镇静下来，我就要提议去请医生，对它进行科学研究，而假如不是怕伤害他，我还会拿他解剖一番，看这种奇迹会发展得怎样？因为很清楚，当我们这样观察它的时候，一切奇迹都消失了；奇迹这个语词的意思除了仅仅是一种尚未为科学所解释的事实，还意味着我们迄今为止还没有在科学体系中把这种事实与其他事实归类起来。这表明，"科学已经证明没有奇迹"的说法是荒谬的。这是真理：观察事实的科学方法并不是把事实当作奇迹来观察的方法。因为不论你想象什么事实，事实本身并不是奇迹(在这个语词的绝对意义上)。因为我们现在已经看到，我们一直是在一种相对的和一种绝对的意义上使用"奇迹"这个词。现在我用这样一种说法来描述对世界的存在感到惊讶的经验，即把世界视为一种奇迹的经验。现在我打算说，在语言中对世界存在的奇迹的正确表达是语言本身的存在，尽管它在语言中并不是任何命题。但是在某些时间而非在其他时间内意识到这种奇迹又意味着什么？因为就我曾说这一点而言，即，通过把奇迹的表达从一种依靠语言的表达转移到依靠语言的存在的表达上来，我所谈到的也还是：我们不能表达我们想要表达的事物，而且我们对绝对的奇迹所说的一切都是胡说八道。现在对所有这些问题的回答，在你们许多人看来可能完全清楚了。你们会说，唉呀，如果某些经验不断地引诱我们把我们所谓绝对的或伦理学的价值与重要性的特质归诸它们，这纯粹表明，我们不是借着这些语词而胡说，毕竟我们说一种经验具有绝对的价值，其意思就是一种像其他事实一样的事实。以上所说的一切意味着：我们对通过我们的伦理学和与宗教的表达所意味的东西仍然没有成功地找到正确的逻辑分析。现在当这种异议出现时，我便立刻清楚地看到，仿佛在光天化日之下，不仅我能想到的一切描述都不能描述我所谓绝对价值，而且我反对任何人从一开始就根据其重大意义而建议的一切意味深长的描述。这就是说我现在明白了，这些荒谬的表达并非没有意义而是因为我还没有找到正确的表达，但它们的荒谬性却正是它们的本质。因为我对它们要做的一切就是去超越这个世界，即超越意味深长的语言之外。我整个的倾向和我相信所有试图撰写或谈论伦理学或宗教的人的倾向，都碰到了语言的边界，这种在我们囚笼的墙壁上碰撞是完全地、绝对地没有希望。就伦理学渊源于想谈论某种关于生活之终极意义、绝对善、绝对价值的欲望来看，它不能成为科学。伦理学谈论的在任何意义上都对我们的知识无所补益。但它是人类思想中一种倾向的纪实，对此，我个人不得不对它深表敬重，而且，说什么我也不会对它妄加奚落。

选译自［美］O. A. 约翰逊编：《伦理学：从古典到现代的
著作选集》，1984 英文版。 万俊人译。

《维特根斯坦日记》

（1916.6.11—1917.1.10）

1916.6.11

我对于上帝以及生命的目标知道些什么呢？

我知道：这个世界存在；

我站在世界中，如同我的眼睛在它的视野中一样；

在世界身上成问题的东西，我们称之为世界的意义；

这个意义不在世界之内，而在世界之外；［参阅 6.41］①

生命就是世界；［参阅 5.621］

我的意志充满于世界；

我的意志是善的或者恶的；

如此，善恶以某种方式与世界的意义联系在一起。

生命的意义，即世界的意义，我们可以称之为上帝。

并且可以把那作为父亲的上帝的比喻与之联系起来。

祈祷是对于生命意义的思考。

我不能使世界的生灭（Geschehnisse）服从我的意志的指引，我其实是完全无所作为的。

只有当我放弃对生灭的影响，我才可以使自己不依赖于世界——并且在某种意义上控制它。

---

① 文中方括号内的数字是德文版原编者所加的《逻辑哲学论》中的有关条项。

1916.7.5

世界是不依赖于我的意志的。[6.373]

哪怕我们所希望的一切都发生了，这也只能说是命运的一个恩赐，因为，在意志和世界之间并没有一个逻辑的联系，来保障这些事情的发生，而我们偏偏又不能，欲求假想的物理的联系。[6.374]

如果善或恶的意欲对于世界有所影响的话，那也只是对世界的诸界限起作用而无关乎事实，也不能影响那不能由语言描绘而只能在语言中被显示的东西。[6.43]

简短地说，世界必须由此而完全成为另一个世界。[6.43]

就是说，世界必须作为整体而增长或者消减。就像通过一个意义的添附或者掉失那样。好比在死亡的时候，世界不是改变，而是终止存在。[6.431][参阅6.43]

1916.7.6

在这个范围内，陀思妥耶夫斯基这样说也是有一定道理的，即幸福的人都是实现了此在（Dasein）的目的的人。

或者也可以这样说，那实现了此在的目的的人，除了生命之外不再需要任何其他的目的。这就是说，他已经满足了。

生命问题的解决在于这个问题的消灭。[见6.521]

但是，人们能这样生活吗：生命不再是成问题的；人活在永恒中而不是在时间中？

1916.7.7

难道不正是这个原因吗，为什么那些经过长期怀疑而终于明了生命意义的人，随后却不能够说出这个意义存在于何处？[见6.521]

如果我能够构想"一种对象"，却不知道是否存在这样一些对象，则我必须已经构造了它们的原初图像。

难道力学的方法不正是建基于此吗？

1916.7.8

信仰一个上帝即是理解了对于生命意义的追问。

信仰一个上帝即是看到，世界的事实解决不了这个问题。

信仰上帝即是看到，生命有一种意义。

对我来说世界被给予了，这就是说，我的意志完全从外面闯进这作为某种现成东西的世界。

（我尚且不知道，什么是我的意志。）

所以我们有种感觉，我们依赖于一个陌生的意志。不管在何种情形下，也无论怎样，在某种意义上我们总是有所依赖的；而我们所依赖的东西，我们可以称之为上帝。

在这个意义上上帝无非就是命运，或同一个东西：这——不依赖于我们的意志的——世界。

我能够使自己独立于命运。

有两种神性的东西（Gottheiten）：世界和我的独立的自我。

我既非幸运者亦非不幸者，这就是全部。人们可以说，善或恶是不存在的。

谁是幸运的，谁就不需要有任何畏惧，也不害怕死亡。

只有那不是生活在时间中、而是生活在当下的人才是幸运的。

对于当下的生命不存在死亡。

死亡不是生命中的事件，它不是世界的事实。［参阅 6.4311］

如果人们不是以无尽的时间延续而是以无时间性来理解永恒，那么人们可以说，那永远活着者，就是生活在当下者。［见 6.4311］

为了幸福地生活，我必须是与世界协调一致的。而这就叫做"幸福地存在"。

于是，我就与看起来我所依赖的那个陌生的意志保持所谓协调一致了。而这就叫做："我服从上帝的意志。"

对死亡的恐惧是一个错误的、糟糕的生活的最佳标志。

如果我的良知使我失去了平衡，这样就不是和某种东西协调一致的了。但是这种东西究竟是什么呢？是世界吗？

这样说肯定是正确的：良知是上帝的声音。

比如，想到我把这人那人侮辱了，这令我不安。这就是我的良知吗？人们可这样说："按照你的良知行事吧，此良知就是它所可能是的情形？"

幸福地生活吧！

1916.7.14

人不能马上就使自己变得幸福。

那生活在当下的人，活着而没有恐惧和希望。

1916.7.21

人的意志究竟是怎么一回事？我愿意首先将"意志"称为善和恶的承担者。

让我们设想一个人，他肢体不能动弹并因而在习惯的意义上不能实现他的意志。但是他能够思考、希望并且向他人传达他的思想，如此也能够通过他人行善或者为恶。那么很清楚，伦理对他也是有效的，他在伦理的意义上是一个意志的承担者。

在这个意志和那个推动人的肢体的意志之间，这是原则上的区别吗？

或者这里的错误在于，连希望（或更确切地说，思考）都已经是意志的一个行动？（当然，在这个意义上，没有意志的人就不是活生生的人了。）

可以想象一个只能表象（某种程度的看）而完全不能意欲的生物吗？在某种意义上看来这是不可能的。如果它竟然可能，那么也就能够存在一个没有伦理的世界了。

1916.7.24

世界和生命是一回事。［5.6211］

生理学的生命当然不是"生命"，心理学的生命同样不是。生命就是世界。

伦理和世界无关。伦理学必须是世界的一个条件，就像逻辑那样。

伦理学和美学是一回事。［见6.421］

1916.7.29

因为，愿望和它的满足之间没有逻辑上的联系，这是一个逻辑的事实。而幸运者的世界相对于不幸者的世界来说是另一个世界，这也是很清楚的。［参阅6.43］

看(sehen)是一个动作吗？

人们能够善良地意欲，邪恶地意欲或不意欲什么吗？

或者只有那不意欲的人才是幸福的？

"爱他人"，这是命令去意欲！

如果愿望得不到满足(这种可能性向来存在)，人们还能够希望什么而不至于陷入不幸呢？

对他人无所希求，不管是好的还是坏的东西，依据一般的概念，这是善吗？

在某种意义上看起来，无所希求倒确实是惟一的善。

这里我犯了重大错误！毫无疑问！

按照一般的设想，希望别人不幸乃是恶的。这是否正确呢？它能够比希望别人幸福要更坏一些吗？

看起来这样说的关键在于人们如何去希望。

"幸福地生活吧！"人们似乎不能说出比这更多的东西。

幸运者的世界是异于不幸者的世界的另一个世界。［见 6.43］

幸运者的世界是一个幸福的世界。

如此，能够存在一个既非幸运亦非不幸的世界吗？

1916.7.30

对于一条以"你应当……"的形式提出来的普遍伦理原则，第一个感想就是："如果我不这样做，那又怎么样呢？"

不过很清楚，伦理学与惩罚和奖酬无关。那么，追问一个行为的后果必然就是无关紧要的。至少这些后果不能是一些事件。不过在那个追问里必然有些东西是正确的。尽管必须存在一种伦理的奖酬和伦理的惩罚，但是它们必须存在于行为自身之中。

奖酬必须是某种令人愉悦的东西，惩罚必须是某种令人不适的东西，这些也是很清楚的。［6.422］

我总是一再回溯到这样的看法，幸福的生活当然就是好的，而不幸的生活则是糟糕的。而现在如果我问我自己，我究竟为什么应该幸福地生活，对我来说这本身就是一个重言式的提问；看起来，幸福的生活本身就进行了辩白；它就是惟一正确的生活。

所有这些本来在某种意义上就是极为神秘的！很清楚，伦理学

是不能被说出来的！［参阅 6.421］

不过，人们可以这样说：幸福的生活看起来在一种意义上比不幸的生活更为和谐。但是，在哪一种意义上呢？

幸福的和谐的生活的客观特征是什么？依然很清楚，不可能存在这样可以描述的特征。

这个特征不能是物理的，而只能是一个形而上的、超验的特征。

伦理是超验的。［见 6.421］

1916.8.1

所有相关的情形，就是上帝。

上帝就是，所有相关的情形。

仅仅是从对于我的生命的惟一性的意识才发源出了宗教、科学，以及艺术。

1916.8.2

而这个意识就是生命自身。如果除我之外没有任何生物，还可能存在一种伦理吗？

如果伦理应当是某种基本的东西：对！

如果我在理的话，那么，"一个世界被给予了"，这对于伦理判断来说是不够的。

那么，世界在其自身就既非善亦非恶的。

因为，世界上是否存在有生命的物质，这对于伦理的存在来说必须是一回事。很清楚，一个其中只有死的物质的世界，在其自身是非善非恶的，如此，一个生物的世界在其自身也能够是非善非恶的。

善和恶通过主体才出现。而主体不属于世界，它是世界的一个界限。［参阅 5.632］

人们可以（以叔本华的方式）说：表象世界是非善非恶的，而意欲着的主体才是善的或恶的。

我意识到了所有这些命题的极度混淆。

从前的人认为，意欲着的主体必然是幸运的或者不幸的，但是幸运和不幸不可能属于世界。

就像主体不是世界的一部分而是它的存在的前提条件一样，善和恶是主词的谓项，而不是世界中的属性。

主体的本质在这里被完全遮蔽了。

是的，我的工作已经从逻辑的基础扩展到世界的本质。

1916.8.4

难道进行表象的主体到头来不是一个简单的迷信吗？

在世界上哪儿能够找到一个形而上的主体呢？［见 5.633］

你说，这里的情形完全就像眼睛和视野的关系一样，但是你确实看不到眼睛。［见 5.633］

而且我相信，不可能从视野里的任何东西推论出，它是被一只眼睛看到的。［参阅 5.633］

1916.8.5

进行表象的主体只不过是空虚的幻觉，而意欲着的主体倒是存在的。［参阅 5.631］

那个我们称为"自我"且作为伦理的承担者的世界中心(Zentrum der Welt)是不存在的，除非它就是意志。

从本质上讲，善和恶仅仅是自我，而不是世界。

自我，自我是深邃的神秘者！

1916.8.7

自我不是对象。

1916.8.11

我与一个对象都是客观对立的，但并不与自我相对立。

如此确实存在一种方式，就像哲学里必须并且能够在一种非心理学的意义上谈论自我一样。［参阅 5.641］

1916.8.12

通过"世界是我的世界"，自我进入哲学。［见 5.641］

1916.8.13

假如人不能实现自己的意志，却又必须忍受世界上一切困苦的煎熬，那么，什么东西能够使他幸福呢？

如果人根本就不能驱除世界上的困苦，他怎么可能幸福？

只有通过智识的生活（das Leben der Erkenntnis）。

善的良心就是为智识的生活提供幸福。

智识的生活就是历经世界的痛苦而仍然幸福的生活。

只有那种能够放弃世界上的舒适享受的生活的人才是幸福的。

对他来说世上的舒适享受仅仅是命运如此之多的恩赐。

1916.9.2

这里人们看到唯我论的严格贯彻与纯粹的实在论汇合。

唯我论的自我拢聚为无延展的点，而仍然存在与它相合的实在。[5.64]

历史与我有什么相干呢？我的世界乃是首要而惟一的世界！

我愿意报道我是如何发现世界的。

我之外的其他世人关于世界所说的东西，只是我的世界经验的一个极小的和微不足道的一部分。

我不得不评价世界，衡量事物。

哲学的自我不是人，不是人的躯体或者具有心理属性的人的灵魂，而是形而上的主体，世界的界限（不是一部分）。但是，人的躯体，尤其是我的躯体，和动物、植物、石头等一样，都分别是世界的一部分。

谁洞察到了这一点，谁就不愿为他的躯体或人的躯体在世界上安排一个优待的地位。

他将天真质朴地把人和动物当作相似的属于同一类的东西。

1916.9.11

语言进行标示的方式，反映在它的运用中。

物理学的分析，物理学在其中显示颜色的那些内在关系，都表明了颜色不是属性。

把这个分析也用到声音上去！

1916.9.12

现在清楚了，为什么我觉得思想和言说是同一个东西。因为思想就是一种语言。因为，思想当然也是命题的一个逻辑图像，所以同样地也就是一种命题。

1916.9.19

人类一直在探求一种科学，在其中真理是简单的描述。［参阅5.4541］

不可能存在一个有序的或者无序的世界，使得人们可以说，我们的世界是井然有序的。而是在每一个可能的世界中，都有一个哪怕是很复杂的秩序。正好像在空间中也不存在有序和无序的点分割(Punktverteilungen)一样，而每个点分割都是整齐有序的。

(这个评论是一个思想的素材。)

艺术是一个表达。

好的艺术作品就是完满的表达。

1916.10.7

从永恒的观点来看，对象就是艺术作品，世界就是善的生活。这就是艺术和伦理之间的联系。

习惯的观察方式仿佛是从对象的中心来观看对象，而站在永恒的观点上的观察则是从外面进行观看。

以至于它们将整个世界当作背景。

是不是有点像这样，它看到的是对象伴随空间和时间，而不是在空间和时间之中？

每个东西都以这整个逻辑世界，也可以说以这整个逻辑空间为条件(不禁产生了这样一个想法)：从永恒的观点来看物，就是伴随着整个逻辑空间来看物。

1916.10.8

作为物之间的物，每个物都是同等地不重要；而作为世界，每个物又都是同等重要的。

如果我沉思着这个火炉，而听到有人对我说："但是，现在你仅仅认识了这个火炉"，这样我的成果看起来就比较小了。因为这表明我在这个世界上如此之多的东西中居然研究了一个火炉。但是如果我沉思着这个火炉，那么它就是我的世界，与之相反任何其他东西都是模糊不清的。

（在大全中的一些好东西，在个别中却是坏的。）

人们既可以把当下简单的表象理解为在整个时间世界中的无意义的（nichtige）刹那的图像，也可以理解为阴影下的真实世界。

1916.10.9
现在终于能够弄清楚伦理和世界的关系了。

1916.10.12
一块石头，一只动物的躯体，一个人的躯体，我的躯体，一切都处于同一个层次。

因此，那发生的东西，不管它是对一块石头还是对我的躯体发生的，都是非好非坏的。

"时间是单一意义的"，这句话必然是荒谬的。

意义单一性（Einsinnig keit）是时间的一个逻辑属性。

因为，如果去问一个人他是怎样表象这个意义单一性的，他将答道：时间将不是单一意义的，假若一个事件可以重复的话。

就跟一个形体在同一时间不能位于两个位置一样，一个事件的不可重复，也是存在于事件的逻辑本质中。

真的，人是小宇宙。

我是我的世界。［参阅5.63］

1916.10.15
人们对于不可思想的东西，也不能谈论。［参阅5.61］

物只有通过它们与我的意志的关系才获得"意义"（Bedeutung）。

因为"每个事物都是其所是，而不是别的事物"。

一个理解：就像我能够从我的外貌推论出我的精神（性格，意志）一样，也可以从每个物的外形推论出它的精神（意志）。

但是我真的能够从我的外貌推论出我的精神吗？

这个关系难道不是纯粹经验的吗？

我的躯体真的表达出一些东西吗？

它本身就是对一些东西的内在表达吗？

丑恶的面孔在其自身就是令人厌恶的呢，还是仅仅因为它同恶劣的情绪经验地联系起来了呢？

然而清楚的是，因果联系根本就不是联系。［参阅 5.136］

根据心理物理学的理解，我的性格只是在我的躯体或我的大脑的构造中而不是同样地在整个其余世界的构造中表现出来。这是真的吗？

这里有一个跳跃点（Springeder Punkt）。

如此，这个对应一致本来就存在于我的精神（即精神）和世界之间。

你只要想想，那蛇、狮的灵魂（Geist）就是你的灵魂。因为只是从你自己你才认识到灵魂。

现在当然就是这个问题了，为什么我恰好给予了蛇这个灵魂？

对它的回答只能存在于心理物理学的对应一致中：如果我看上去像一条蛇并且做些蛇做的事情，那么我就确实是这样。

在大象、苍蝇、马蜂那里也是一样的。

但是也有疑问，即，是否又一次恰好在这里（肯定是这样）我的躯体与马蜂、蛇的躯体处在了一个层次上，以致我既不是从马蜂的躯体推论出我的躯体，也不是从我的躯体推论出了马蜂的躯体。

这就是对那个谜的解答吗：为什么人们总是相信，有一个灵魂遍在于整个世界？

而那样的话，灵魂对于无生命的事物当然也将是普遍的了。

我所走的是这样一条路：唯心主义将人作为独特者剔除出了世界，唯我论单单剔除了我，然后我终于看见，我也属于剩余的世界，一方面没有任何东西剩余下来，另一方面则是作为独特者的世界。就这样，唯心主义深思熟虑的严格贯彻导致了实在论。［参阅 5.64］

1916.10.17

在这个意义上我也可以谈论一个遍在于整个世界的意志。

但是这个意志在一个更高的意义上就是我的意志。

就 像 我 的 表 象 就 是 世 界 一 样，我 的 意 志 就 是 世 界 意 志（weltwille）。

1916.10.20

很清楚，我的视觉空间从长度来看的样子是异于从宽度来看的。

事情不是这样的：我在任何看到什么东西的地方都注意到我自己；而是，我也总是处于我的视觉空间的一个限定的点里面，如此，我的视觉空间好像是（quasi）具有一种形式。

尽管如此，这还是真实的：即，我看不到主体。

认识着的主体不在世界之中，没有认识着的主体，这些都是真实的。[参阅 5.631]

无论如何我都可以想象：我实施意志活动（willensakt）以举起我的手臂，但是我的手臂自己并不移动（一根肌腱大约断了）。是的，但是，人们会说肌腱自己会动，而这确实表明，我的意志活动是和肌腱而不是和手臂相关。但是，让我们继续前进并且假设，即使是肌腱也不会自己运动，等等。那么我们就会发现，意志活动根本就与一个躯体无关，如此，在这个词语的习惯意义上并不存在意志活动。

世界存在，这是艺术的奇迹。存在的东西就存在（Dass es das gibt，was es gibt）。以幸福的眼光观察世界，这种艺术的观察方式的本质就是那个奇迹吗？严肃的是生活，轻松的是艺术。[席勒，《华伦斯坦的营地》，序幕。]

1916.10.21

因为，在领悟中确实有一些东西，犹如美就是艺术的目的。

美的东西就是带来幸福的东西。

1916.11.4

意志是对于世界的一个表态吗？

意志看起来总是必须与一个表象相关。比如我们不能设想我们已经实施了一个意志活动，却还没有感觉到我们已经实施了它。

此外好像存在一个问题，即这个意志活动是否已经完全地实施了。

这样说就清楚了：我们需要在世界中的对意志的一个阻碍。

意志是主体对于世界的一个表态。

主体是意欲着的主体。

那些使我相信一个意志活动事件的感觉，是否具有某种特别的属性，这种属性将那些感觉与其他表象区别开来？

看来并不具有！

那么，我希望比如这把椅子直接追随我的意志，这也是可以设想的。

这是可能的吗？

关于镜中的这个四边形记号人们注意到，只有将视觉图像完全撇开而仅仅借助于肌肉感觉，人们才可以解释它。如此这里就关系到两种完全不同的意志活动，一个与世界的视觉部分有关，另一个则与肌肉感觉的部分有关。

在这两个事件中关系到的是同一个形体部分的运动，对此我们拥有比从经验得到的明显性更多的东西吗？

那么事情是这样的吗：我只是以我的意志伴随我的行动？

但是，我怎么能够事先说出——在某种意义上我确实能够——5分钟后我将举起我的手臂？以及，我将意欲这样？

很清楚，如果不是已经实施了意志活动，意欲就是不可能的。

意志活动不是行动的原因，而是行动本身。

如果不做点什么，人们就不能意欲。

如果意志必须拥有世界中的一个对象，这样它也可能是有意图的(beabsichtigte)行为。

而意志必须拥有一个对象。

否则我们就没有什么阻碍，也不能知道我们意欲的是什么。

而且不能意欲不同的东西。

难道躯体的被意欲的运动不正是这样吗？就像世界中每个不被意欲的东西(Ungewollte)一样，它仅仅被意志所伴随？

但是它不仅是被愿望所伴随！而且是被意志所伴随。

也可以说我们觉得自己对于这运动是负有责任的。

我的意志在世界任何地方都在攫取，而对其他人它又不去攫取。

愿望（Wünschen）不是行动，意欲却是。

（比如，我的愿望与椅子的运动有关，我的意志则与一个肌肉感觉有关。）

我之意欲一个事件乃是在于我去做它，而不是在于我去做另外的引起它的事情。

如果我挪动一些东西，我也就这样挪动了自己。

如果我做一件事（Vorgang），我也就这样采取了行动（so gehe ich vor）。

但是，我不能意欲一切。——

但是，这是什么意思呢："我不能意欲这个？"

我能够试着去意欲一些东西吗？

也就是说，通过对意欲的观察，看起来似乎世界的一个部分比另一个部分站得离我更近（这是不能忍受的）。

当然不能否认，我在一种流行的意义上做点什么而不做别的什么。

如此，意志相对于世界就不是等价的，这必然是不可能的。

愿望发生在事件之前，意志则伴随事件。

假设一个事件将伴随我的愿望，我是否已经意欲了这个事件呢？

看起来，愿望的这个伴随不是碰巧与意志的被强迫的伴随相反吗？

1916.11.9

信仰是一种体验吗？

思想是一种体验吗？

所有的体验就是世界，且不需要主体。

意志活动不是体验。

1916.11.19

依据什么样的一个理由去假设一个意欲着的主体呢？

我的世界对于个体化（Individualisierung）又是不够的吗？

1917.1.10

如果自杀是允许的话，那么一切都是允许的。

如果有一些东西是不允许的，那么自杀就是不允许的。

这向伦理的本质投去一束光明。因为，自杀可以说是基本的罪。

如果人们研究自杀，则情形就像人们研究汞气，以掌握蒸气的本质一样。

或者自杀本身（Selbstmord an sich）也不是非善非恶的！

选译自《维特根斯坦全集》（八卷本），第 1 卷，
法兰克福，苏尔康普出版社。　先刚译。

《文化和价值》（1977）（节选）

一个新词犹如在讨论园地里播下的一粒新种。

我们正在与语言搏斗。

我们已卷入与语言的搏斗中。

语言给所有的人设置了相同的迷宫。这是一个宏大的、布满迷径错途的网状系统。看见一个接一个的人沿着同一条路走去，我们可以预见他在哪儿会走上歧路，在哪儿笔直走无需留意拐弯处，等等。我必须做的事是在所有交叉口竖立起路标，帮助人们通过危险地段。

哲学家们说："一个永恒的国度在死亡之后开始"，或者："一个永恒的国度在死亡之时开始"。他们忽视了"之后""之时""开始"等词的暂时意义。暂时性蕴藏于他们的文法之中。

自然界的奇迹。

有人会说，艺术给我们显示了自然界的奇迹。这是基于关于自然界奇迹的概念。（花恰好开放，它有什么奇迹般的东西吗?)我们说："正要看看它的开放!"

假如某人说，我们设想"甲的眼睛比乙的眼睛更含有美丽的神情"，那么，他根本不是在用"美丽"一词去形容通常意义上的美好事物。相反，他是在狭窄的意义上玩弄文字游戏。不过怎样证明这点呢? 我对"美丽"一词是否有特定的、严格的解释呢? 当然没有。——可是，也许我喜欢对眼睛的情美和鼻子的形美相比较。

因此，可以说：如果有一种两个词的语言使我在类似情况下不能参照普通事物的话，我在使用这两个特殊词中的一个时就不会有麻烦，而且我的意思也不会受到削弱。

如果我说甲的眼睛很美丽，有人会问：你看出他的眼睛美在何处？我可能回答：杏仁型、长睫毛、柔嫩的眼睑。这双眼睛与我所发现的美丽的哥特式建筑有何共同之处呢？它们使我产生了相同的印象吗？可以说在两种情况下我的手都企图拽住它们吗？无论如何，这是对"美丽"一词的狭窄定义。

通常可以说：去探讨你所谓善的、美丽的事物的原因，然后，在这个例子中"善"一词的奇怪文法就会一目了然。

为什么我不应在与言词原始的用法相抵触的用法上来应用言词呢？例如，当弗洛伊德渴望的梦为希望实现的梦时，他不是这样做的吗？这里的不同在哪里？从科学的观点看来，一种新的用法的合理性是被某种理论所证明的。如果这种理论是虚假的，这种新的扩大的用法就必须被放弃。但是，从哲学上来看，这种新的扩大的用法并不依赖于对自然过程的真实的或虚假的信念。事实不能证实这一用法的合理性。没有人能对这一用法的合理性以任何证实。

人们对我们说："你知道这个词是什么意思，不是吗？我也正是在你所熟悉的这种意义上使用它的。"（而不是"在那种特殊的意义上"）这种用法是把意义看作言词本身携带的并且在每种用法上都能保持的光环。

当我精心地镶嵌一幅画或者把它挂在适宜的环境时，我经常自豪地感觉到这幅画是我画的。这不十分正确：不是"自豪地感觉到它是我画的"，而是自豪地感觉到我协助完成了它，似乎我画了一小部分。这就像一个天资过人的植物管理员一样，他最后竟认为自己至少创造了一根草。可是，他应该明白，他是在一个完全不同的领域中工作。他甚至对最微不足道的小草的生长过程也全然无知，完全不懂。

当某人预言下一代人将接过这些问题，并着手加以解决时，这通常是一种渴望的思想，是一种谅解自己未能完成所应该完成的工作的方式。父亲希望儿子在他未能成功的领域里取得成功，从而使他留下的问题能最终得到解决。可是，他的儿子将面临新的问题。我的意思是：希望任务能够完成的愿望披上了预言下一代人将取得进展的假象。

运用精神分析法治疗就像食用树上的知识一般。已经掌握的知识给我们提出（新的）伦理问题，但它对问题的解决毫无帮助。

如果有人认为他解决了生命问题并自以为是地感到万事简单时，一旦他回忆过去未曾发现"答案"的时期，他就会明白自己错了。况且当时人们也可以生存。现在的答案似乎与当时的事物有偶然的联系。逻辑研究也是如此。假若存在解决逻辑（哲学）问题的答案，我们就需要提醒自己曾经有过问题得不到解决的时期。那时，人们一定已经懂得如何生存和思考了。

假如没有听说过耶稣怎么办？

我们会感到孤单地待在黑暗中吗？

能否像小孩知道房里有人和他做伴那样摆脱这种感觉吗？

在基督教中，上帝好像对人们说：不要演悲剧，就是说，不要在尘世里扮演天堂和地狱。天堂和地狱是我的事务。

我边看着科西嘉强盗的照片边沉想：他们的脸过于坚硬，我的脸过于柔嫩，因此基督教不能给他们打上标记。强盗的脸上凶相毕露，可是他们肯定不比我距离良好的生活更远，因为他们和我从生活的不同位置上得到拯救。

我也许正确地说过：早期的文化将变成一堆瓦砾，最后变成一堆灰土。但精神将萦绕着灰土。

一位忠实的宗教思想家如同一位走绳索者。在他看来：他差不多只是步行在空气之上。支撑他的是可以想象到的最纤细的东西。然而，步行在其上却真是可能的。

好的事物同样是神圣的事物。这虽然听起来令人奇怪，但却是我的道德观的总结。超自然事物才能表示超自然现象。

不可能引导人们到达善，只可能引导他们到达此地或者彼地。善在事实的范围之外。

一切伟大的艺术里面都有一头野兽：驯服。比如，门德尔松那里就有。一切伟大的艺术都把人的原始冲动作为低音基础。它们不是旋律（也许像它们在瓦格纳那里一样）。但是，它们是使旋律获得深度和力量的东西。

在这个意义上，门德尔松可以被称为"复制的"艺术家。——

人会把他自身的全部邪恶当作迷惑。

如果在生命中我们是被死亡所包围的话，那么我们的健康的理智则是被疯狂所包围。

"将这块肿瘤看成你的身体的完全正常的一部分吧!"有人能够如此俯首听命吗？我有随意决定获得或不获得关于我的身体的理想观念的力量吗？

在欧洲人的历史上，犹太人的历史没有按照他们对欧洲事务进行干预的实际成就被详细记载，因为在这种历史上，犹太人被看作一种疾病、一种畸形物。没有人愿意把疾病和正常的生命置于同等地位[没有人想说疾病和健康身体(甚至痛苦的身体)有同等权利]。

我们可以说：如果人们的身体的整个感觉改变了(如果身体的整个自然感觉改变了)，他们就只能把这块肿瘤看成身体的一个自然组成部分。否则，他们最好的办法是容忍这块肿瘤。

可以期望单个人表现出这种宽容或者漠视肿瘤这类东西；但是不能期望一个民族这样做，因为准确地说，对这类东西的漠视并不能造就一个民族。比如，期望某人既保留以前的对于身体的审美感，又要使肿瘤受欢迎，这两者是矛盾的。

当你不能解开一团缠结时，对你来说，最明智的事是去认识它，最体面的事是去承认它。[反犹太主义]

在哲学上，竞赛的获胜者是跑得最慢的人，或者最后到达终点的人。

哲学家的行为经常与小孩的行为差不多。小孩在一张纸上胡写乱涂后问大人："这是什么?"——事情经过是这样的：大人曾几次给小孩画图画，然后说："这是一个人"，"这是一幢房子"，等等。后来小孩也涂画了一些符号，问道：那么这是什么？

我应该只是一面镜子，因为我的读者可以通过这面镜子看到他的思想的全部缺陷，从而借助这个途径将思想端正。

节选自［奥］L. 维特根斯坦：《文化和价值》，北京，
清华大学出版社，1987。　黄正东、 唐少杰译。

《逻辑哲学论》（1922）（节选）

5.6. 我的语言的界限意味着我的世界的界限。

5.61. 逻辑充满着世界；世界的界限也是逻辑的界限。

因此我们在逻辑中不能说：这和这是世界上有的，而那是世界上没有的。

因为这显然以我们排斥一定的可能性为前提，而这是不可能的，因为否则逻辑就必须超出世界的界限；这就是说如果它也能从另一方面来考察这些界限的话。

我们不能思考的东西，我们就不能思考；因此我们不能说我们不能思考的东西。

5.62. 这个意见提供了一把钥匙，可以去解决唯我论（Solipsismus）在何种程度内是真理的问题。

实际上唯我论所指的东西是完全正确的，只是它不能说出来，而只能表明出来。

世界是我的世界这个事实，表现于此：语言（我所理解的惟一的语言）的界限，意味着我的世界的界限。

5.621. 世界和生活是一致的（Eins）。

5.63. 我就是我的世界（小世界[Der Mikrokosmos]）。

5.631. 没有思维着和设想着的主体。

如果我写一本书"我所发现的世界"。在这本书中也应该报导我的身体，并说明哪些肢体服从我的意志，哪些不服从，等等。这正是一种孤立主体的方法，或者不如说表明在某种重要意义上没有主体的方法：这就是说在这本书中不能单独谈到它。

5.632. 主体不属于世界，而是世界的一种界限。

5.633. 在世界上哪里可以指出一个形而上学的主体？

5.64. 这里我们看到了严格贯彻的唯我论是与纯粹的实在论一致的。唯我论的"自我"缩小至无延展的点，而实在仍然与它相合（koordinierte）。

5.641. 因此，真正有一种在哲学上可以非心理地来谈论的"自我"的意义。

"自我"之出现于哲学中是由于"世界是我的世界"。

哲学上的自我不是人，人体或心理学上所说的人的灵魂，而是形而上学的主体，是界限——而不是世界的一部分。

6.371. 整个现代世界观的基础是一种错觉：所谓自然规律是自然现象的一种解释。

6.372. 所以人们站在自然规律之前犹如站在神圣不可侵犯的东西面前，正如古代人之在上帝和命运面前一样。

他们却是正确的，又是错误的。但是古代人较为清楚，因为他们承认一个清楚的终点，而现代的体系把事情弄成像是一切都是可以解释的样子。

6.373. 世界是离我的意志而独立的。

6.374. 即使我所希望的一切事情都发生的话，这也只是所谓命运的仁慈，因为没有保证这一点的意志与世界的逻辑联系，而我们自己又不能希望所假定的物理的联系。

6.375. 因为只有一个逻辑的必然性，所以只有一个逻辑的不可能性。

6.3751. 比如，两种颜色在视野中不可能同时在同一个地方，这是逻辑上的不可能，因为这是为颜色的逻辑结构所排斥的。

让我们来考察一下这个矛盾在物理学中是怎样描述的。大体上是这样的：质点不可能同时具有两种速度，也就是说它不可能同时在两个地方，亦即同时在不同地点的许多质点不可能是同一的。

（两个基本命题的逻辑积可以既非重言式又非矛盾，这是很明白的。说视野中的一点同时有两种颜色，这种陈述是一种矛盾。）

6.4. 一切命题都是同等价值的。

6.41. 世界的意思必定是在世界之外。在世界中一切东西都如本来面目，所发生的一切都是实际上所发生的。其中没有任何价值，——如果它有价值的话，它就没有价值了。

如果有一个具有价值的价值，即它必定在一切所发生的事情之外，必定在实在（So-Seins）之外。因为一切所发生的和实在的都是偶然的。

使它成为非偶然的东西，不可能在世界之中，否则它又将是偶然的了。

它必须在世界之外。

6.42. 因此不可能有伦理的命题。

命题不可能表现更高的东西。

6.421. 伦理学是不能表述的，这是很明白的。

伦理学是超验的。

（伦理学和美学是一个东西。）

6.422. 设定"你应当……"形式的伦理学规范的第一个思想是："如果我不这样做将怎样呢？"伦理学同通常意义的奖惩没有关系，这是很明白的。因此这个关于行动后果的问题是无关紧要的。至少这些后果不是事件。因为在这种问题的提法中毕竟有某些东西是正确的。必定有某种伦理学上的奖惩，但这必须在行动本身之中。

（奖，必须是某种可接受的事情，惩必须是某种不能接受的事情，这也是很清楚的。）

6.423. 作为伦理学的担当者的意志是我们不能谈的。

意志，作为一种现象，只有心理学才感兴趣。

6.43. 如果善良的意志或邪恶的意志能改变世界的话，它只能改变世界的界限，而不能改变事实：不能改变用语言能表现出来的东西。

简言之，在这种情况下世界必定成为另一种样子。它应当可以说作为整体而缩小或增长。

幸福的世界完全不同于不幸福的世界。

6.431. 正如在死时，世界也不是改变，而是消灭。

6.4311. 死不是生命的事件。人是没有体验过死的。

如果把永恒理解为不是无限的时间的持续(Zeitdauer)，而是理解为无时间性(Unzeitlichkeit)，则现在生活着的人，就永恒地活着。

我们的生命是无止境的，正如我们的视野是没有界限的一样。

6.4312. 人类灵魂时间上的不朽，也就是说死后的永恒的生命，不仅是无法保证的，而且这种假定本身首先对于人们常常用来借以达到的那种东西来说是根本不能实现的。我将永远活下去，这一点是否能把谜解开呢？这种永恒的生命不是同我们现在的生命一样是谜吗？生命在空间和时间中的谜之解决，是在空间和时间之外的。

（这里应该解决的不是自然科学的问题。）

6.432. 世界是怎样的，这对于更高者(das Hohere)来说是完全漠不相关的。上帝是不在世界上显现的。

6.4321. 一切事实只属于任务而不属于解决。

6.44. 神秘的不是世界是怎样的，而是它是这样的。

6.45. 从 sub specie aeterni(永恒观点)来直观世界，就是把它当作有限的整体来直观。

把世界当作有限的整体的感觉是神秘的感觉。

6.5. 对于不能表达的解答来说，人们也不能把问题表达出来。

这种谜是不存在的。

如果一般地能把问题提出，则也能对它加以解答。

6.51. 怀疑论并不是不能驳斥的，而是如果它在不能提出疑问的地方想表示怀疑，显然是没有意思的。

因为疑问只存在于有问题的地方；只有在有解答的地方才有问题，而这只有在有某种可以说事情的地方才有。

6.52. 我们觉得即使一切可能的科学问题都能解答，我们的生命问题还是仍然没有触及。当然不再有其他问题留下来，而这恰好就是解答。

6.521. 人们知道生命问题的解答在于这个问题的消灭。

（这难道不是在长时期怀疑之后才明白生命的意义的人们却还不能说出这个意思究竟何在的原因吗？）

6.522. 确实有不能讲述的东西。这是自己表明出来的；这就是神秘的东西。

6.53. 真正说来哲学的正确方法如此：除了能说的东西以外，不说什么事情，也就是除了自然科学的命题，即与哲学没有关系的东西之外，不说什么事情；于是当某人想说某种形而上学的东西时，总是向他指明，在他的命题中他并没有赋予某些记号以意义。这个方法对于别人是不能满意的，——他不会有我们在教他哲学这种感情，——但是这是惟一严格正确的方法。

6.54. 我的命题可以这样来说明：理解我的人当他通过这些命题——根据这些命题——越过这些命题(他可以说是在爬上梯子之后把梯子抛掉了)时，终于会知道是没有意思的。

他必须排除这些命题，那时他才能正确地看世界。

7. 一个人对于不能谈的事情就应当沉默。

节选自［奥］L. 维特根斯坦：《逻辑哲学论》，北京，
商务印书馆，1996。 贺绍甲译。

《哲学研究》（1951）（节选）

讲出许多美学上的细微差别是可能的——而这一点很重要。——当然，你说的第一件事可能只是："这个字词适合，那个不适合"——或者诸如此类的东西。但然后你就可以讨论每一个字词造成的所有外延分支的联系。最初的判断不是事情的终结，因为具有决定性的是一个字词的力量范围。

"那个字就在我的舌尖上。"我的意识中正在发生什么？这根本不是要点。无论发生什么都不是这句话所表达的意义。更令人感兴趣的是我的行为发生了什么。"这个字就在我的舌尖上"告诉你的是：属于这里的那个字逃离了我，但我希望很快发现它。除此之外，文字表达并不比某些无言的行为做的更多。

詹姆斯①在写到这个题目时想要说的是："多么神奇的经验！虽无文字，文字却在某个意思上已经在那里了。——或者某种东西已经有了，该东西只能变成这个字词。"但这根本不是经验。把它解释成经验的确看起来很古怪。就像把意图释解成行动的伴随物一样；把负一译解为一个自然数也很怪。

"它就在我的舌尖上"这句话同"现在我知道怎么继续下去了"一样，都不是一种经验的表达。——我们在某些情形下使用它们，而

---

① 詹姆斯（Henry James）：美国心理学家。

且它们由某种特殊的行为所包围，也由某些特有的经验所包围。特别是，往往紧接着便是找到了那个字词。（问问你自己："假如人类永远也没有找到舌尖上的那个字词会是什么样子？"）

不出声的"内在"言语并非一个半隐蔽的现象，仿佛带着一层面纱。它毫不隐蔽，但这个概念很容易使我们糊涂，因为它与"外在"过程的概念平行却又不同它吻合。

（喉咙的肌肉是否随着内在言语振动等类似的问题一定很有意思，但并不是我们探讨的范围。）

"内在地说"和"说"之间的密切关系表现在把内在地说的内容大声说出来的可能性和伴随着内在言语的外在行动的可能性上。（我可以内在地唱歌，或默读，或心算，并且在这样做时用手打节拍。）

"但内在地说一些事情当然是我必须学会做的某个活动！"不错，但在这里什么是"做"什么是"学"？

让字词的用法教给你它们的意义吧。（同样，我们在数学中也可以说：让证明教给你所证明的东西吧。）

"那么，我心算的时候，不在真正地算吗？"——这是你自己在区别心算和可感知的算！但你只能通过学会什么是"计算"才能学会什么是心算；你只能通过学习计算才能学习心算。

当我们喃喃地（闭着嘴唇）重复语句的声调时，我们可以在心中非常"清晰地"说这些事情。喉咙的运动也有助于此。然而奇妙的事正是我们这时在想象中听见了谈话，而并非只感觉到了谈话的轮廓，即在喉咙中的感觉。（因为我们也可以想象人类随着喉咙的运动做无声的计算，正如人们可以扳着手指头计算。）

一种假设，假如说某某东西在我们进行内在计算时在我们的身体内进行，只有在指向"我对自己说……"这句话的可能用法时，才使我们感兴趣；即通过这种表达法推断出生理学过程的假设。

别人对自己说的话对我是隐蔽的，这是"内在地谈话"的一部分概念。只是"隐蔽"在这里是个错误的词；因为如果这对我是隐蔽的，那么就应该对他是明显的，他就一定会知道它。然而他并不"知道"它；只对于我存在的疑问，对他不存在。

"别人对自己心里说的任何事对我都是隐蔽的"当然也可能意味着：我基本上猜不出来，也无法根据他喉咙的运动（譬如）看出来（这会是一种可能性）。

"我知道我要什么，期望什么，相信什么，感觉什么……"（以此类推至所有心理学的动词）不是哲学家的胡说，便绝对并非是一个先验判断。

"我知道"的含义可以是"我不怀疑……"，但并不意味着"我怀疑……"这些字词无意思，以及怀疑从逻辑上排除了。

一个人说"我知道"的地方，也可以说"我相信"或"我怀疑"；这里说的都是可以搞清楚的事情。（如果你用"但我必须知道我是否疼"、"只有你才能知道你是什么感觉"等类似的话来反驳我，你应该考虑一下使用这些话的场合。"战争就是战争"也不是同一律的例子。）

我们可以想出一个例子，其中我可以证明我有两只手。然而通常我却办不到。"但你只要把两只手举到眼前就可以了！"——如果我现在在怀疑我是否有两只手，我也不必相信我的眼睛。（我也许会干脆问一个朋友。）

与此相联系的事实，例如"地球已存在几百万年"这个命题比"刚才的五分钟内地球存在着"的意思明确。因为我会问那个说出第二个断言的人："这个命题指的是何种观察，什么样的观察可以用来反驳它？"——而我却知道第一个命题包含的观念和观察。

"新生儿没有牙齿。"——"鹅没有牙齿。"——"玫瑰没有牙齿。"——反正这最后一个命题，——有人会说——显然是真实的！它甚至比鹅没有牙齿更确定。——然而它却一点也不明确。因为一朵玫瑰的牙齿应该长在哪里呢？鹅的口中没有牙齿。它的翅膀下当然也没有，但人们在说它没有牙齿时指的并不是这里。——啊唷，假设有人说：牛嚼过了食物然后又排泄给玫瑰，因此玫瑰的牙齿长在动物的嘴里。这并不荒谬，因为人们事先并没有在玫瑰的什么地方找牙齿的概念。（与"别人身上的疼"的联系。）

我可以知道别人在想什么，但无法知道我在想什么。

说"我知道你在想什么"是正确的，而说"我知道我在想什么"是错误的。

（整个哲学的云雾凝结为一滴语法。）

"一个人的思想在他的意识中隔离地进行，与它相比较，任何物理的隔离都是向公众的展示。"

假如有一种总是会阅读别人无声的内心语言的人——譬如通过观察喉咙——他们是否也会想完全隔离这图画呢？

假如我用一种在场的人听不懂的语言大声对自己讲话，我的思想对他们来说就是隐蔽的。

假设有个人，他总是能猜对我在思想中对自己说的话。（他是如何做到的暂且不管它。）但他猜对的标准是什么？唔，我是个很可靠的人，我证明他猜得对。——但难道我不会弄错吗？我的记忆是否会欺骗我呢？当我表达我自己的心里想的话时（不说谎），是否会始终都是这种情况呢？——但现在情况的确是："我的心里发生的东西"根本不是要点。（在此我画的是一条结构线。）

我如此如此想过的坦白，其真实性的标准并不是对一个过程真实描述的标准。真正坦白的重要性并不在于它是对一个过程的某一正确报告，而在于能从该坦白中产生的特殊结果。他的真实性由真实的特殊标准做担保。

（假定梦可以提供关于做梦人的重要信息，该信息提供的东西将会是梦的真实说明。至于做梦人醒来以后报告梦时的记忆是否会欺骗他，这个问题不会出现，除非我们真的为报告和梦的"一致"制定了一个全新的标准。该标准在此给了我们有别于"真实性"的"真实概念"。）

有一种"猜思想"的游戏。它的一种形式是：我用一种B不懂的语言告诉了A某件事。B要猜出我的话的意思。——另一种形式：我写下另一个人看不见的句子。他要猜出这个句子中的字词或它们的意思。——还有一种：我在玩拼图玩具，另一个人看不见我但可以不时地猜出我的想法并把它们说出来。譬如，他说"那一块到哪里去了？"——"现在我知道怎么拼了！"——"我不知道这里应该怎么拼，"——"天空是最难拼的部分"，等等——但我这时既不需要大声对自己说，也不需要无声地对自己说。

这些都是猜思想，实际上它并没有发生，这一事实并不使思想比看不见的物理过程更隐蔽。

"内在的东西隐藏起来我们看不见。"——未来隐藏起来了我们看不见。但当天文学家在计算日食时他是否这样想呢？

如果我看见某人因为明显的原因疼得直打滚，我不会认为：都一样，反正他的感觉对我是隐蔽的。

　　我们也说一些人对我们是透明的。然而，对于这个观察来说，重要的是一个人对另一个人完全可以是一个谜。当我们来到一个传统完全不一样的陌生国家时，就可以了解这一点。而且，更有甚者，即使掌握了该国家的语言时也是如此。我们并不了解当地的人。（并不是因为不知道他们在对自己说什么。）我们找不到同他们一致的尺度。

　　"我无法知道他的内心里在进行什么"只不过是一幅图画。这是一种确信的令人信服的说法。它并没有给出确信的理由。它们并不是唾手可得的。

　　假如一头狮子会讲话，我们也无法理解它。

　　把猜思想设想为猜意图是可能的，但设想为猜一个人实际准备要做的事也是可能的。

　　说"只有他知道他的意图"是胡说；说"只有他知道他要做什么"是错误的。因为包含在我的意图表达中的预见（例如"一到五点钟我就回家"）不需要实现，而别人可能知道真的会发生什么。

　　然而，有两点很重要：第一，在许多情况中别人无法预言我的行动，而我却在意图中可以预见到；第二，我的预言（在我的意图表达中）同别人预言我要做什么有着不同的基础，而从这些预言中得出的结论是很不同的。

　　我可以对别人的感觉同对任何事实一样确定。但这并不能使以下命题："他很沮丧"，"$25 \times 25 = 625$"，"我六十岁"成为类似的工具。这个解释本身暗示确定性的本质不同。——这似乎在指向一种心理差异。但这种差异是逻辑的。

　　"可是，如果你是确定的，你这不是在怀疑面前把眼睛闭上吗？"——眼睛是闭着的。

　　我对这个人是否疼不如对二加二等于四那样确定吗？——这是否表明前者是一种数学的确定性？——"数学的确定性"不是一个心理学的概念。

　　确定性的种类便是语言游戏的种类。

　　"只有他才知道自己的动机"——这表达了我们问他他的动机是什么这个事实。——如果他诚实，他会告诉我们；但是要猜他的动机，光有他的诚实还不够。正是在这里同知道的情况有一种亲缘关系。

　　让你自己对存在着"坦白自己的行动动机"的语言游戏这回事感

到震惊吧。

我们未意识到一切日常语言游戏的惊人多样性，因为我们的语言外衣使得一切相似。

某些新的东西（自发的，"特定"的）一定是一种语言游戏。

原因和动机之间的差别是什么？——动机是如何发现的，原因是如何发现的？

有这种问题："这是一种判断人的动机的可靠方式吗？"但为了能够问这个问题，我们必须知道"判断动机"是什么含义；而我们并非是由别人告诉我们什么是"动机"，什么是"判断"学会这些的。

我们判断一根棍子的长度，而且可以寻找并找到某种更精确或更可靠的判断方法。所以——你说——这里所判断的东西独立于判断它的方法。什么是长度不能由决定长度的方法来定义。——这样想就是犯了一个错误。什么错误？——说"勃朗峰的高度取决于人们如何攀登它"会很奇怪。而我们想拿"长度渐进的精确度量"同越来越接近一个目标相比较。但在某些情况下"越来越接近一个目标"的含义是明确的，但在某些情况下却不明确。"决定长度"的含义并不是通过学会长度和决定学会的；"长度"一词的含意是通过学会（除了其他东西以外）决定长度是什么而学会的。

（为此理由，"方法学"一词有双重含义。不仅是物理探讨，概念探讨，也可以称作"方法学的探讨"。）

我们有时想把确定性、信仰称为思想的声调和色彩；而它们确实也在声音的调子中得到表达。但不要把它们想成我们在讲话或思想时所有的"感情"。

不要问："当我们确定……时，我们的内心在进行着什么？"——而要问："确定这是如此"是如何在人类的行动中展现出来的？

"虽然你可以完全确定某人的心态，它仍然始终是主观的确定，而不是客观的确定。"——主观与客观这两个词展现了语言游戏之间的不同。

对一种正确的计算结果（譬如一串较长的加法运算）可以有争论。但这种争论比较少有，而且持续的时间很短。它们可以，按我们的说法，"带着确定性"被解决。

一般来讲，数学家不会为计算结果而争吵。（这是个重要的事实。）——假如事情是相反，例如一个数学家确信，一个数字被不知不觉地改变了，或者他的或别人的记忆被欺骗了，等等——那么我们的"数学确定性"概念便不会存在。

即使始终可以说："不错，我们永远也不会知道计算结果是什么，但尽管如此，它必定有一个确定的结果。（上帝知道该结果。）数学的确具有最高的确定性——尽管我们对此只有一种粗略的反映。"

但我是否竟然试图说数学的确定性建立在墨水和纸张的可靠性之上呢？不是。（那会是一种恶性循环。）——我并没有说数学家为什么不争吵，而只是说了他们不争吵。

你无法用某种纸张和墨水计算，这无疑是真的。也就是说，假如这种纸张和墨水可以发生某种奇怪的变化——但它们变化的事实也同样只有能从记忆和比较其他方式的计算得知。而这些是如何逐个检验出来的呢？

必须接受的，被给予的，是——我们可以这么说——生活形式（Lebensformen）。

说人们一般对颜色的判断一致是否有意思？如果不一致会是什么样子？——一个人会说花是红的，另一个人会说花是蓝的，如此等等。——但我们有什么权利称这些人的词语"红"和"蓝"是我们的"色彩词"？——

他们会怎样学会使用这些字词？他们所学的语言游戏是否仍然是我们称之为"色彩名称"的用法呢？这里显然有程度的差异。

然而，这种考虑也必须应用于数学。假如没有完全的一致，人类谁也学不会我们学会的技巧。有些会或多或少地不同于我们的技巧，有些会完全认不出来。

"但数学真理独立于人类知道与否！"——当然，"人类相信二加二等于四"和"二加二等于四"的命题并没有同样的含义。后者是数学命题；而前者，假如有点意思的话，也许意味着：人类已经达到了数学命题。这两种命题有着完全不同的用法。——但这句话的含义是什么，"尽管每个人都相信二加二等于五，它仍然是四？"——每人都相信此是什么样子呢？——唔，譬如，我可以想象人们有不同的计算法，或我们不应该称为"计算"的技巧。但它是否会错呢？（一个加冕典礼会错吗？对于不同于我们的生灵来说。这个加冕典礼也许会看起来格外奇怪。）

当然，在一个意思上数学是知识的一个分支，——但它也仍然是一种活动。而"假动作"只能作为例外存在。因为如果我们现在称为"假动作"的东西成了规则，它们原是假动作的游戏就会被取消。

"我们都学习同一个乘法表。"无疑，这可能是学校里教算术时说的一句话，——但也是对于乘法表概念的一种观察。（"在赛马中，马一般都尽量地快跑。"）

有色盲这回事而且也有测定色盲的各种方式。被诊断为正常的人对色彩的判断总得有完全的一致协定。这描绘了色彩判断概念的特征。

对于一种感觉表情是真是假的问题，并没有这种一致的协定。

我敢确定，确定，他不是在假装；而另一个人并不这样确定。我始终能够说服他吗？而假如不能的话，是否他的推理和观察中有什么错误呢？

"你们真糊涂！"——当别人怀疑我们认为是显然真实的东西时我们便这样说——但我们无法证明任何东西。

对于感觉表情的真实性，是否有"专家判断"这回事呢？——即使在这里，也是有些人的判断"较好"，有些人的判断"较差"。

正确的预测往往来自比较了解人类的判断。

我们能否学会这种知识呢？能，有些人能。但不是选了一个课来学，而是通过"经验"。——一个人能否教另一个人这种知识呢？当然能。他不时地给他正确的提示。——这里的"学"与"教"便是这个样子。——一个人在此学到的不是一种技巧；而学的是正确的判断。规则也是有的，但不成为体系，只有有经验的人才能正确地应用这些规则。不同于计算规则。

这里最难的事是把这种不确定性（unbesfimmtheit）正确无误地用文字表达出来。

"一种表情的真实性无法被证明；只能来感觉它。"——好吧，——但我们对这种真实性的识别下一步应做什么呢？如果某人说"Voila ce que Peut dire un coeur vraiment épris"①——而如果他同

---

① 法语，意为：这些话发自一颗真正热爱的心。

时也想起了另外一个人——进一步的后果是什么？或者毫无后果。那么游戏是否以一个人欣赏另一个人不欣赏的东西结束呢？

当然会有后果，但却是一种弥漫散开的后果。经验，即不同的观察，可以告诉我们这些后果，而这些后果也不可能有普遍形式；只有在支离破碎的情况下，我们可以获得一个正确而有效的判断，建立起一种有结果的联系。而所能得出的最一般评论很像是一个体系的碎片。

用证据使我们相信某人处于某种心态是可能的。譬如，说他不是在假装。但这里的"证据"也包括"无法测定"(unwägbare)的证据。

问题是：无法测定的证据能做什么？

假设一种物质的化学(内在)结构有无法测定的证据，它仍然要由某些可以测定的后果来证明它是证据。

（无法测定的证据可能会使某人确信一幅图画是真的……但由文件记录的证据证明它正确也是可能的。）

无法测定的证据包括一瞥，一势，一个音调的微妙之处。

我也许能识别出一个真正爱慕的目光，把它同假装的相区别（而这里当然有对我的判断"可测"的证实）。但很可能描绘不出它们的差异。而这并不是由于我知道的语言中没有这些字词。因为如果是这样的话为什么不引入新词汇呢？——假如我是个很有才能的画家，我会在画中清楚地再现这个真实或假装的目光。

问问你自己：一个人是如何学会"嗅"出某件事的？而这个嗅是如何使用的？

当然，假装只是一个人在不疼时做出疼的表情（比方说）的一种特殊情况。因为如果这是可能的，为什么发生的往往是假装——这个在我们生活织物上非常特殊的图案呢？

儿童在会假装之前有许多要学的东西。（一条狗不会是虚伪的，但它也不会是诚实的。）

实际上会出现这种情况：我们说"这个人相信他在假装。"

节选自［奥］L. 维特根斯坦：《哲学研究》，北京，生活·读书·新知三联书店，1992。汤潮、范光棣译。

[德]石里克(Friderick Albert Moritz Schlich, 1882—1936)

《伦理学问题》(1930)(节选)

《伦理学问题》（1930）（节选）

一、伦理学的目的是什么？

伦理学问题关涉何种对象或对象领域呢？这种对象的名称多种多样，我们在日常生活中又经常使用它们，因而人们可能认为我们应当确切地知道这些名称指的是什么。伦理学问题涉及"道德"或道德上"有价值的东西"，涉及作为人类行为的"标准"或"规范"的东西，涉及"要求于"我们的东西。或者用最古老、最简单的字眼来称呼它，伦理学问题是关于"善"的问题。

那么对于这个对象，伦理学做些什么呢？这个问题我们已经回答过：伦理学力求理解它，即获得关于它的知识，此外在任何情况下它都不会也不能做任何别的事情。因为伦理学在本质上是理论或者知识，它的任务就不能是产生道德，或者建立道德，或者用道德去指导生活。它没有产生善的任务——无论从它的职责是使善成为人类生活的现实这个意义上说，还是从它必须对"善"这个词应该是什么意思作出规定或裁决这个意义上说，都没有产生善的任务。它既不创造概念，也不创造概念所适用的对象，也不提供把概念运用于对象的机会。它在经验中发现所有这一切，正如每门科学都在经验中发现它研究所需的材料一样。显然，没有哪门科学可以有任何别的来源。有一种可能导致错误的观点（由"新康德主义者"所倡导的)认为，科学的对象不是简单地"被给予"科学的，倒是对象自身总是"作为问题被给予的"，这种观点也不能使人们否认，谁要是希望了解某个事物，他就必须首先知道他希望了解的东西是什么。

那么，伦理学的"善"是在哪里被给予又怎样被给予的呢？

关于这一点，我们必须从一开始就明确，同所有其他科学一样，这里也只有一种可能性。只要哪里出现了被知对象的事例，那里就一定会呈现某种迹象(或一组迹象)，表征那个事物或现象是属于某个特定种类的事物或现象，从而以一种特别的方式把它同其他种事物与现象区别开来。如果不是这样的话，我们就没有可能也没有必要用一个专门的名字称呼它了。在进行交流的谈话或文章中使用的每一个名词，都必须有可以指示出来的意义。这是不言而喻的，对于其他科学的对象来说也是毫无疑问的——只是在伦理学中有时被遗忘了。

我们来考查一下伦理学之外的几个例子吧。生物学，即关于生命的科学认为，它的领域是由一组属于一切有生命的东西的特性(特殊种类的运动、繁殖、生长等)来规定的，这些特性由于每天都观察得到而显得非常突出——撇开某些反例不谈——所以生物和非生物之间的差别，不使用任何科学的分析也可以十分清楚地辨别出来。正是由于这个缘故，生命的概念形成得最早，并得到了它的专有名称。如果说生物学家为了把生命现象纳入一般规律，随着知识的不断进步成功地建立起了新的、更加清晰的生命定义的话，那么这仅仅只是意味着生命概念更加精确了，或许还有所扩大罢了，但并没有改变它的最初的意义。

与此相类似，在关于光的科学即光学产生之前，"光"这个词就有了确定的意义，并且正是这个意义决定了光学的主题。当时辨别光的标志是直接经验，我们称之为"光感觉"，就是说，它是只能为感知者所知道的、不可能进一步定义的意识材料，出现这种材料——也撇开反例——就表示有构成光学主题的那些事件存在。现代发展了的光学是关于伦琴射线和无线电波的科学(因为它们的规律同光的规律是同一的)，这个事实也扩大了"光学"这个词的意义，但也并未改变它的基础。

因此，"道德的善"这个表达式确实是有意义的，我们也一定能用类似于人们发现"生命"或"光"这个词的意义所用的方式，去发现它。不过许多哲学家认为这是伦理学的一个严重困难（实际上是惟一的困难），所以他们主张发现"善"的定义就是伦理学的惟一任务。

（甲）关于善的定义

上述主张可以有两种解释。第一，它的意思可能是说，哲学家的任务完全只在准确地描述道德意义上的"善"（good）——或 bon 或 gut 或 buono 或 αγδνόυ——这个词实际使用时的含义。这时关心的只是把已经是众所周知的意义弄个清楚，用别的词语对这个意义作严格的表述〔假如这个意义不是众所周知的，人们就会连"善"（good）这个词是"bonum"的翻译都不知道了〕。但这真是伦理学的目标吗？借助定义来陈述一些词语的意义（正如 G. E. 摩尔在他的《伦理学原理》一书中以类似的方式所强调的那样），这是语言科学的事情。我们真的要相信伦理学是语言学的一个分支吗？因为"善"的定义中隐含着许多我们在其他的语词中绝不会遇到的困难，（伦理学）就可能是一个业已从语言学中分化出来的分支吗？整门科学必须做的事只不过是寻找一个概念的定义，这可真是太奇怪了！在任何情况下人们都只是对定义感兴趣吗？定义终究只是达到目的的手段，是真正的认识任务的开端。如果伦理学追求的竟只是一个定义，那它至多不过是一门科学的引言，哲学家就只是对在它之后的部分感兴趣了。不，真正的伦理学问题一定是完全不同的。即使伦理学的任务可以说成是陈述善"究竟是"什么，也不能把这种陈述理解为仅仅只是规定一个概念的意义（正如光学追问的不仅仅只是一个"光"的定义）。相反，伦理学的任务必须理解为进行解释，亦即对善作完全的认识——这种认识把善这个概念的意义作为已知的前提，然后使它与别的东西联系起来，在更加一般的联系中安排它的次序（正如光学研究光的情况一样，那也是指出光在包括光自身这一众所周知的现象在内的自然现象领域中的地位，十分详细地描述它的规律，承认这些规律和某些电现象的规律具有同一性，从而告诉我们光"究竟是"什么）。

第二，认为伦理学的目标就是正确地规定"善"的概念，这个观点也可以解释为伦理学不是要阐述善这个概念的内容，而是要赋予它某种内容。这正是我们一开始就认为完全没有意义的那个观点。这就意味着，善的概念是哲学家制造的，或者说创造的，在还没有哲学家的时候，就只有"善"这个词而已。所以哲学家当然只好把善的概念完全任意地发明出来（但是，在表述他的定义的时候，哲学家并不能完全任意地进行，因为他要受制于一些规范，一些指导原则。所以善的概念该是早就由那些规范决定了，哲学家只是必须找到它的一种表述罢了。这是我们早先就考虑过了的情况）。但是，要求伦理学仅仅只是去任意地规定一个词语的意义，那是十分荒谬的。那绝不会得到什么成绩。即使是预言家，新道德的创造者，也绝不能建立起一个新的道德概念，而只能以这样一个概念为前提，并且断言只有不同于人们迄今一直信奉着的行为方式的其他行为方式才属于这个新的道德概念。用逻辑的术语来说就是，预言家认为，这个已经获得承认的概念的内容，具有不同于人们设想的辖域。只有一些可能是有意义的，那就是：预言家宣称："你们一直当作'善'的（东西），其实并不是'善'，只有另一种才是'善'！"

因此，我们认为，绝不应该把表述道德上的善的概念当作伦理学的最终任务，这个观点是站得住的。表述善的概念只能看作一种准备。

确实，不应该忽视这个准备，伦理学不应当取消这个规定其概念的意义的任务，虽然我们已经说过，"善"这个词在一种意义上说可能被假定为已知的。

（乙）善是不可定义的吗？

借口"善"是一个意义单纯而不可分析的、因而不可能加以定义（即不能说出其内涵）的语词，于是放弃规定它的意义这个任务，那是非常危险的。这里要求的倒不必是"善"这个词的严格的定义。只要指出我们是怎样知道这概念内容的，说明为了掌握它的内容该做些什么，也就足够了。严格说来，确定"绿"这个词的意义也是不可能的——但我们仍然能够把它的意思规定得很明白，例如说它是一种夏天的草地的颜色，或者指某种树的叶子。前面我们提到过，给我们提供光学的基本概念的"光感觉"，也不是可定义的，而我们却能准确地知道它指的是什么，因为我们能够给出我们产生光感觉的严格的条件。同样地，在伦理学中虽然它的基本概念是不可定义的，但我们也一定能够给出应用"善"这个词所必需的严格的条件。采用这种方式，决定任何一个词的意义都是可能的，不然的话，词语就会根本没有意义了。这种意义甚至一定能够容易给出，并不是非有深奥的哲学分析不可，因为这里牵涉的只是事实问题，就是说，只是描述实际使用"善"这个词(或它在其他语言中的同义词，或它的反义词"恶")的时候所需要的条件。

对于许多哲学家来说，要是不立即发明出一种理论来描述事实，那么即使暂时地注意事实的领域，也是很困难的。因此，认为伦理学基本概念，也像光学基本概念那样规定，这种理论不断地被提了出来。正如我们把一种特别的感觉(即视觉)作为对于光的知觉一样，这里同样假定有一种特别的"道德感觉"指示着善和恶的存在。这样，善和恶就将是客观的性质，确定和研究这种客观性质就会像光学研究物理事件并把这些物理事件看作光感觉的原因一样。

这种理论当然完全是假设的，因为道德感觉只是设定的，不能像指出人的眼睛一样，也把它的器官指示出来。但这个假设本身也是错误的，它并不能说明人的道德判断为什么会有许多变化。即使再进一步假设道德感觉在许多人中很不发达或者完全缺乏这种感觉，那也仍然不足以解释这种变化。

伦理学主题的突出特点并不在于它是一种特殊的知觉对象。其实并不需要作任何人为的假设，只要指出某些已知的事实，它的特点就可能显露出来。并且这也可以用不同的方式进行。有两种彼此有区别的方式：第一种方式寻求的是善和恶的外部的、形式上的特点，按第二种方式，则可以探索某种实质的特点，内容方面的特点。

(丙)善的形式上的特点

善的形式上的特点在于：善总是显现为某种被要求，或被命令的东西；恶则显现为某种被禁止的东西。康德把他的道德哲学的全部重心都放在这个特点上，并且由于他的雄辩而使这个特点很出名。善行是要求于我们或希望于我们做的那一类行为，或者像康德以来人们通常所说的那样：我们应该做的行为就是善。而要求、请求或者欲望(desire)，是有要求、请求或欲望的人提出来的，所以道德律的创造者必定也是给定了的，这样才能借助于要求的形式上的属性，使特征的刻画成为清楚明确的。

这里有着各种不同的意见。在神学伦理学中，这个创造者是上帝。按照其中的一种解释，善之所以为善，就是因为上帝希望于它。这样，善的形式上的特点（作为上帝的命令），该是表达了善的真正的本质。按照另一种也许深刻一点的解释，上帝所以希望善，那是因为它就是善。在这种情况下，善的本质必须由某些先于和独立于那些形式规定的实质性品格给出。在传统哲学的伦理学中，流行的意见有许多种，比如，主张善的创造者是人类社会（功利主义）或者积极的自我（幸福论），甚至主张善没有创作者（绝对命令论）。康德关于"绝对应当"（"absolute ought"）亦即关于没有命令者的命令的学说，就是从这最后一种意见出发的。他的伦理学思想的一个最大的错误，就在于他相信，只要阐明了道德善的纯形式特性，也就穷尽了这个概念的全部内容，也就是说，除了是被要求的、"应该的"之外，善就没有任何别的内容了。

（丁）善的实质的特点

我们的观点与康德的意见相反。揭示善的形式上的特点，只是决定善的内容亦即阐述它的实质特点的一项准备工作。如果我们知道了善是所要求的，我们一定还会问：那么它实际上要求什么呢？为了回答这个问题，我们必须转而研究提出要求的人，并去调查他的意愿（Will）和欲望，因为他的欲求的内容正是他期望发生的事情。当我把某个行动作为行"善"推荐给别人时，我就表达了我意欲该行动发生这个事实。

只要立法者不是确定已知的，我们就必须如其一般被遵守的那样对待法律，按照我们在人们中所见那样表述道德准则。我们必须去发现的是：不同的人们在不同的时间，不同的智者或宗教著作家把什么样的行动方式（或意向，或者随便使用什么术语）称为"善"。只有通过这一途径，我们才会真正达到对善这个概念的内容的理解。从这样的内容出发去论证立法的权威，也许是可能的，如果这个权威不能用别的方法来树立的话。

在搜集包含某些被认定为道德上善的东西的个别事例时，我们必须寻找它们的共同因素，亦即那些使这些事例显得彼此一致和互相类似的特性。这些类似的因素就是"善"概念的特性。它们构成了善概念的内容，并且，为什么"善"这同一个词会使用在各种不同的情况，其理由就在这些因素之中。

是的，人们会立刻遇到许多找不到共同之点、其间似乎完全只有差异的例子；同一事物——例如，一夫多妻或一妻多夫制（polyga-my）——可能在一个社会中被认为是道德的，在另一个社会中又被认为是犯罪行为。这有两种可能性。第一，可能存在着若干个根本不同的"善"的概念（它们在纯形式的特性方面又是一致的；即都是以某种方式"被要求"的）；如果是这样，就不存在惟一的道德，而是有许多种道德。或者第二，也可能是，各种道德判断的分歧只是表面上的，而不是根本的，就是说，这些判断归根结底都是指向同一个目标，但是，在关于用怎样的方式导向这个目标以及应该要求人们作出怎样的行为这些方面，又表现出意见的分歧。（例如，一夫多妻制或一夫一妻制都并非仅就其自身被判定为道德的。这里评价的真正对象也许是家庭生活的和睦，或两性生活的最少烦恼的状态。某个人相信这种目的只有通过一夫一妻制才能达到，于是就认为这种婚姻在道德上是善的；另一个人相信只有一夫多妻制才能达到这种目的，就认为多配偶婚姻是善的。可能一个人是正确的，另一个人错了。但他们的分歧并不在于他们的最后评价不同，而只是由于他们的观察力，即判别能力不一样，或者经验不一样。）

人们中间是否实际上存在着许多种彼此互不相容的道德，或者道德领域中的差别是否只不过是表面上的，因而哲学家在每种场合仍然能够透过道德的各种伪装和假面具，发现那惟一的善的本来面目，这两种说法究竟哪一种合乎实际，我们现在还不能决定。但无论如何，总还是存在着承认道德判断一致性的广阔领域。我们归到诚实可靠、乐于助人、和蔼可亲这些美名之下的那些行为方式，总是到处被判定为"善"，而诸如偷窃、谋杀、好争吵等，则一律被认为是"恶"。所以，关于各种不同行为方式的共同特性的问题，是可以得到实际上普遍有效的回答的。如果这样一些共同的特性被发现适合于一大批行为，那么，人们可能就会致力于"例外"和不规则性，就是说，同一行为在不同时间和不同的人们中间引发出不同的道德判断的例子。这里人们会发现，可能的情形是：或者，这种判断并没有与所有通常情况下作出的判断不同的根据，只是这种根据比较深远、比较隐蔽罢了；或者是被运用到了变化了的情况；或者人们就得注意这样一个事实，即表明"善"这个词还有另外新的意义，或有两种以上的歧义。最后，有某些个别人物对于善和恶的意见，和他们同一时代、同一社会中的人们的意见不同，这当然也偶尔有之。如果这些人地位显赫，是些预言家、道德著作家或道德上有创造性的话；或者，他们的教诲揭示了某些潜伏的道德潮流，或他们作出的那些道德判断给人类和未来留下了深刻的印记的话，在这种情况下也和其他比较正常的情况下一样，弄清他们的意见的内容以及他们产生这些意见的原因，是非常重要的。

（戊）道德规范和道德原则

一组"善的"行为或"善的"意向发展出来的共同特点，可以构成一条这种形式的规则；一种行为方式，一定要具有如此这般的特性才能叫做"善"（或"恶"）。这种规则也可以称为"规范"。但必须懂得，这种"规范"不过是对事实的表达，它只是告诉我们一种行为或意向或品性（character），实际上被叫做"善"的条件是什么，也就是它被赋予一种道德价值的条件是什么。所以，建立规范也就是确定伦理学所要理解的善的概念。

着手确定善的概念时，应搜集若干组新的被人们承认为善的行为，指明其中每一组都有对其包括的所有行为都适合的规则或规范。然后就把这样得到的那些不同的规范加以比较，把它们按不同的级别进行整理，使每一级中的各个规范具有共同之处，从而都隶属于一个较高的亦即更普遍的规范。对于这更高一级的规范，要重复进行这一过程，如果进行得彻底，就一直要到最后得到一个最高的、最普遍的准则才停下来。这最高最普遍的准则包括了一切情况，因而适合于人类的任何一个行动。这得到的最高规范就是"善"的定义，它表达了善的最普遍的本质。它也就是哲学家们称之为"道德原则"的东西。

当然，人们不能事先知道自己是否能够实际上达到一个惟一的道德原则。很可能是，上述方式所导致的许多个最高规则确实并未表现出任何共同的特性，因此，人们也就只好停下来，把几个规范都当作最高规则，因为尽管已经作了一切努力，可再也找不到一个可以把这些规范都归于其下的更高的规范了。这样，"道德善"这个说法就会有几个互相独立的意义；也会有几个互相独立的道德原则，它们只是作为一个总体决定着道德概念。或许还有几个不同的取决于具体的时间和具体的人们的关于道德的概念。有一点是颇为意味深长的，那就是一般说来，这些可能性一直极少为哲学家们所考虑，他们几乎都是立刻就找到了一条惟一的道德原则的。实践道德体系的情况完全相反，通常都不企图建立一个包罗一切的原则，就像以摩西十诫为限的教义问答手册一样。

在那些相信伦理学的惟一任务就是确定善的概念，亦即建立一个或几个道德原则的人看来，完成了上述步骤也就是穷尽了伦理学的全部问题。于是，伦理学就是纯粹的"规范科学"，因为它的目的就在于发现一个由规范或规则组成的等级系列，这一系列的最高点是一个或几个道德原则，其较低水平的规范或规则可以用较高水平的来加以解释或"证明"。对于"为什么这个行为是道德的"这个问题，它可以给予这样的解释："因为它符合于那些确定的规则。"如果有人进一步问："为什么所有符合这条规则的行为都是道德的呢？"它就又可以解释说："因为它们都符合那更高一级的规则。"只有涉及最高规范——涉及某个或某些道德原则，才不再可能有以这种方式来证明其根据的知识，即证明其为正当的知识。对于把伦理学仅仅看作规范科学的人来说，伦理学也就到此为止了。

（己）作为"规范科学"的伦理学

"规范科学"这个用语可能有什么意思，以及伦理学只能在什么意义上"证明"某个行为或评价那个行为，现在我们算是看清楚了。在康德以来的现代伦理学中，有一种屡见不鲜的看法认为，作为规范科学的伦理学完全不同于"事实科学"，它不是要问："什么时候一个人被判定为善的？"或"为什么他被判定为善的？"这些问题涉及的只是事实和对事实的解释。它是要问："凭什么道理那个被判定为善？"它并不费心去研究什么东西实际上被评价这样的问题，而是要问："什么东西是可以评价的？什么东西是应该被评价的？"显然，这是些完全不同的问题。

但是，这样地把规范科学和事实科学对立起来是根本错误的。因为如果说伦理学进行了某种证明的话，它也只是在刚才讲的那个意义上进行的，就是说，它只是以相对的、假定的方式进行的，而不是绝对地进行的。它"证明"某个判断，仅限于指出这个判断符合某个规范，而这个规范本身则是"正确的"，或有根据的，它既不能由自己来显示，也不能由自己来决定。伦理学只好把这当作有关人类本性的一个事实承认下来。一门科学，即使作为规范科学，也只能进行解释，而绝不能创立或建立规范（那只会是与绝对证明等价）。除了发现判断的规则，即从现有的事实中把规则揭示出来之外，科学再也不能做更多的事了。规范的来源是在科学和知识之外和之前的。这意思是说，规范的起源只能为科学所理解，并不就在科学之中。换句话说，如果或者只要哲学家是通过罗列许多规范来回答"善是什么"的问题，那么这仅仅表示他在告诉我们"善"实际上指的是什么。他绝不能告诉我们善必须或应该指什么。决定一个评价是否正当，那只是寻求一个高一级的又已得到人们承认了的规范，而价值就是由这个规范来确定的。这是一个事实问题。所以求证最高规范或终极价值的问题是个荒唐的问题，因为根本没有可以参照的更高的规范了。如前所述，由于现代伦理学经常谈到这种绝对的证明，把它当作伦理学的惟一的基本问题，所以，遗憾得很，我们一定要说，阐述伦理学由之出发的这个问题，实在是没有意义的。

对于上述问题作那样一种表述，它的错误可以从一个著名的例子明显地看出来。约翰·斯图亚特·穆勒由于自以为从一个事物是所欲的这个事实，可推出该事物本身就是可欲的这个结论来，因而曾经常受到公正的批评。可欲的（desirable）这个词的双重意义（"能够被人所欲"和"值得欲求"）使他产生误解。但是批评他的人也错了，因为他们的批评是根据同样错误的前提的（双方都没有把这前提明确地说出来），即他们也同样认为"本身就是可欲的"这个短语具有确定的意义［我这里"本身"（"in itself"）是指"由于自身的原因"（"for its own sake"），并不单纯是作为一种达到目的的手段］，但事实上他们并未能赋予它任何意义。我说某个东西是可欲的，如果我的意思是说，谁要是渴望实现某个目的，谁就会渴望把这东西作为一种手段，那么，这里一切都是十分清楚的。但是，如果我声称，一个东西只是就其自身而言是可欲的，那我就说不出我这话是什么意思了。因为这句话是不可证实的，从而也就是没有意义的。一个东西是可欲的，只能是就它对另外某个东西的关系而言的，绝不能仅仅是就其自身而言的。穆勒自信能够从实际上被人所欲的东西推演出它是本身可欲的；反对他的人则认为，这两种东西是彼此无关的。但双方最终都不知道自己所说的是什么，因为他们都不能给"可欲的"这个词一个确定的意义。是否有些东西是因为自身的缘故才是可欲的，这个问题根本构不成问题，只不过是些空洞的语词而已。另一方面，关于是什么东西因为自身的缘故而实际上被人所欲，则当然是个非常可理解的问题，伦理学其实只是同回答这个问题有关系。穆勒在上面批评的那段话中成功地触及了这个问题，从而摆脱了这个问题的上面讲过的那种无意义的形式，更多依靠的是他健全的直觉而不是他的错误的论据(argument)。而他的反对者们却仍然凭借他的论据去继续寻求对欲求的绝对证明。

（庚）作为事实科学的伦理学

被认作最终规范或最高价值的那种规范，一定是作为事实来自人类本性和人类生活的。因此，绝没有一个伦理学的结论会同生活相矛盾，伦理学不能把具有生活基础的价值宣布为恶的或错误的，伦理学的规范不能要求也不可能指望那些确实同生活所认可的最终规范相对立的东西。出现这种对立的地方，就肯定是一个征兆，表明哲学家把自己的问题理解错了，因而不能解决它；表示哲学家已经不知不觉地成了一个道德家，他现在已不安于只起认知者的作用，而宁愿作一个道德价值的创造者了。创造道德的人的要求和声明，对于哲学家来说只不过是供研究的题目，亦即仅仅是认识上的思考的对象；即使哲学家本人后来偶然成了这种创造者，也是如此。

我们刚才说到，"善"这个词在被实际生活所接受的意义和哲学家所发现的意义这二者之间，不可能有真正的对立。但二者之间当然可能存在某种表面上的差别，因为语言和思想在日常生活中很不完善。说话的人即进行评价的人自己也往往弄不清自己说的话的意思，他的评价所依据的也常常是对事实的错误的解释，所以一旦纠正了错误，他的评价也就立刻有所改变。揭发这种错误的和有缺陷的表达，应该是哲学家的任务。哲学家还必须去辨认那构成道德判断根基的真实的规范，把它们同行为当事人或评价者所信奉的那些表面的规范对置起来。这样做的时候，哲学家也许会觉得必须使研究工作进入人类灵魂的深处。可是他在那里找到的，却总是一个实际的、已经是基本的规范。

最终的评价就是存在于人的意识中的事实，所以即使伦理学是一门规范科学，它也不会因此就不再是一门关于事实的科学。伦理学必须完全研究实际的东西，在我看来，在对伦理学的任务具有决定作用的各种主张中，这是最重要的主张。有些哲学家认为，正是因为伦理学不涉及粗俗的是，而只涉及高洁的应该，它的问题才成了最严肃最崇高的问题。他们的这种傲慢态度，是同我们格格不入的。

显然，人们有了这样一个规范体系，即运用善恶概念的体系之后，就可以完全不管这个体系同现实的关系，只去考虑体系中各规范之间的联系，以及各个别准则的次序了，就可以只研究体系内部的结构了。即使体系中的各个规范并不是真正有根据的，而是被错误地当作有根据的，或者甚至是随便设想出来的和任意建立起来的，也同样如此。这最后的情况确实只具有游戏的意味（the interest of a game），根本无权使用"伦理学"的名称。但伦理学作为一门规范科学，却应该提供一个按等级排列起来的准则序列，在这序列中，人类所有行动、态度和品质（characters）的道德价值都有其确定的位置。这体系当然不仅适合于现存的行为和态度，也同样适合于一切可能的行为和态度，因为只要这个体系确实是有价值的，它就一定会预先给人类每个可能的行为都安排一个位置。在熟知了最高规范之后，人们就可以思考整个体系了，不需参考实际的行为，只要考虑可能的行为。所以康德强调说，是否实际上有某种道德意志存在过，对于他的道德哲学是无关紧要的。因此，伦理学作为一种规范理论会表现出一种"理想科学"的特点来，必定会有一个理想准则的体系，这个体系当然可以运用到现实中去，而且只是因此，它才具有某种用处。但这些准则的意义则完全不依赖于这种应用，而可以从它们自身的相互关系中去加以研究。这正如一个人可以发明出象棋（chess）的规则来，并且可以考虑把他发明出的规则运用到特殊的比赛中去，即使这个游戏除了在他头脑中，在他想象的对手之间进行过之外，从来就没有人玩过。

二、人在什么情况下是有责任的？

（甲）关于意志自由的虚假问题

我把这一章增加到对伦理学问题的讨论上来，是颇为犹豫和勉强的，因为在这一章中我必须谈到的一个问题，甚至现在还被认为是伦理学的基本问题，而它之所以进入伦理学并成为一个讨论得很多的问题，却仅仅是由于一种误解。这就是所谓意志自由的问题。而且很久以前就有一些明智的人物努力澄清这个假问题，并且首先就是揭示上面所说的这一情况——休谟揭露得格外清楚。所以，人们一再连篇累牍地花费大量笔墨、用很多心思去讨论这个问题，而其他许多重要问题却没有去讨论（假定这些思想家有能力讨论这些问题），这真可说是哲学上的一件最丢人的事。所以我真不好意思专门写一章来讨论"自由"问题。在本章的标题中，"责任"一词指出了伦理学所关心的东西，也指明了产生误解的地方。因此责任概念构成了我们讨论的主题，而且，如果在阐述这个概念的过程中我还必须说到自由概念的话。我当然只说那些别人已经更好地说过了的话，并且用这一想法聊以自慰：我所能做到的只是用这种方法最后结束上述丢人的事。

伦理学的主要任务（这任务我们在第一章中就已经弄清楚了）是解释道德行为。进行解释意味着规律：每一门科学，包括心理学在内，只有在找到能够据以说明有关事件的规律时，才是可能的。由于人们把一切事件都服从普遍规律这个假定称为因果性法则，所以人们也可以说，"每门科学都预设了因果性原则"。因此，对于人类行为的每一种解释也必须假定因果律的有效性，在这种情况下才能说存在着心理学规律（例如，要是我们在第二章中提出的动机形成律竟是不正确的，那么人类行为就是完全无法解释的了）。我们的全部经验都使我们更加相信，这个预设是得到承认的，至少在为了达到同自然界和人类交往的实际生活的一切目的的范围之内，以及为了满足最精确的技术要求这个范围之内是需要这个预设的。因果性原则是否普遍成立，就是说，决定论是不是真实可靠，我们诚然还不知道，也没有人知道。但我们确实知道，仅仅靠沉思和推测，通过想出许多赞成的理由或反对的理由（这种理由无论是作为一个总体或单个地看，都只是些虚假的理由）来，企图以此来解决决定论和非决定论之间的争论，那是不可能的。如果人们考虑一下，现代物理学在仔细探讨最微小的原子的内部事件是否也存在着因果性的问题时，真不知使用了多么巨大数量的实验技术和逻辑方法，这种企图就更显得特别荒谬可笑了。

但是这场关于"意志自由"的争论总的来说是这样的：辩护者否认因果原则的有效性，攻击者则企图证明这一有效性，双方使用的论据都是些陈词滥调，而且又都丝毫不为自己说过的大话觉得羞愧（我的这个批评只能把柏格森排除在外，关于意志自由的整个问题在他那里并不是个伦理学问题，而是一个形而上学的问题。我认为他的思想经不起认识论的分析，所以对我们没有什么意义）。另有一些人则主张区分两个领域，决定论在一个领域中起作用，而在另一个领域中则不起作用。但这个思路（很遗憾，它为康德所坚持）是毫无价值的（虽然叔本华认为这是康德的最深刻的思想）。

幸而，为了说明伦理学中的责任问题，并不要求对因果问题作出最后的解决，而只需对这个概念加以分析，仔细地确定"责任"和"自由"这两个词在实际使用中确实被赋予的意义。如果人们已经弄清了我们在日常生活中使用的这些命题的含义，那么，虚假问题所依据的、并在哲学书籍和非哲学书籍里无数次反复出现的那种虚假论据，就再也不会出现了。

这个论据是："如果决定论是正确的，就是说，如果一切事件都服从于那些不变的法则，那么我的意志就也是被决定的，即由我的固有性格和动机所决定。这样，我所作出的决定就是必然的，而不是自由的。但如果是这样，我对我的行动就不应负责任了，因为只有当我能对我作出决定的方式起某种作用时，我才应该对我的行动负责；但是对此我一点也起不了什么作用，这些决定是从我的性格和动机必然产生的。动机来源于外界，而我的性格则是先天倾向和我一生中实际所受的外界影响的必然产物：这二者都不是我造成的，我也就无力控制它们。因此，决定论和道德责任是互不相容的。道德责任要以自由即不受因果制约性为前提。"

这一推理过程包含着一系列的混乱，就像一堆乱麻。我们必须指明这些混乱，从而消除它们。

（乙）法则一词的两种含义

上述推理过程完全起于对"法则"意义的一种错误解释。在实际生活中，法则被理解为国家借以规定公民行为的规则①。这些规则经常同公民的自然欲求相抵触（因为如果这些规则不是这样，就没有理由制定它们了），所以有许多公民实际上并不遵守它们，而别的人也是出于被迫才服从它们的。事实上，国家也的确是通过施加某些制裁（惩罚）来使公民屈从于这些规则的。这些制裁起着把国民的欲求同国家制定的法律协调起来的作用。

另一方面，在自然科学中，"法则"这个词则与上面的意义完全不同。自然法则不是关于事物应如何行动的预先规定，而是一种公式，即对于某物实际上如何活动的一种实在的描述。这两种形式的"法则"的共同之处仅在于二者都常以公式（formulae）来表示。除此以外，它们彼此绝对毫无关系。人们一直使用同一个概念来标示两个如此不同的东西，这是很不应该的。但更糟糕的是，哲学家们竟让自己被这种习惯用法所左右，导致许多严重的错误。既然自然法则只是对于所发生的现象的描述，那么，关于这些现象就谈不上"强制"问题。天体力学的法则并不规定行星必须怎样运动，好像行星实际上本来喜欢完全按另一种方式运动，只是由于有了开普勒的那些强加的法则的逼迫才在确定的轨道上运行似的。不，这些法则并未以任何方式强迫行星，而只是表达了行星实际上的运动情况罢了。

如果我们把这个观点用到意志问题上，就会甚至在其他混乱尚未揭发出来之前立刻受到一种启发。当我们说一个人的意志"服从心理法则"时，这里的法则并不是些民法条文，并不是说这些法则在强迫他做出某种决定，或要他产生实际上己所不欲的欲望。这些法则

---

① 英文中的 Law 既有"规律""法则"的含义，又有"法律"的含义。

是些自然律，只不过表示他在一定的条件下实际上有何种欲望，它们描述意志本质的方式同天文学法则描述行星本质的方式一样。一个人只有在受到阻碍难以实现其自然欲望时，才发生"强制"。怎么能把这些自然欲望发生的规则本身看作强制呢？

（丙）强制和必然

由这第一个混乱几乎不可避免地引起第二个混乱：是在拟人化地把自然法则设想为不管愿意与否而强加给事件的命令之后，人们才加给这些事件一个"必然性"的概念。必然性这个词源出于"需要"，也是从实践中来的，它在实践中是在不可避免的强制这一意义上使用的。把这个词的这个意思运用到自然律上来，当然是毫无意义的，因为自然律并没有预设一种相反的愿望。但这样一来，就把这个词同另一种完全不同的、实际上是自然律的特性的东西相混了。那特性就是普遍性。普遍有效是自然律的实质，因为只有当我们发现某条规则毫无例外地适合于各种现象的时候，我们才真正把这条规则称为自然律。因此当我们说"某条自然律必然有效"时，这句话就只有一个合理的意义："它在所有能应用它的情况下都是有效的。""必然性"这个词被运用到自然律（或因果关系，这二者是一回事）上来，真是很可悲的，因为既然"普遍有效"这个说法是合用的，"必然性"就完全是多余的了。普遍有效和"强制"是完全不同的，这两个概念所属的领域相去甚远，以致人们只要看清了上述错误，就再也不可能把它们搞混淆了。

混淆两个概念总是包含着对它们的互相矛盾的对立方面的混淆。与公式的普遍有效性相对立的，也就是与规律存在相对立的，是规律的非存在，也就是非决定论，反因果关系；而同强制相对立的，是每个人在实践中称之为"自由"的东西。在这一点上就产生了那个延续了许多世纪的谬误，即认为自由就是"摆脱因果原则"，或"不服从自然律"。于是人们便相信，为了挽救人类的自由，必须证明非决定论原则是正确的。

（丁）自由和非决定论

上述观点是完全错误的。可以说，伦理学并不是从道德意义上关心"是决定论还是非决定论"这个纯粹理论问题，而只是从理论上关心它，就是说，因为伦理学要探求行为的规律，并且只有在因果律成立的情况下才能找到这些规律，所以它才去关心这个问题。但人在道德上是不是自由(即是否有——我们后面将要说明——那种作为道德责任之先决条件的自由)的问题，却是与决定论问题完全不同的问题。休谟对这一点特别清楚，他曾经指出过，混淆"非决定论"和"自由"这两个概念是不能容许的。但他又不恰当地保留"自由"这个词两方面的用法，把一种自由叫做"意志自由"，把另一种自由即真正的自由叫做"行动自由"。他指出，道德所关心的只是后者，这种自由一般说来无疑是为人类所特有的。这是完全正确的。自由意味着同强制的对立，一个人的行动如果不是被迫的，他就是自由的。如果他在实现自己的自然欲望时受到了外来的障碍，他就是被强迫的和不自由的。因此，如果他被锁起来，或被拘禁起来，或者有人用枪逼着他做他本来不愿意做的事情，那么他就是不自由的。这是非常清楚的，而且每个人都会承认，这就是对于日常的，或者法律上的没有自由这个概念的正确解释。因此，如果没有这样一种外来的强制施加到某人身上的话，这个人就会被认为是完全自由的，并且要对自己行为负责的。也有某些介乎我们上面清楚描述的自由和被迫这两种情况之间的例子，比如说，当某人在受到酒精或麻醉剂的影响时的行动。在这种情况下，我们认为这个人多少有点不自由，并且认定他对自己的行为负有较少的责任，因为我们恰当地估计到了麻醉剂作为"外在的东西"的影响，虽然它存在于他的体内。是这种麻醉剂阻碍了他按照自己的本性所特有的方式去做决定。如果他服用麻醉剂出于自愿，我们就要求他对这一行动(即自愿服用麻醉剂——中译者)负完全责任，而且要他对他的行动的后果负一部分责任，这仿佛是对他的全部行为作出一个平均的或公平的判处。如果一个人患有精神疾病，我们则认为那些表现出病态的行为并非出于他的自由，因为我们把疾病看作妨碍他的自然倾向正常发挥作用的干扰因素，这时我们认为不是要他，而是要疾病对他的行为负责。

(戊)责任的本质

但这一观点的真实含义是什么呢？这个同自由概念相联系并在道德中起着如此重要作用的责任概念，究竟是什么意思呢？要完全弄清这个问题也是很容易的，我们只需仔细地确定使用这个概念的方式就行了。我们把"责任"归于某个人时的实际情况是怎样的呢？我们这么做的目的是什么呢？审判官必须查明谁对特定的行为负责，才能够对他施加惩罚。我们习惯于很少想到要研究一下谁该因为某个行为而受到奖赏，也没有设立专门官员去做这方面的工作。但奖赏原则当然同惩罚原则是一样的。不过，为了弄清这个观念，还是让我们抓住惩罚问题来讨论一下吧。惩罚实际上是什么呢？人们仍然经常表示这样一种观点，即认为惩罚是对过去错误的一种自然的报复。在有教养的社会中，不应该再为这种观点辩护了，因为悲痛的增加能以更深的悲痛"加倍补偿"，这种见解完全是野蛮的。当然，惩罚可能起源于报复或复仇的冲动，但这种冲动除了那种本能欲望，即企图消灭或伤害犯罪者，从而摧毁需要报复的事件的原因这样一种欲望之外，还有什么呢？惩罚只关心行为的原因，即行为的动机，它的意义只在于此。惩罚是一种教育措施，而作为教育措施，它也就是一种形成动机的手段。这手段部分地是制止做坏事的人再做坏事（改造），部分地是阻止其他人做类似的坏事（威胁）。同样，在奖赏的情况下我们便关心鼓励。

由此可见，关于责任的问题也就是：在给定的情况下谁该受到惩罚？谁该被认为是真正做了坏事的人？这个问题同谁是行为的最初发动者的问题并不是一回事。做坏事的人行为的最初原因可能是他的远祖们，因为他的性格是从他们那里继承来的；或是对他做坏事的社会环境负有责任的那些政治家们，如此等等。但"肇事者"也正是要制止做坏事（或唤起某个行动，这情形也是可能的）的动机必须对之起作用的人。考虑遥远的间接的原因在这里并没有什么帮助，因为第一，这些原因的实际作用不能确定；第二，它们一般是追溯不到的。相反，我们必须找到那决定性地结合各种原因于其一身的人。谁该负责的问题，亦即关于使用动机的恰切之点的问题，重要的是这已经完全揭示了责任的意义，在它背后并未潜藏着犯罪和报复之间的神秘联系。上述情况已经完全说明了这二者之间的联系。责任问题只不过是要弄清谁该受罚或该受奖，从而使赏罚起到应起的作用——能够达到它们应有的目的。

这样，一切同责任和强制这两个概念有关的事实都立刻显得明白易懂了。我们不要求精神病人承担责任，根据正在于他提不出采取某一动机的统一的理由。企图通过许诺或威胁的办法来影响他，那是毫无意义的，这时他的混乱的心灵由于正常机制发生故障而不能对这样的影响作出反应。我们不想赋予他动机，而是想治愈他的疾病(打个比喻说，我们是要他的疾病来负责任，所以想去除疾病的原因)。当一个人受到威胁而被迫去做坏事时，我们并不责备他，而是责备那个用枪对准他胸膛的人。理由很清楚：如果我们能够约束住那个威胁他的人，也就可以制止他的这个错误行为了。所以为了防止将来发生类似的行为，我们必须加以改造的正是这种人。

(己)对于责任的意识

但是，比起一个人怎样才被认为是该负责任这个问题来，还有一个重要得多的问题，那就是他自己怎样才会感到自己是该负责任的。我们的整个论述如果不对这个问题作出说明，那是站不住脚的。所以对于责任的主观感觉同对它的客观判断相一致，是对这里所发挥的观点的一个可喜的确证。经验事实表明，受到谴责或被定罪的人，一般来说对于自己"公正地"受到清算这一事实总是自觉意识到了的——当然要假定对他的惩处未出任何差错，指控他所做的错事都是实际发生了的。意识到自己成了错误行动的真正当事人，即意识到自己成了错误行动的实际上的发动者，究竟是怎么一回事呢？显然这不仅是指的他采取了为实行错误行动所必需的步骤，而且，还必须加上他知道他是"独立地"、"根据自己的主动精神"而做出这种举动的。这种感觉就是对自由的意识，而自由的意识也就是对于按自己的欲望行动的认识。所谓"自己的欲望"，也就是那些在特定情况下个人性格中有规则地产生的欲望，它们不是像上面所说的那样是由某种外力所强加的。没有外力的强制，这表现在也可以按别种方式行动这种人所共知的感觉(这通常被认为是对自由的意识的特点)之中。这一不容置疑的经验怎么竟成了支持非决定论的一个证据，我真难以理解。当然，毫无疑义的是，如果我先意愿要做另一种事情，那么我就会以另一种不同的方式来行动。但即使那是真的，就是说，即使我曾有过别的动机，这种感觉也绝不说明我本来能够意欲别的东西。甚至不是说，在内部条件和外部条件都完全相同的情况下，我也能够意欲别的东西。这样一种感觉怎么能够告诉我因果原则是否有效这个纯理论的问题呢？当然，在讨论了这个题目之后，我并不着手论证因果原则，但我却否认能从任何这样的意识事实中得出哪怕是一点点关于这个原则的有效性的结论来。这种感觉不是对于缺少某个原因的意识，而是对于某种完全不同的东西，即对于自由的意识，自由就在于我能按我的欲望行动这个事实。

由此可见，对责任的感觉是假定了像是我自己的欲望驱使我那样自由地行动。如果因为有了这种感觉，我就情愿因行为有过错而受到责备，或进行自责，并因此承认我可以按另一样子行动，那么这就表明其他的行为也是同意志律相容的——当然也就承认有其他动机了。我自己希望存在这样的动机并且忍受着由我的行为给我带来的痛苦(后悔和遗憾)，因而阻止了这种行为的重复发生。一个人责备自己，那正表示产生了使自己改善的动机，这通常是教育工作者的任务。但是，如果一个人，例如是在严刑拷打下做了某事，那他是不会感到内疚和后悔的，因为大家知道，根据意志律他那时不可能做出别的行为来——无论什么思想由于其感情色彩而作为动机发生作用。重要的问题始终在于，责任感意味着承认一个人的自我，即一个人自己的心理过程，构成了把各种动机用来控制他的躯体活动的中心点。

(庚)因果联系是责任的前提

我们只能在因果关系的情况下谈论动机，因此责任概念是以因果关系概念，即意志决定的规律性为基础就显得十分清楚了。事实上，如果我们把一个决定想象成完全没有任何原因的话(这就是严格意义上的非决定论的假设)，那么行为就会完全是一个偶然机遇问题了，因为机遇同没有原因是一个意思，此外并没有别的与因果性相对立的概念。在这种机遇的情况下，我们能要行为者负责任吗？当然不能。设想有这样一个人，平时一直显得温和、平静、无可指责，却突然攻击并动手殴打一个陌生人。于是他被抓了起来，人们审问他这一行为的动机是什么。正像我们设想的那样，他的回答在他自己看来是完全真实的，那就是："当时我那么做没有什么动机。我虽尽力寻找原因也没有发现什么。我的意志是没有任何原因的——我就是想要那么做，关于我的这个行为我再也没有什么可说了。"我们会摇头说这个人疯了，因为我们不能不相信确有一个原因。我们既然找不出任何另外一个原因，就只好假定某种精神上的干扰来作为惟一的原因了。但肯定没有人认为他是有责任的。如果人们作出决定是没有原因的，企图去影响人就毫无意义了。我们马上就会明白，这就是我们为什么不能责怪这样一种人，而总是对他们的行为耸耸肩膀而不予追究的道理。人们可以很容易地确定，实际上，我们越是要行为者负责任，就越能发现他的行为动机。如果一个行凶的人是他的受害者的敌人，如果他以前曾经表现过行凶的倾向，如果是某种特殊的情况激怒了他，那么我们就要对他施行严厉的惩罚。反之，可以找到的惩罚理由越少，我们就越不能谴责这个行为者，而是把责任推给"倒霉的机遇"。暂时的心理失常以及诸如此类的东西。我们不能在他的性格中找到他的错误行为的原因，也就别想影响他的性格，使之变得更好些：我们不把责任归诸他，这一事实的意义就在这一点，也仅仅在这一点。而且他也觉得确实如此，可能会说："我真不理解，我怎么会做出这种事情来。"

　　一般说来，我们十分清楚地知道该如何从我们同伴性格中找到他们行为的原因，也知道该怎样根据对他们的这种了解来预测他们未来的行为。对于这种预测还常常有很大把握，就像我们知道在相同的情况下，狮子和兔子的行为会完全不同一样。因此很明显，在实践上决不会有人想到要怀疑因果性原则，所以实际生活中人们的态度并没有给形而上学家提供一种借口，似乎可以把摆脱强制的自由跟缺少原因混为一谈。如果人们弄清楚了，没有原因而发生的事等于是偶然发生的事，因而一个非决定论的意志将会摧毁一切责任心；那么，一切可能成为非决定论思想根源的欲望就都不会产生了。没有人能够证明决定论，但是我们肯定能够假定决定论在我们全部实际生活中是有效的，特别是我们之所以能够把责任概念运用到人类行为上来，也仅仅是由于因果性原则也适用于意志过程。

　　为了彻底阐明在传统的处理"自由问题"的言论中容易导致混乱的概念，我再把它们排列成下表。在左边概念的位置上被错误地放上了右边的概念，纵向排列的各概念形成了一个概念连锁，从而使前面的混乱有时就成了后面混乱的原因：

自然规律。　　　　国家法律。

决定论(因果联系)。　强制。

(普遍有效性)。　　(必然性)。

非决定论(机遇)。　自由。

(没有原因)。　　(没有强制)。

节选自［德］石里克：《伦理学问题》，北京，
商务印书馆，1997。 张国珍等译。

［英］艾耶尔（Alfred Jules Ayer，1910—1990）

《语言、真理与逻辑》（1936）（节选）

《语言、真理与逻辑》（1936）（节选）

一、伦理学和神学的批判

在我们能够断言已经证明了我们的观点即一切综合命题都是经验假设之前，还要反驳一种诘难。这种诘难是以那种通常的假定作基础的，即我们的思辨知识包括不同的两类——关于经验事实问题的知识和关于价值问题的知识。这种诘难会认为"价值陈述"是真正的综合命题，但是把价值陈述说成用以预示我们的感觉过程的假设，则不像是妥当的；因此，作为思辨知识的分支的伦理学和美学的存在，就对我们的彻底经验主义论题提出了一个不可排除的诘难。

面对着这种诘难，我们的任务就是对"价值判断"作出说明，这个说明必须本身就令人满意，而又与我们的一般经验主义原则相一致。我们将着手指出，就价值陈述是有意义的陈述而言，价值陈述是一些通常的"科学的"陈述；就它们不是科学的陈述来说，则价值陈述就不是在实际意义上有意义的陈述，而只是既不真又不假的情感的表达。在坚持这种观点时，我们可以权且只说明伦理学陈述的情况。我们对伦理学陈述所说的一切，以后将被发现只要加以必要的变动，也可以适用于美学陈述。

在伦理哲学家的著作中所探讨的通常伦理学体系，远非一个统一的整体。这种伦理学体系往往不只包括形而上学的判断，以及一些非伦理概念的分析：它的实际的伦理学内容也是由很不相同的种类所组成的。实际上，我们可以把它们分为四个主要的类：第一，有一些是表达伦理学的词的定义的命题，或者关于某些定义的正当性或可能性的判断；第二，有一些是描写道德经验现象和这些现象的原因的命题；第三，有一些是要求人们在道德上行善的劝告；最后，有一些实际的伦理判断。不幸的是，问题在于这四类之间的区别虽然是如此明显，但是伦理哲学家们一般说来都忽视这种区别，其结果就常常很难从他们的著作中，断定他们所企图发现或证明的究竟是什么。

事实上，我们很容易见到，仅仅四类中的第一类，即是包括一些关于伦理学的词的定义的命题，才能被认为构成伦理哲学。描述道德经验的现象及其原因的命题，则必须归之于心理学或社会学。道德上行善的劝告完全不是命题，而是故意激起读者去作出某种行动的叫喊或命令。因此，这种劝告不属于任何哲学或科学的分支。至于伦理判断的表达，我们暂时还没有决定它们应当如何归类。但是，只要它们的确既不是定义，又不是定义的评论，也不是引文，我们就可以断然地说，它们不属于伦理哲学。因此，论述伦理学的严格哲学著作就不应当作出伦理判断。这种著作应当对伦理学的词作出分析，借以表明这一切伦理判断所从属的范畴是什么。这就是我们现在所要作的。

伦理哲学家们所常常讨论的问题，是要发现一些可以把一切伦理的词都归结为一两个基本的词的定义是否可能。虽然，不能否认这个问题是属于伦理哲学的范围，但是这个问题与我们现在的探究无关。我们现在并不关心发现哪个词在伦理的词范围之内被认为是基本的词。例如，"善"是不是可以用"正义"来下定义，或者，"正义"用"善"来下定义，或者"正义"与"善"两者均用"价值"来下定义。我们所感兴趣的是把伦理的词的整个领域归结为非伦理的词的可能性问题。我们所探究的是伦理价值的陈述是否可能翻译成经验事实的陈述。

那些常被称为主观主义者的伦理哲学家和那些以功利主义者著称的人的论点，是强调伦理价值的陈述可以翻译成为经验事实的陈述。功利主义者给行为的正义性和目的的善下定义时，是以它们所引起的愉快、快乐或满足为依据的；主观主义者则是依据某一个人或一群人对它们的赞成的情感。每一个这种类型的定义，都使道德判断成为心理学或社会学判断的附类；并且，由于这种理由，它们就很能引起我们的注意。因为，如果这些定义的任何一个是正确的，那就必然可得出结论，即：那些伦理断定，从种类上说，跟通常与伦理断定相对立的事实断定并无不同；而且，我们关于经验假设所已经作出的说明，也将适用于这些伦理断定。

尽管如此，我们仍然既不采用主观主义者对伦理学的词的分析，也不采用功利主义者对伦理学的词的分析。我们拒绝主观主义的观点，这种观点认为称一个行为是正义的，或一个东西是善的，就是说那是被普遍赞成的；因为断定一些普遍赞成的行为是不正义的；或者一些普遍赞成的东西不是善的，都不是自相矛盾的。并且，我们拒绝另外一种主观主义的观点，这种观点认为一个人断定某一行为是正义的，或某一事物是善的，就是说他自己赞成它，我们拒绝这种主观主义观点的理由是，一个人承认他有时赞成恶的或错误的东西，这样做也不自相矛盾。相似的论证对功利主义也是击中要害的。我们不能同意称一个行为是正义的，是指所有在那样的环境中可能的行为，会引起或者很可能引起最大的快乐，或者引起的快乐大大地超过痛苦，或者是欲望的满足大大地超过欲望的不满足，因为我们发现，说有些时候错误地完成一种行为，这种行为会实际上或可能引起最大的快乐，或愉快大大地超过痛苦，或欲望的满足大大地超过欲望的不满足，这样的说法都不是自相矛盾的。并且，因为说一些愉快的事情不是善的，或者一些坏的事情是希望达到的，都并不自相矛盾，所以事情不可能是"x 是善的"这个句子等值于"x 是愉快的"，或等值于"x 是希望达到的"。并且，对我们所熟知的功利主义的每一个其他变项，都能够提出同样的异议。因此，我认为我们应该得出结论，即：伦理判断的效准，其由行为产生快乐趋向所决定的程度，至多同由于人们的情感性质所决定的程度一样，但是，那个效准必须看作"绝对的"或"内在的"，而不是看作经验地可计算的。

如果我们这样说，我们当然不是否认可能发明一种语言，按照这种语言，一切伦理符号都可以用非伦理的词来下定义，或者我们甚至不是否认发明这样的一种语言并采用它来代替我们自己的语言是合乎需要的；我们所否认的只是那种观点，认为已经指出的把伦理的陈述归结为非伦理的陈述是与我们现实语言的约定相一致的。这即是说，我们之所以拒绝功利主义和主观主义，并不是因为它们提议用新的概念去代替我们现存的伦理概念，而是因为它们对我们现存的伦理概念所作的分析。我们的论点只是认为，按照我们的语言，包括规范的伦理符号的句子并不是等值于表达心理学命题的句子，或实际上是表达任何种类的经验命题的句子。

　　在这里，把这一点说清楚是可取的，即我们主张不能用事实的词去下定义的，只是规范的伦理符号，而不是描写的伦理符号。因为这两种符号通常是由同样的感觉形式的记号构成，所以就有把这两种类型的符号混淆起来的危险。因此，"x 是错误的"这种形式的一个复合记号就可以构成一个句子，这个句子表达关于某一类型行为的道德判断，或者，这个复合记号可以构成这样一个句子，这个句子指出某一类型的行为是为某一特殊社会的道德感所厌恶的。在后一种情况下，"错误的"这个符号就是一个描写的伦理符号，它出现于其中的句子所表达的是一个普通的社会学命题；在前一种情况下，"错误的"这个符号则是一个规范的伦理符号，我们主张，这种规范的伦理符号出现于其中的句子，完全不表达一种经验命题。我们现在所关心的只是规范伦理学；所以，无论什么时候，如果在这种论证过程中使用一些伦理学符号没有加上限定语，则这些符号始终应当被解释为规范类型的符号。

　　我们在承认规范的伦理概念不能归结为经验概念这一点时，似乎是为"绝对主义"的伦理观点扫清了道路。——这种绝对主义的伦理观点认为价值陈述不是与普通的经验命题一样被观察所制约的，它仅被神秘的"理智直观"所制约。这种学说有一个特点很少被它的拥护者所承认，那就是这种学说使价值陈述变成不可证实的了。因为大家都知道，对于一个人在直觉上是确定的东西，可能对另一个人是值得怀疑的，或者甚至是错误的。所以，除非可能提供一个标准，用这个标准可以来决定互相冲突的直觉哪一个是确定的，则检验一个命题的效准只诉之于直觉是没有价值的。但是，就道德判断而言，就不能给予这样的标准。一些道德学家认为，可以用说明他们"知道"他们自己的道德判断是正确的来解决这一问题。但是这样的断定，只具有纯粹心理学的兴趣，而没有丝毫倾向要证明任何道德判断的效准。因为，与他们的观点相反的道德学家，同样可能很好地"知道"他们的伦理观点是正确的。并且，就主观确定性而言，究竟谁是正确的将无法选择。当关于普通的经验命题产生了这样的意见分歧，我们就可能尝试用参证，或者实际实现一个有关的经验检验来解决这些分歧。但是，关于伦理陈述，则没有适当的经验检验可以用在"绝对主义"或"直觉主义"的学说上。因此，我们说在绝对主义或直觉主义的学说上，伦理陈述被看作不能被证实的，这样的说法是正当的。当然，这些伦理陈述也仍然被看作真正的综合命题。

考虑到运用我们已经提出的综合命题仅当它在经验上可证实才是有意义的这一原则时，那么很显然，如果接受伦理学的"绝对主义"学说，就将摧毁我们的全部主要论证。同时，由于我们已经拒绝那个通常被认为可以在伦理学中给"绝对主义"提供惟一代替物的"自然主义"学说，我们似乎陷入了困难的境地。我们对付这个困难的办法是，表明伦理陈述的正确处理必须由上面二者之外的第三种学说来解决，这种学说是完全与我们的彻底经验主义相符合的。

我们首先承认：基本的伦理概念是不能分析的，因为没有一个标准可以用来检验那些基本的伦理概念出现于其中的判断的效准，迄今为止，我们是与绝对主义者的看法相一致的。但我们不像绝对主义者那样，我们能够说明关于伦理概念的这一事实。我们认为伦理概念不能分析的理由是，因为它们只是一些妄概念。一个伦理符号出现在一个命题中，对这个命题的事实内容并不增加什么。恰如，我对某人说："你偷钱是做错了"，比起我只说"你偷钱"来，我并没有多陈述任何东西。我附加说到"这样做是错了"，并不对"你偷钱"作出任何进一步的陈述。我只是表明我在道德上不赞成这种行为。这正如我用一种特别的憎恶声调说"你偷钱"，或者加上一些特别的惊叹号写出这个句子。那个声调或惊叹号，对那个句子的实际意义没有增加任何东西。它只是表明在说这句话时伴随着说话者的一定情感。

如果，我现在概括我以前的陈述，并说"偷钱是错误的"，我是说出了一个没有事实意义的句子——即是说，这个句子既不表达真的命题，也不表达假的命题。这个句子正如我写出"偷钱!!"——在这里，由于一种适当的约定，惊叹号的形状和加重表示都表明，表达出来的情感是在道德上对这个行为特别不赞成。很清楚，这里没有说到可能真或假的什么东西。另外的人可以在偷窃是错误的这一点上与我的看法不相同，也就是说，对于偷窃，他可能并不具有与我相同的情感，他可以因为我的道德情操而与我争论。但是，严格地说，他与我不可能有什么矛盾。因为当我说某一类型的行为是对的或错的时，我并不是作出任何事实的陈述，甚至不是作出关于我自己的心灵状态的陈述。我只是表达某些道德情操。那个外表上与我有矛盾的人，只是表达他的道德情操。所以，要问我们之中哪一个是正确的，显然是没有意义的。因为，我们之中任何一个都不是断定一个真正的命题。

我们刚才关于"错误的"这个符号所已经说明了的一些观点，也可以适用到一切规范的伦理符号上。有时候，规范的伦理符号出现在这样的句子中，这种句子除了表达关于通常的经验事实的伦理情感之外，还记录那些经验事实；有时候，规范的伦理符号出现在只表达关于某一类型的行为或情况的伦理情感，而并不作出任何事实陈述的句子中。但是，在这里谈到的任何一种情况，只要它是通常被认为正在作出一个伦理判断，那个有关的伦理的词的功能就纯粹是"情绪的"。这个伦理的词是用来表达有关某些对象的情感的，但并不对这些对象作出任何断定。

值得提出的是，伦理的词不仅用作表达情感。这些词也可以用来唤起情感，并由于唤起情感而刺激行动。的确，有些伦理的词就是这样用来给予这些词所出现的句子以命令的效果。因此，"说真话是你的责任"这个句子就可以既被看作某种关于真实性的伦理情感的表达，也可以被看作表达命令"说真话"。"你应该说真话"这个句子也包含命令"说真话"，但在这里命令的声调就比较弱了。在"说真话是善的"这个句子中，命令已经变得与建议差不多了。因此，"善"这个词的"意义"在它的伦理学用法方面是与"责任"一词或"应该"一词的意义不同的。事实上，我们给各种伦理的词下定义，既可以依据这些词通常被用来表达的不同情感，也可以依据这些词所预计引起的不同反应。

现在，我们就能够见到，为什么不可能发现一个标准去决定伦理判断的效准。这不是由于伦理判断具有一种神秘地不依赖于通常感觉经验的"绝对的"效准，而是由于它们不具有任何客观的效准。如果一个句子完全不作出任何陈述，要去问这个句子所说的是真还是假，显然是没有意义的。我们已经见到，只表达道德判断的句子是没有说出任何东西的。它们纯粹是情感的表达，并且因此就不归入真与假的范畴之下。表达道德判断的句子是不可证实的，其理由与一声痛苦的叫喊或一个命令之不可证实相同——因为这些句子不表达真正的命题。

因此，虽然我们的伦理学说完全可以被认为是彻底主观主义的，但是，我们的伦理学说在很重要的方面不同于正统派的主观主义学说。因为正统派主观主义者并不同我们一样否认道德家的句子表达真正的命题。正统派主观主义者所否认的只是这些句子表达惟一的非经验性质的命题。正统派主观主义者自己的观点则认为这些句子是表达有关说话者的情感的命题。如果按照这种看法，那么，伦理判断很明显将可能成为真的或假的。如果说话者具有与伦理判断相合的情感，这些判断就是真的，如果没有相合的情感，那就是假的。这是原则上可以用经验来证实的问题。进一步说，这些判断可以互相矛盾，但仍然是有意义的。因为，如果我说，"容忍是一种美德"，而某人回答说："你不赞成容忍是一种美德"，就通常的主观主义学说而言，他这样说是与我矛盾的。从我们的学说来说，他是不会与我矛盾的，因为，在说容忍是一种美德时，我不应当是作出任何有关我自己的情感或有关其他东西的陈述。我只是表示我的情感，这与我说我具有什么情感是完全不同的事情。

情感的表达与对情感作出断定的区别，由于下列事实而变得复杂了，即断定某人具有某种情感，往往伴随着那种情感的表达，并因此而事实上成为那种情感的表达中的一个因素。因此，我可以同时表现出无聊并且说我无聊，在这种情况下，我说的这些词"我无聊"是一种情况，这种情况证明我正表现着或表示着无聊是真实的。但是，我可以在实际上不说我无聊，但却表现出无聊。我能够用我的声调及姿态表现无聊，却作出一个与无聊完全没有联系的关于某件事情的陈述，或者用一种叫喊，或完全没有说出任何的话语。所以即使是关于某人具有某种情感的断定，总是涉及那种情感的表达，但一种情感的表达无疑地并不是总牵涉关于某人具有这种情感的断定，这是在考察我们的学说与通常的主观主义学说的区别时要抓住的重要之点。因为主观主义者主张伦理陈述实际上断定某些情感的存在，而我们则主张伦理陈述是感情的表达和刺激，这种表达和刺激并不必然涉及任何断定。

我们已经注意到，对通常的主观主义学说的主要诘难，是说伦理判断的效准并不是由作出这些判断的人的情感的性质所决定。这种诘难是我们的学说避免了的。因为我们的学说并不蕴涵着这样的意思，即说任何情感的存在是一个伦理判断的效准的必要条件和充足条件。恰恰相反，我们的学说的含义是认为伦理判断没有效准。

然而，有一个反对主观主义学说的著名的论证，我们的学说不能不理会它。这是摩尔所提出来的那个论证，即认为如果伦理陈述只是关于说话者的情感的陈述，那么伦理陈述将不可能涉及价值问题。[1]试举一个典型的例子：如果一个人说，节俭是一种美德，而另外一个人回答说，节俭是一种罪恶，根据主观主义学说，他们相互之间并没有争论。一个人说他赞成节俭，另外一个人说他不赞成节俭。没有理由说明为什么这两个命题不应该都是真的。摩尔认为这一点很明显，即：我们关于价值问题的确是有争论的，并因此得出结论，他讨论到的那种主观主义的特殊形式是错误的。

从我们的学说也必然得出不可能争论价值问题的结论，这是很明显的。因为，如同我们所主张的，"节俭是一种美德"和"节俭是一种罪恶"这样的句子完全不表达命题，我们显然不能认为这两个句子表达不相容的命题。因此，我们必须承认；如果摩尔的论证实际上推翻了通常的主观主义学说，那么它也推翻了我们的学说。但在事实上，我们甚至否认摩尔的论证驳倒了通常的主观主义学说。因为，我们认为人们实际上并没有争论价值问题。

乍一看，这一点似乎是一个很矛盾的论断。因为，我们确实是在从事于一种争论，这种争论通常被看作关于价值问题的争论。但是，在所有这类情况中，如果我们仔细地考察一下，我们就发现所争论的并不是真正关于价值的问题，而是关于事实的问题。当某个人不同意我们关于某一行为或一种类型的行为的道德价值的看法，我们明白地用论证去争取他同意我们的看法。但是，我们不想用我们的论证去表明他对一个他已经正确了解其性质的情况具有"错误的"伦理情感。我们企图表明的是他关于那个情况的事实了解有错误。我们论证他对行为者的动机有错误的了解，或者他错误地断定了行为的结果，或者从那个行为者的知识的角度上看的行为可能产生的结果，或者他未能考虑到行为者所处的特殊环境。不然，我们就用某一类型的行为会产生某些结果，或者完成这些行为所习惯表现的性质这种更为普遍的论证，来说明他把事实断定错了；我们做出这些论证，所期待的只是改变我们的反对者，使他同意我们关于经验事实的性质的看法，要他采取与我们同样的对待经验事实的道德态度。当我们与之讨论的人们，已经普遍地接受了与我们自己同样的道德教育，并且是生活在同样的社会秩序之中，那么，我们的期望通常被认为是正当的。但是，如果我们的反对者碰巧是经历一种与我们自己不同的道德"制约"过程，甚至当他承认全部事实的时候，他仍然不同意我们关于讨论中的行为道德价值的见解，那么，我们就放弃用论证说服他的企图。我们说不可能去同他讨论，因为他具有一个歪曲的或不发达的道德感；这只表示他运用的一套价值不同于我们自己的价值。我们感到我们自己的价值系统是占优势的，因此，我们用这种贬损的字眼去说到他的价值系统。但是，我们不可能提出任何论证去表明我们的系统是更优越的。因为我们说到我们的系统更为优越的判断，它本身就是一个价值判断，因此就在论证范围之外。因为当我们处理有别于事实问题的纯粹价值问题时，理屈词穷，论证无法进行，我们最后只得乞助于谩骂。

　　简单地说，我发现在道德问题上，仅当一个价值系统是预定的，论证才是可能的。如果我们的反对者在对给定的 t 类型的一切行为表示道德上不赞成这一点与我们是一致的，那么我们就能够用提出论证，表明 A 行为包括于 t 类型之中的办法，使他责备一个特殊的行为 A。因为 A 行为属于或不属于那一类型这个问题，是一个明白的事实问题。先假定某一个人具有某些道德原则，接着我们论证说，他为了前后一致，就必须在道德上以某种态度对待某些事物。我们没有论证到的和不能论证到的是这些道德原则的效准。我们只是按照我们自己的情感，称赞或责备这些道德原则。

如果任何人怀疑这种对道德争论的说明的准确性，那就让他试图构造出甚至是一个想象的有关价值问题的论证，而这种论证本身不会归结到关于逻辑问题或关于经验事实问题的论证。我相信他不能成功地提出一个简单的例子。并且，如果情况确实如此，那么他就必须承认，它把纯粹伦理论证的不可能性牵扯进来，并不是如摩尔所想到的，是用作反对我们的学说的根据，而是有利于我们的学说的一个论点。

由于我们以坚持我们的学说去反驳那个似乎威胁它的惟一批评，我们现在就可以用我们的学说去规定一切伦理探究的性质。我们发现，伦理哲学只在于说明伦理概念是妄概念，因而是不能分析的。进一步描述习惯于用不同的伦理的词来表达的不同情感，以及描述由不同的伦理的词所习惯地引起的不同反应，则是心理学家的工作。如果人们用伦理科学一词的意义指详细论述一个"真实的"道德系统，那么，就不能有伦理科学这样的一个东西了。因为，我们已经见到，伦理判断只是情感的表达，不可能有任何方法去决定任何伦理系统的效准，并且，去问任何这样的系统是否真实，确实是没有意义的。关于这个方面，人们可以正当地探问的只是：什么是一个给定的人或一群人的道德习惯，以及什么引起他们刚好具有这些习惯和情感？这种探问全部属于现在的社会科学的范围之内。

因此看起来，作为知识的一个分支的伦理学只是心理学和社会学的一部分。万一任何人认为我们忽略了决疑论（Casuistry）的存在，我们可以指出，决疑论并不是一种科学，它只是对一个给定的道德系统的结构作一种纯粹分析的考察。换言之，决疑论是形式逻辑的运用。

当一个人开始从事构成伦理科学的心理学的探究时，他立刻就能够说明康德的道德学说和快乐主义的道德学说。因为，他发现道德行为的主要原因之一是有意识地和无意识地怕引起上帝的不愉快，以及怕社会对他的敌视。这的确就是为什么道德格言对许多人表现为"绝对命令"的理由，并且，他也发现一个社会的道德规范是部分地被那个社会关于它自己的快乐条件的信仰所决定的——或者换句话说，一个社会趋向于运用道德制裁的办法，按照一个行为是促进作为一个整体的社会的满足，或者损害这个社会的满足，来鼓励或阻止一定类型的行为。这就是为什么利他主义在绝大多数的道德规范中得到推荐，而利己主义则被谴责的原因。道德的快乐说或幸福说归根到底是由于观察到道德与快乐之间的这种联系才发生的，正如前面已经解释过的，康德的道德学说是以这个事实作基础的，即道德格言对许多人具有无情的命令力量。由于这两种学说的每一种都忽视作为另一种学说的基础的事实，因此这两种学说都可以被批评为偏向一边的。但是批评它们偏向一边对它们任何一个都不是主要的诘难，它们的主要缺点是：它们把说到我们伦理情感的原因和属性的命题看作好像是伦理概念的定义，因此，它们就不能认识到伦理概念是妄概念，并且因此是不能下定义的。

好像我们已经说过，我们关于伦理学性质的结论也适用于美学。美学的词的确是与伦理学的词以同样的方式使用的。如像"美的"和"讨厌的"这样的美学的词的运用，是和伦理学的词的运用一样，不是用来构成事实命题，而只是表达某些情感和唤起某种反应。和伦理学一样，接着也就必然会认为把客观效准归之于美学判断是没有意义的，并且，不可能讨论到美学中的价值问题，而只能讨论到事实问题。美学的科学处理将向我们表明，大体上说，什么是美的情感的原因，为什么不同的社会产生和称赞它们所产生和称赞的那些艺术作品，为什么在一定的社会中趣味有所不同，等等；这些问题是普通的心理学或社会学问题；当然，这些问题与我们了解的美学批评只有很少的关系，或者根本就没有关系。但是，那是由于美学批评的目的是交流情感多于给予知识。批评家用叫人注意他所考察作品的某些特点，表达出他自己对这些作品的情感，借以努力使我们也具有他对作为一个整体的那个作品的态度。他提出来的惟一相关的命题是描述作品性质的命题。这些命题只是明白的事实记录。因此，我们可以得出结论说，在美学之中并不具有比伦理学中所具有的更多的东西足以证明那种观点，即不认为美学是体现知识的一种独特类型。

现在就应当清楚了，从我们对审美经验和道德经验的研究中能够正当地获得的惟一情况，是关于我们自己的心理的和生理的结构的情况。我们注意这些经验是由于它们供给我们以材料作为心理学和社会学概括之用。这就是这些经验用以增加我们的知识的惟一方式。这就必然可以推论出：任何企图把我们之运用伦理学概念和美学概念作为有关一种区别于事实世界的价值世界存在的形而上学学说的基础，都包括了对这些概念的一种错误分析。我们自己的分析已经表明，道德经验的现象不能完全用以支持任何唯理论或形而上学的学说。特别是，道德经验现象不能如康德所希望的用来证实超验上帝的存在。

这里提到上帝就把我们带到宗教知识的可能性问题。我们将会见到，这种可能性已经由于我们对形而上学的处理而被排除了。但因为这是一个相当有趣的问题，我们可以相当详细地去讨论它。

一个具有任何非万物有灵论宗教的上帝属性的那种存在者的存在，是不能用论证的方法加以证明的，这一点现在已被普遍承认，至少已被哲学家承认。要说明这的确是如此，我们只要问自己，这样一个上帝存在能够演绎出来的前提是什么。如果上帝存在的结论用论证的方法证明是确定的，那么这些前提就必然是确定的；因为，演绎论证的结论是已经包含在前提之中的，那些前提的真实性所具有的任何不确定性，也必然为结论所共有。可是，我们知道经验命题在任何时候都只能具有或然性。只有先天命题才是逻辑上确定的。但是我们不能从先天命题中推演出上帝的存在。因为我们知道，先天命题之所以是确定的，是由于它们是重言式命题。并且，从一套重言式命题中，除了更进一步的重言式命题之外，不能有效地推演出什么东西；这就必然可以推论出：要论证上帝存在是不可能的。

即使要去证明像基督教的上帝那样的上帝的存在是或然的，也是没有法子办到的。这一点还没有那么普遍地被承认。然而，说明这一点也是很容易的。因为，如果这样的一个上帝存在是或然的，那么，上帝存在的命题将是一个经验假设。但在那种情况下，从上帝存在这个经验假设和另外的经验假设可能推演出那些有关经验的命题，而这些有关经验的命题是不能从那些另外的假设单独推演出来的。但是事实上，这是不可能的。的确，有时候有人宣称，自然中存在着某种有规则性就构成上帝存在的充分证明。但是，如果"上帝存在"这个句子只导致某些类型的现象在一定的次序上出现，那么，断定上帝存在将只等值于断定在自然中具有必要的规则性；没有一个宗教人士会承认这是他在断言上帝存在中所企图断定的一切。他会说，在谈到上帝时，他是谈到一个超验的存在者，这个存在者能够由于某些经验的表现而被知道，但是，肯定不能用那些表现给这个存在者下定义。但在这种情况下，"上帝"一词是一个形而上学的词；并且，假如"上帝"是一个形而上学的词，那么，有一个上帝存在甚至不能是或然的。因为说"上帝存在"是一个既不能真也不能假的形而上学的说法。用同样的标准，没有一个想要描写超验上帝的性质的句子能够具有任何字面意义。

重要的是不要把这种宗教断定的观点，与无神论者或不可知论者所采用的观点混为一谈。[2]因为不可知论者的特征是主张上帝存在是一种可能性，对这种可能性没有充足理由去相信它或者不相信它；无神论者的特征是主张没有上帝存在至少是或然的。而我们的观点，即一切关于上帝的性质的说法都是没有意义的，跟这些熟悉的论点中的任何一个都绝不是等同的，甚至绝没有给予这些论点以任何支持。我们的观点与这些论点实际上是难以两立的。因为，如果有一个上帝存在这种断定是没有意义的，那么，无神论的断定没有上帝存在同样是没有意义的，因为，只有有意义的命题才能够提出一个与之矛盾的有意义的命题。至于不可知论者，虽然他避免说，或者有上帝，或者没有上帝，但他并不否认有或没有一个超验的上帝存在这个问题是一个真正的问题。他并不否认，"有一个超验的上帝"与"没有一个超验的上帝"这两个句子所表达的命题，一个实际上是真的，另一个实际上是假的。他所说的只是我们没有方法辨别这两个命题中哪个是真的，因此，我们就不应当相信其中的任何一个。但是，我们已经看到这两个句子完全不表达命题。这就意味着不可知论也被排除了。

这样我们就给予有神论者以我们曾经给予道德家那种同样的安慰。有神论者的断定不可能是有效的，但是这些断定也不会是无效的。由于有神论者对宇宙完全没有说什么东西，他不能公正地被责备为说了什么假的东西，或者说了他具有不充足根据的任何东西。只有当有神论者自称他断定一个超验的上帝存在，就是表达了一个真正命题时，我们才有权利不同意他的断定。

　　必须注意，神被等同于自然界的客体时，关于神的断定就可以被承认是有意义的。举例来说，如果一个人告诉我，单是打雷就足以确定耶和华发怒了这一命题是真实的，这既是必要的根据，又是充足的根据，从他的这句话，我就可以得出结论：在他对一些词的用法中，"耶和华发怒了"与"天打雷了"这两个句子是等值的。但是，在不纯的宗教中（虽然这种宗教可能在一定程度上建立在人们对其所不能充分了解的自然过程的畏惧的基础上），被假定为控制经验世界的那个"人格"，它自己却并不是居于经验世界之中；它被认为超越于经验世界，因此是在经验世界之外；并且，它具有超经验的属性。但是，其本质属性是非经验的这样一个"人格"的概念，完全不是一种可理解的概念。我们可以有一个词，这个词被用来好像是称谓这个"人格"的，但除非这个词出现于其中的那些句子表达可以用经验方法证实的命题，这个词就不能认为是代表任何东西。这是关于"上帝"这个词的情况，从那种用法上说，"上帝"一词是企图说到一个超验的对象。仅仅那个名词的存在，就足够助长这样的错觉，即有一个符合这个名词的实在的或无论如何可能的东西。只有当我们探究上帝的属性是什么时，我们才发现在这种用法上"上帝"不是一个真正的名字。

　　发现对超验上帝的信仰与对一种死后存在的信仰相联系，这是很平常的。但是就死后存在这一信仰通常采取的形式来说，这种信仰的内容不是一种真正的假设。说人任何时候都不死，或者说死的状态仅是一种延长了的无感觉的状态，的确是表达一个有意义的命题，虽然，一切能够获得的证据都表明这个信仰是错误的。但是说，在一个人的内部有一种不能知觉的东西，即他的灵魂或他的实在的自我，并且在他死后仍然继续活着，这是作出一个形而上学的断定，它与断定有一个超验的上帝相比较没有更多的事实内容。

　　值得提到的是，按照我们对宗教断定所给予的说明，宗教与自然科学之间的对抗是没有逻辑根据的。就宗教断定的真伪问题而言，自然科学家与信仰一个超验上帝的有神论者之间并没有对立。因为，由于有神论者的宗教言词完全不是真正的命题，所以这些言词不能与科学命题构成任何逻辑关系。宗教与科学之间所具有的这种对抗，仿佛在于科学取走了使人信仰宗教的动机之一。因为宗教情感的基本来源之一就是人们对决定他们自己命运的无能，这一点是大家都承认的；而科学则趋向于破坏人们在注视外面世界时所带有的那种畏惧之情，因而使人们相信，他们能够了解和预见自然现象的过程，甚至在一定程度上控制它。物理学家本身同情地对待宗教最近变得很时髦，这一点是有利于这种假设的。因为这种对宗教的同情标志着物理学家们自己对他们的假设的效准缺乏信心；这是物理学家们与19世纪科学家们反宗教的独断主义分手的反应，并且是物理学刚好经历过的危机的自然结果。

更加深入研究宗教情感的原因，或者讨论宗教信仰长期持续的或然性，不是在这个探讨的范围之内。我们仅涉及回答那些由我们讨论宗教知识的可能性而引起的问题。我们所想证实之点是不能有任何宗教的超验真理。因为有神论者用以表达这样的"真理"的句子是没有字面意义的。

这个结论的有趣之处在于它与许多有神论者自己通常所说的相符合。因为我们常听人说上帝的性质是一件神秘的事情，它是超越于人的理解力的。但是说某种东西超越于人的理解力，就是说它是不能理解的。并且，不能理解的东西就不能有意义地被描述。我们又听人说，上帝不是理性的对象而是信仰的对象。这不过是承认上帝存在必须根据信仰才能领悟，因为上帝存在是不能被证明的。但是，这也可以是一个断定，即说上帝是纯粹神秘直觉的对象，因此，不能用可以被理性所理解的词来下定义。并且，我认为许多有神论者都会断定这一点。但是，如果一个人承认用可理解的词给上帝下定义是不可能的，那么他就是承认，一个句子既是有意义的，而又是涉及上帝的，这是不可能的。如果一个神秘主义者承认他所洞见的对象是不能被描述的某种东西，那么，他也必然承认当他描述这个东西的时候，他必然是在说没有意义的话。

至于神秘主义者，他可能坚决主张，他的直觉给他揭露了真理，即使他不能对别人解释这些真理是什么样子；我们不具有这种直觉能力的人，没有根据否认直觉是一种认识能力。因为，我们几乎不能先天地主张除了我们自己所用的方法之外，就没有方法去发现真实命题了。究竟有多少方法可以表述一个真实命题，回答是我们不加以限制。我们绝不否认综合真理可以用与归纳的理性方法同样的纯粹直觉方法去发现。但是，我们要说明每一个综合命题，不管它是如何达到的，都必须服从于实际经验的检验。我们并不先天地否认神秘主义者能够用他自己的特殊方法去发现真理。我们等待着要听听什么是体现他的发现的命题，以便看到这些命题是否被我们的经验观察所证实或驳倒。但神秘主义者根本没有提出用经验证实的命题，他完全不能提出任何可理解的命题。因此，我们说，他的直觉未曾向他显示任何事实。他说，他掌握了事实，但不能表达这些事实，还是没有用的。因为我们知道，如果他真的得到了任何信息，他就会把这些信息表达出来。他会指出总有一种方法可能经验地确定他的发现是如何真实。他不能显示他所"知道"的，或者甚至不能亲自设计出一种经验的检验去证实他的"知识"，这就表明他的神秘直觉状态不是一个真正的认识状态。所以神秘主义者在描述他的洞见时，没有给予我们任何有关外界世界的信息；他只给予我们有关他自己心灵状况的间接信息。

这些考察推翻了从宗教经验而来的论证，而许多哲学家仍旧把这些论证看成有利于证明上帝存在的。他们认为，人们直接认识上帝就和他们直接认识感觉内容一样，从逻辑上说是可能的；并且，为什么当一个人说他看见一片黄色时，你竟然准备相信他，但当这个人说他看见上帝时，你就拒绝相信他，这是没有理由的。对这一点的答复是，如果那个断言正在看到上帝的人，只是断定他经验到一个特种的感觉内容，那么，我们也就绝不会否认他的断定可能是真的。但是，说看到上帝的人，通常不仅是说他经验到一种宗教情感，而且说存在着一个超验的存在者，这个超验的存在者是这种宗教情感的对象；恰如，那个说他看见一片黄色的人，通常不仅是说他的视觉域中包括一个黄色的感觉内容，而且说存在一个黄色感觉内容所属的黄色的东西。当一个人断定黄色的东西存在时，人们就准备相信他，而当他断定超验上帝的存在时，就拒绝相信他，这并不是不合理的。因为，"这里存在一个黄色的物质的东西"这个句子表达一个能够被经验证实的真正综合命题，而"有一个超验的上帝存在着"这个句子，如我们所已经看到的，倒没有字面意义。

因此，我们可以得到结论，从宗教经验而来的论证完全是谬误的。人们具有宗教经验，从心理学的观点来说，是有趣味的事实，但是这个事实，并不以任何方式暗示着有宗教知识这样的东西，正如我们具有道德经验并不暗示着有道德知识那样的东西。有神论者如同道德家一样，可能相信他的经验是认识的经验，但是，除非有神论者能提出可以用经验证实的命题来表述他的"知识"，我们就可以肯定，他是在那里作自欺之谈。这就必然可以得出结论，那些哲学家，他们的著作中满篇都是断言他们通过直觉"知道"这个或那个道德或宗教的"真理"，这只是为精神分析学家提供资料而已。因为，除非直觉活动提出了一些可证实的命题，这种活动就不能够被认为是显示出有关任何事实的真理。但是，所有可证实的命题都应当被包括在构成科学的经验命题的体系中。

二、自我与共同世界

认识论著作的作者们习惯于假定我们的经验知识必须具有一个确定性基础，因此，就必然会有一些对象，它们的存在从逻辑上说是不容怀疑的。那些作者多半认为他们的工作不仅是描述被他们看作对我们来说直接"给定"的那些对象，而且还要对那些不是这样"给定"的对象的存在作出逻辑证明。因为他们认为，没有这样的证明，大部分我们所谓经验知识就会缺少逻辑上要求的保证。

然而，这些熟悉的假定是错误的，对于那些同意本书论证的人来说，这将是显而易见的。因为，我们已经见到，我们关于经验知识的主张是不能逻辑地证明的，而只能以实际的效果来证明。要求提出一个不是直接"给定"的对象存在的先天证明是没有价值的，因而，也是不合法的。因为，除非这些对象是形而上学的对象，某些感觉经验的出现本身就构成其存在的必要的或可能得到的惟一证明；在那个有关的环境中是否出现与环境相适应的感觉经验的问题，是一个应当在现实的实践中决定的问题，而不是用任何先天论证来决定的问题。我们已经把这种考察运用在所谓知觉问题上，并且，我们立刻就将把这种考察也运用在有关我们自己的存在以及其他人的存在的知识这种传统"问题"上。就知觉问题而言，我们认为，为了避免形而上学，我们不得不采取一种现象论的立场，并且我们将发现，同样的处理必定适合于我们刚才提到过的其他问题。

进一步说，我们已经看到，没有什么对象的存在是不容怀疑的。因为，存在不是一个谓语，所以断定一个对象存在总是断定一个综合命题；并且，已经表明没有一个综合命题是逻辑上神圣不可侵犯的。包括描述我们的感觉内容在内的一切综合命题都是假设；无论这些综合命题的或然性如何大，我们最终可能发现还是抛弃它为妙。这就是说，我们的经验知识不能具有一个逻辑确定性的基础。的确，这一点从综合命题的定义，即一切综合命题都不能被形式逻辑所证明或否证，就可以推论出来。否定这样一个命题的人，用现代合理性的标准来说，他的行动可能是不合理的，但他并不必然会发生自相矛盾；我们知道，惟一确定的命题是那些不能被否定而不发生自相矛盾的命题，因为这些命题是重言式命题。

人们不应认为在否认我们的经验知识具有一个确定性基础时，我们是在否认任何对象是实在地"给定"的。因为，说一个对象是直接"给定"的就是仅仅说这个对象是一个感觉经验的内容，并且，我们绝不是主张我们的感觉经验没有实在内容，或者甚至主张感觉经验的内容是无论如何不可描述的。在这一方面，我们所主张的只是任何感觉经验的内容的任何描写，都是一个其效准不能保证的经验假设。并且，这绝不是等值于主张没有一个这样的假设能够实际上是有效的。我们自己的确不会企图作出任何这样的假设，因为心理学问题的讨论是在哲学探究范围之外；并且，我们已经说清楚，我们的经验主义不是逻辑地依据于休谟和马赫所采用的那样的原子论心理学，我们的经验主义，与无论哪一种关系到我们感觉领域的实在特点的理论，都是相一致的。因为我们所主张的经验主义学说是一种有关分析命题、综合命题与形而上学累赘之间的区别的逻辑学说；这样的经验主义学说与任何心理学上的事实问题都是没有关系的。

然而，把哲学家所已提出的关于"给定"的一切问题都搁置一边；把它们看作在性质上说是心理学问题，因而越出我们的哲学探究范围之外，这样做是不可能的。特别是，不能这样对待感觉内容是心理的还是物理的这个问题；或者这样对待感觉内容是否在任何意义上都属于个别的自我所私有的问题，或这样对待感觉内容是否能不被经验到而存在这个问题。因为这三个问题中，没有一个是用经验检验的方法所能解决的。假如这些问题是完全可以解决的，那么，它们一定是可以用先天的方法解决的。并且由于这些问题都是在哲学家之间引起很多争执的问题，所以我们事实上将试图给予这些问题中的每一个以确定的先天的解决。

我们必须先把这一点说清楚，即我们不接受把我们的感觉分析为感觉主体、感觉活动和感觉客体这样的实在论分析。因为至少我们既不能证实有被认作完成所谓感觉活动的实体存在，也不能证实有作为一种与感觉活动所直接指向的感觉内容不同的东西——感觉活动本身的存在。我们诚然不否认一个给定的感觉内容能够正当地被认为是被一个特殊的主体所经验；但是我们将见到这种被特殊主体所经验的关系是可以用感觉内容分析相互之间的关系，而不是用一个实体的自我和这个实体自我的神秘活动来加以分析的。因此，我们不是把感觉内容当作一个客体来下定义，而是把感觉内容规定为感觉经验的一部分。从这一点就必然推论到，一个感觉内容的存在总是导致一个感觉经验的存在。

在这一点上，必须注意，当人们说一个感觉经验或一个感觉内容存在时，他所作的这个陈述，与他说一个物质事物存在时所作出的陈述是不同类型的。因为一个物质事物的存在，是用作成物质事物这个逻辑构造的感觉内容的实际的和可能的出现来下定义的；并且，人们不能有意义地说到由感觉内容所组成的一个感觉经验的整体，或者说到感觉内容自身，仿佛它是由感觉内容所作成的逻辑构造一样。事实上，当我们说一个给定的感觉内容或感觉经验存在时，我们只是说这个感觉内容或感觉经验出现了。因此，说感觉内容和感觉经验的"出现"，比起说它们的"存在"似乎总是恰当一些，并且这样就可避免把感觉内容看成物质事物的危险。

对感觉内容是心理的还是物理的这个问题，我们的回答是：感觉内容既不是心理的又不是物理的；或者不如说什么是心理的与什么是物理的这两者之间的区别不适用于感觉内容。这种区别仅适用于对象，它是由感觉内容所作成的逻辑构造。但是把一个这样的逻辑构造与另一个逻辑构造区别开来的，乃是由于它是由不同的感觉内容或不同地联系着的感觉内容所作成的。所以，当我们把一个给定的心理对象与一个给定的物理对象区别开来，或者把一个心理对象与另一个心理对象区别开来，或者把一个物理对象与另一个物理对象区别开来时，我们都是在区别不同的逻辑构造，而这些逻辑构造的元素本身不能被认为是心理的或物理的。的确，一个感觉内容不可能既是心理对象的元素，同时又是物理对象的元素，但是有些元素或有些关系在那两个逻辑构造中必然会是不同的。这里重复说明这一点是恰当的，即当我们说到一个对象是由某些感觉内容作成的逻辑构造时，我们并不是说它是由这些感觉内容所实际构造的，或者说这些感觉内容无论如何是它的构成因素。我们只不过是用方便的、稍微有点令人误解的方式去表达那个句法事实，即我们说到它的一切句子都可以翻译为说到感觉内容的句子。

精神与物质之间的区别只适用于逻辑构造，以及逻辑构造之间的一切区别都可以归结为感觉内容之间的区别，这个事实证明心理对象的全类与物理对象的全类之间的差别，在任何意义上都不比任何两个心理对象的附类的差别，或任何两个物理对象的附类的差别更为基本。事实上，属于"某个人自己的心理状态"这个范畴的对象的突出特点是这个事实，即这种心理状态是主要由"内省的"感觉内容和作为某个人自己的身体的元素的那些感觉内容所构成；属于"其他人的心理状态"的范畴的那些对象的突出特点是这个事实，即这种心理状态是主要由作为别的有生命物体的元素的那些感觉内容所构成，促使人们把这两类对象混合起来构成为心理对象的单一的类，其原因是：别的有生命物体的元素的许多感觉内容和他自己的元素的许多感觉内容之间在性质上是非常相似的。但是，现在我们不是提出一个"心理状态"的确切定义。我们感兴趣的只在于弄清楚心与物之间的区别适用于由感觉内容所作成的逻辑构造；而不适用于那些感觉内容自身。因为，逻辑构造之间的区别是由于这些逻辑构造的元素之间有某些区别所构成的，所以逻辑构造之间的区别很明显地与元素之间可能有的任何区别是不同类型的。

这一点也应当是明显的，即除了用指谓感觉内容的符号去给指谓逻辑构造的某些符号下定义这种语言问题之外，就没有关于心与物的关系的哲学问题。过去哲学家们使自己感到烦恼的关于认识上或行动上渡过心与物之间的"鸿沟"的可能性问题，完全是一个虚构的问题，它们是由把心与物或心灵与物质事物看作"实体"的那种没有意义的形而上学概念所引起的。我们摆脱了形而上学之后，就看到，对于心灵与物质事物之间联系的存在，不管是因果联系或认识论的联系，都不能从先天的观点提出反对意见。因为，概略地说，当我们说一个人 A 在时间 t 的心理状态是知道物质事物 X 的状态的；我们所说的只是作为 A 的元素的感觉经验出现在时间 t，包括有一个作为 X 的元素的感觉内容，我们这样说时，也说到了某些映象，这些映象规定，A 可以希望在适当的情况下，会有某些 X 的元素继续出现，并且，这种希望是正确的，因为，当我们肯定心理对象 M 与物理对象 X 是因果地联系着时，我们所说的是，在某些条件下，作为 M 的一个元素的某种感觉内容的出现，是作为 X 的一个元素的某种感觉内容出现的可靠标志。或者，反之亦然。属于这些种类的任何命题是真还是假的问题很明显是一个经验问题。它不能如形而上学家所企图的用先天的观点来决定。

现在，我们来考察感觉内容的主观性问题，——即考察感觉内容出现在一个以上的单一自我的感觉过程从逻辑上说是否可能的问题。为了解决这个问题，我们就必须从分析自我这个概念着手。

我们现在面临的问题是类似于我们已经处理了的知觉问题。我们知道，自我如果不是被作为形而上学的东西看待，就必须认为是由感觉经验作成的逻辑构造。事实上，所谓自我只是由构成自我的实在的和可能的感觉过程的那些感觉经验所作成的逻辑构造。因此，如果我们问什么是自我的性质，我们就是问什么是属于那同一个自我的感觉过程的感觉经验之间所必须具有的关系。对这个问题的回答是这样，即任何两个感觉经验之属于那同一个自我的感觉过程，其充足和必要条件是它们应当包括作为同一身体的元素的那些有机的感觉内容。[3]但是，因为任何有机的感觉内容在逻辑上不可能是一个以上的身体的元素，"属于同一自我的感觉过程"的关系就证明是一种对称的和传递的关系。[4]并且，从属于同一自我的感觉过程的关系是对称的和传递的这一点，就必然可以推论出：构成不同自我的感觉过程的那些感觉经验系列不能具有任何共同的成员。这就等于说，一个感觉经验要属于一个以上的单一自我的感觉过程是逻辑上不可能的。但是，如果一切感觉经验都是主观的，那么，一切感觉内容也是主观的。因为，把感觉内容定义为包括在单一的感觉经验之中，就必然得出这个结论。

这个结论所依据的有关自我的说明，对许多人来说，会不容置疑地被看作奇谈怪论。因为，现在仍然流行把自我看作一个实体。但是，当人们进而探求这个实体的性质时，就发现这个实体的自我是一个完全不可观察的东西。可能假定自我是在自我意识之中显露出来，但是，事情并不是这样。因为，包括在自我意识中的全部东西就是自我回忆它以前的状况的能力。并且，说自我 A 能回忆一些它以前的状况，这只是说构成 A 的某些感觉经验包括符合以前已经在 A 的感觉过程中出现的那些感觉内容的记忆映象。[5]这样，我们就发现，自我意识的可能性绝不包含实体自我的存在。但是，如果实体自我不在自我意识之中显示出来，它就不在任何地方显示出来了。这样一个东西的存在是完全不可证实的。因此，我们就必然地得出结论，实体自我存在的假定，和洛克的关于存在着物质实体的那个不能信任的假定，同样是形而上学的。因为，断定在作为自我的惟一经验表现的感觉下面有一个"不可观察的东西"存在，比起断定在作为物质事物的惟一经验表现的感觉下面有一个"不可观察的东西"存在，显然并不更有意义。这种考察正如贝克莱所见到的，使得给物质事物以现象论的说明成为必要。同样，正如贝克莱所没有见到的，使得给予自我以现象论的说明也成为必要。

我们在这一点上的推论，和其他许多推论一样，是与休谟的推论相一致的。休谟拒绝实体自我的概念也是以没有这种东西可以被观察到作为根据。休谟说，因为每当他最密切地观察他称之为的他自身时，他总是碰到某些特殊的知觉——冷或热，明或暗，爱或憎，痛苦或喜悦。他在任何时候都绝不能没有知觉而抓住他自身，并且除了知觉之外，他绝不能观察到任何东西。这就把他引导到断定自我"不外是一束或一堆不同的知觉"[6]。但是，他断定了这一点之后，发现他自己不能找到那个原则，足以把无数不同的在它们之间不可能看到有任何"实在的联系"的那些知觉联合起来而形成一个单一的自我。他认为绝不能把记忆看作产生人格的同一，而应该看作发现人格的同一，或者换句话说，自我意识必须用记忆来下定义，而自我同一则不能如此；因为，在任何时候，我能够回忆的我的知觉数目总是远远地少于我的过去经历中所实际出现过的数目，而我不能回忆的知觉也如同我能回忆的一样构成我的自我。但是由于这种理由已经拒绝把记忆作为自我的联合原则，休谟不得不承认他不知道什么是知觉之间赖以形成单一自我的那种联系。[7]这种承认经常被理性主义的哲学家所抓住，以证明首尾一贯的经验主义者是不可能满意地说明自我的。

从我们方面来说，我们已经表明对经验主义的这种责备是没有根据的。因为，我们已经用身体同一给人格同一下定义，并且又用感觉内容的类似和连续来给身体同一下定义，从而解决了休谟的问题。这个论证由于下面的事实而被认为是正当的，即在我们的语言中，说一个人在完全失掉记忆或完全改变性格之后仍然存在倒是可以容许的，而说一个人身体消灭之后这个人还存在则是自相矛盾的。[8]因为，被那些指望"死后生活"的人所假定为仍然存在的不是经验的自我，而是一个形而上学的东西——即灵魂。关于这个形而上学的东西，我们不能作出任何真正的假设；这个东西与自我没有任何逻辑联系。

然而必须注意，虽然我们已经证明了休谟的论点，即对自我的性质必须给予一个现象论的说明，但我们关于自我的实际定义不是仅仅重复他的自我定义。因为我们不是像他所显然这样做的，主张自我是感觉经验的总和；或者构成特殊自我的那些感觉经验，在任何意义上都是特殊自我的部分。我们所主张的是，说到有关自我的任何东西，就总是说到关于感觉经验的一些东西，在这种意义下，我们认为自我可以归结为感觉经验；而且，我们关于人格同一的定义就是企图表明这种归结如何能够实现。

由于把彻底现象论同容许一切感觉经验和构成其部分的感觉内容为单一自我所私有的观点这样结合起来，我们就提出了一个可能会引起下列诘难的论证。这种诘难认为，任何人既主张一切经验知识都可以通过分析归结为对于感觉内容的关系的知识，又主张一个人的整个感觉过程是为他自己所私有的，那么，在逻辑上他就不得不成为一个唯我论者，——即主张除了他自己以外，就没有其他的人存在，或者，无论如何没有充分理由来假定除他之外有任何其他人存在。因为，这是从他的前提所必然引申出来的结论，所以这种论证将证明关于其他人的感觉经验不可能形成他自己的经验的一部分，因此，他不能有极小的一点根据相信其他人的感觉经验的出现；并且，在这种情况下，如果人们不过是由他们的感觉经验所作成的逻辑构造，他就不可能有丝毫理由相信任何其他人的存在。这种诘难会认为，即使这样一种唯我论的理论不能被证明为自相矛盾的，它仍然是人所共知的错误的理由。[9]

我建议反驳这种诘难，不是靠否认唯我论是人所共知的错误的理论，而是靠否认唯我论是我们认识论的必然结果。我的确准备承认，如果其他人的人格是我不可能观察到的东西，那么，我就没有理由相信任何其他人的存在。并且，在承认这一点上，我是退让了一步，这种退让，我认为是那些虽然和我们一样主张感觉内容不能属于一个以上的单一自我的感觉过程的大多数哲学家所不愿作出的。恰恰相反，那些哲学家将会主张，一个人虽然在任何意义上都不可能观察到其他人的存在，但是仍然可能有高度的或然性从他自己的经验推论出其他人的存在。他们将认为，我观察一个身体，他的行为与我自己身体的行为相类似，这就使我有权认为可能那个身体是联系于一个我不能观察到的自我，正如我的身体联系于我自己可以观察到的自我一样。在谈到这一点时，他们将会试图去回答的不是心理学问题，即："什么引起我相信其他人的存在？"而是去回答逻辑问题，即"我有什么充分理由相信其他人存在？"所以，他们的观点不能用有些时候人们所提出来的一个论证来加以拒绝，这个论证说明小孩子相信其他人的存在是通过直觉，而不是通过一种推论过程。因为，虽然我相信某一命题，事实上可能是因果地基于我对一种使这种信念成为合理的证据的把握，但是并不必然要如此。说那个具有合理根据的信念经常由不合理的手段而达到，并不是自相矛盾的。

有一种观点认为，我能够用一种基于其他身体的行为与我自己身体的行为的知觉类似而作出类比的论证，来证明有理由相信其他人是存在的，虽然我不能设想观察到有关他们的经验。有一种正确的方法去反驳上述观点，那就是指出，用论证的方法是不能使一个完全不能证实的假设具有或然性的。我能够正当地使用一种类比的论证去证实一个事实上绝没有在我的经验中出现的对象是或然存在的，只要那个对象能够出现在我的经验中是可以设想的。如果这个条件未被满足，那么，就我来说，那个对象就是一个形而上学的对象，而关于那个对象存在和具有某些属性的断定则是一个形而上学的断定。并且，因为形而上学的断定是没有意义的，因此论证就不可能使这种形而上学的断定成为或然的。但是，根据我们所讨论的上述观点，我就必须把其他人看作形而上学的对象，因为这种观点假定，其他人的经验是我的观察所完全接触不到的。

从这一点抽引出来的结论，并不是说其他人的存在对我来说是一个形而上学的假设，所以是虚构的假设；从这一点应当抽引出来的结论是，其他人的经验是我的观察所完全接触不到的这一假定是错误的。正如从洛克关于物质的基质的概念是形而上学的这一事实中抽引出来的结论并不是说：我们关于物质事物所作出的一切断定都是没有意义的，而是洛克对物质事物这一概念的分析是错误的。正如我给物质事物和我自己的自我下定义必须用它们的经验表现一样，我给其他人下定义，也必须用其他人的经验表现。即是说，是用其他人的行为，归根到底是用感觉内容来给他们下定义。如果在这些感觉内容的"后面"有一些东西，这些东西甚至在原则上也是我的观察所接触不到的，这种假定对我来说，比起那种明白的形而上学假定所说的在感觉内容"下面"有这样的东西构成我观察的物质事物或我自己的自我，并没有更多的意义。因此，我发现正如我有充分理由相信物质事物的存在那样，也有充分理由相信其他人的存在。因为，在每一种情况下，我的假设都是用感觉内容的适当系列在我的感觉过程中出现来证实的。[10]

不应当认为，把其他人的经验归结到一个人自己的经验无论如何意味着否定其他人的实在性。我们每一个人都必须用他至少在原则上所能观察到的东西去给其他人的经验下定义，但这并不意味着，我们每一个人都必须把一切其他人看作那么多的机器人一样。相反地，有意识的人与无意识的机器之间的区别就在于可知觉的行为的不同类型之间的区别。当我断定一个对象看起来是一个有意识的东西，其实并不是一个有意识的东西，而仅是一个傀儡或机器时，所能提出的惟一根据是它不能满足一种足以决定它具有意识或没有意识的经验检验。如果我知道一个对象完全像一个有意识的东西按照定义所必须行动的那样行动，那么，我就知道这个对象是真正有意识的。并且，这是一个分析命题。因为当我断定一个对象是有意识的，我仅是断定这个对象对任何可以设想的检验都会有所反映，显示出它是有意识的那种经验表示。我不是在作关于我甚至在原则上也不能观察到的事件出现的形而上学设定。

此外，一个人的感觉经验是为他自身所私有，因为每一个感觉经验都包括一个属于他的身体而不属于其他人的有机感觉内容，这个事实，似乎完全与他具有充足的理由相信其他人存在相符合。因为，如果他准备避免形而上学，他就必须用某些感觉内容的实在出现和假设出现来给其他人的存在下定义。那么，必要的一些感觉内容在他的感觉过程中出现，就给予他一个充足的理由相信除他自身以外还有其他的有意识的东西存在。因此，我们看到，"我们关于其他人的知识"的哲学问题，就不是用论证去肯定完全不能观察到的东西的存在的不能解决的和确实虚构的问题，而只是指出经验地证实某一类型的假设的方式问题。[11]

最后，必须说清楚，我们的现象论不仅与我们每一个人有充足理由相信有许多与他自身同类的有意识的东西存在这个事实相符，而且也与我们每一个人有充足理由相信这些有意识的东西相互联系并与他联系，而且居住于一个共同的世界之中这个事实相符。因为，乍然一看，一切综合命题归根到底涉及感觉内容这个观点，同没有感觉内容能够属于一个以上的人的感觉过程这个观点结合起来，似乎就意味着没有一个人能够具有任何充足理由去相信一个综合命题对任何其他人来说，也像对他自己一样，具有同样的字面意义。即是说，可以认为，如果每个人的经验为他自己所私有，那么，就没有人有充足理由相信任何其他人的经验与他自己的经验具有同样的性质，因此，就没有人有充足理由去相信他所了解的论及他自己的感觉经验内容的那些命题，曾经以同样的方式被任何其他人所了解。[12]但是这种推理将是谬误的。从每一个人的经验为他自身所私有并不能必然推论出没有一个人曾有充足理由相信其他人的经验与他自己的经验具有同样的性质。因为，我们确定两个人的感觉经验性质上的同一与差异是依据这些感觉经验对经验检验的反应的相似与不相似。例如，决定两个人是不是有同样的色觉，我们就去观察他们在遇到一切有色空间时是否以同样的方式加以分类；并且，当我们说一个人是色盲，我们所断定的是他给某些有色空间分类与多数人所进行的分类方式是不同的。这一点可能被诘难，两个人以同样的方式把有色空间分类，只证明他们的颜色世界具有同类的结构，而不是具有同样的内容；另一个人可能是在完全不同的色觉的基础上赞成我所作出的关于颜色的每一个命题，虽然由于这种差异是系统的，我们之中没有哪一个人能够在任何情况下发现这种差异。但是对这种诘难的回答是，我们每一个人都必须依据他自己所能观察到的东西来给其他人的感觉经验内容下定义。如果他把其他人的经验看作主要是不能观察到的东西，这些东西的性质必须想办法从主体的可知觉的行为中推论出来，那么，正如我们已见到的，甚至那个关于其他有意识的东西存在的命题，对他也变成一个形而上学的假设了。因此，把人的感觉的结构与内容划分开来，——如像对别人的观察来说，只有结构才是可以接触到的，而内容则是不可接触到的，这样划分是错误的。因为，如果其他人的感觉的内容对我的观察来说确实是不可接触到的，那么，关于其他人的感觉的内容，我就什么都不能说了。但是事实上，有关其他人的感觉的内容，我的确作了有意义的陈述；并且，我之所以作出这种陈述，乃是因为我依据我自己能够观察到的东西给其他人的感觉的内容下定义，也给其他人的感觉内容之间的相互关系下定义。

同样地，我们每一个人都有充分理由假定其他人是了解他的，并且，他也了解他们，因为他观察到他的言辞影响到他们的活动，产生他认为合适的效果，他们的言辞也影响他的活动，产生他们认为合适的效果。相互的了解就是依据这种行为的协调而被规定的。并且，因为断定两个人居住在一个共同的世界之中，就是断定他们至少在原则上能够相互了解，从这就得出结论：我们每个人，虽然他的感觉经验为他自己所私有，但他具有充足理由相信他与其他有意识的东西居住在一个共同的世界中。因为我们每一个人观察了代表他自己和其他人的行为，因而构成必要的了解。并且，在我们的认识论上没有包含任何否定这个事实的东西。

注释

[1] 参见《道德哲学的性质》，见《哲学研究》。

[2] 这一点是普赖斯教授提示我的。

[3] 这不是惟一的标准。参见《经验知识的基础》，142～144 页。

[4] 关于对称的和传递的之关系的定义，参见《语言、真理与逻辑》第 3 章。

[5] 参见罗素：《心的分析》，第 9 讲。

[6]《人性论》，第 1 卷，第 4 部分，第 6 节。

[7] 参见《人性论》，附录。

[8] 如果采取人格同一的心理学标准，这就不是真实的。

[9] 参见斯特宾：《逻辑实证论与分析》。

[10] 参见卡尔纳普：《哲学中的假问题：其他人的精神的和实在论的争论》及《物理语言中的心理学》，载《认识》，1932(3)。

[11] 这个问题在导言中有所论及。

[12] 这个论证被斯特宾教授用在她的论文《论联系与证实》上，见《亚里士多德学会补充议事录》，1934。

节选自〔英〕A. J. 艾耶尔：《语言、真理与逻辑》，上海，
上海译文出版社，1981。尹大贻译。

[美]斯蒂文森(Charles Leslie Stevenson，1908—1978)

《伦理学与语言》(1944)(节选)

《事实与价值》(1963)(节选)

《伦理学与语言》（1944）（节选）

一、伦理分歧

(甲)信念分歧与态度分歧

我们的第一个问题虽然看起来是表面性的，但实际上却具有极为重要的意义。

道德一致和分歧的性质是什么？它与自然科学中出现的一致和分歧的性质相同吗？如果二者之间存在着差异，那么这种差异仅仅是一种题材上的差异呢，还是一种具有更普遍的意义上的差异？

如果我们能够回答这一问题，那么对于构成规范难题的东西就可以获得一种普遍性的认识，关于道德术语和方法的研究也就有了适当的方向，因为这种研究必须解释规范问题怎样变得清晰易懂以及怎样才易于接受论证和探索。当然，也有一些与这一问题没有直接关系的规范问题，例如那些在个人的深思熟虑中而不是人与人交往中所产生的问题，和那些不包含人与人之间的分歧或一致而纯粹是个人内心犹豫不决或增强信念的问题。但在下面我们将会看到，即使是这类问题，也与我们所提出的第一个问题，有着间接的联系。同时，如果我们首先注意观察人际交往之中的困难与问题，将给我们带来一些便利，因为正是在人际交往的问题之中道德术语和方法的用法得到了最清楚的证明。

为了简便起见，我们把注意力明确限定在"分歧"这个术语上，通过该术语的含义来研究与之相反的肯定性术语①。首先，必须区分"分歧"的两大类型。我们完全可以用一般的方法来进行这种划分，而暂时不去决定究竟哪一种分歧是最典型的规范伦理学分歧，并从其他学科中寻找说明问题的实例。

对于科学、历史、生物学及其相应的日常生活中出现的分歧，我们只需稍加注意一下就行了。无论光传播的性质，还是利夫·埃里克森(Leif Ericsson)的航海，或者琼斯最后一个进来喝茶的日期，这些所引起的疑问在性质上都是相似的，因为它们都包含着某种主要属于信念方面的对立。（"信念"这个术语绝不能——至少暂时不能——包含道德确信的含义，因为后者是否属于本义上的"信念"，还是一个有待讨论的问题。）在这类事例中，一个人认为 P 是答案，另一个人则认为非 P 或某个与 P 不能共立的命题是答案，并且各自都可以在讨论过程中努力提出一些证据来论证自己的观点，或者借助较新的材料来修正自身的观点。我们把这种情况称为"信念分歧"。

还有另一些事例，虽然与上述事例截然不同，但同样可以恰当地称之为"分歧"。这些分歧涉及的不是信念，而是态度的对立——有时是短暂和缓的，有时是强烈的——即意图、愿望、需要、爱好、欲望等的对立。[1]由于人们常常情不自禁地从理智的角度看待这些情境，过分注意其中的信念成分，所以仔细地研究具体情境对我们是有帮助的。

假设两个人决定共进晚餐。一个人建议到有伴乐的饭店去，另一个却表示他不喜欢听音乐并建议去另一个饭店。于是就像我们通常估计的那样，他们在选择究竟去哪一个饭店吃饭的问题上，很难达成一致的意见。这一分歧与其说来自不同的信念，不如说来自不同的爱好。只要他们俩都希望去同一饭店，分歧就会随之消失。这个简单事例中出现的分歧虽然是和缓的、暂时的，是一种小规模的分歧，但仍然是地地道道的"分歧"。

———————————

① 即一致。

　　我们很容易找到更多的例子。A 太太在社交上雄心勃勃，希望多与名流交往。而 A 先生却为人随和，对老朋友忠心耿耿。于是他们在邀请哪些客人参加晚会的问题上就会发生分歧。博物馆馆长希望购买当代艺术家的丹青，而他的顾问却希望购买以往大师的名作，他们之间也会产生分歧。约翰的母亲担心踢足球危险，希望他不要去踢，约翰尽管在信念上也同意存在着危险，但却无论如何要去，于是他们之间也发生了分歧。这些例子和前面的那个事例一样，都包含着态度上的对立，其区别仅仅在于这里的态度更强硬一些，对方维护自己的态度可能也更认真一些。我们把这种分歧称为"态度上的分歧"[2]。当两个人对同一事物持有相反态度（例如一个人赞成，一个人反对），而且至少其中的一方意图改变对方态度或者怀疑对方态度的正确性时，我们就说他们存在着态度上的分歧。然而我们还要仔细考虑这种情况：一个人在试图改变另一个人态度的同时，也会因为受该人意见的影响而准备改变自己的态度。态度上的分歧与信念上的分歧一样，不一定都导致敌对性的竞争。相反，当在某种双方都认为有益的相互影响下，可能会引起双方目标的互换。

　　两种分歧的差别主要表现在两个方面：前者是关于怎样如实地描述和解释事情的问题，后者是关于怎样才能赞成或不赞成这些事情，并因此怎样通过人的努力形成或修正这些事情的问题。

　　当我们把它们的区别应用到下述事例中时，可以更为清楚地看到这一点。假设尼雅热温先生坚持说大多数投票人赞成某一议案，而克劳热斯提尔先生却坚持说大多数投票人反对这个议案，这时两人之间显然存在着分歧，而且这种分歧与态度（即他们相信投票者所具有的态度）有关。这两位先生之间出现了态度上的分歧了吗？显然没有。就上面所说的争论而言，他们的分歧是关于态度的信念分歧，而不一定就是态度本身的分歧。关于态度的信念分歧只是信念分歧的一种特殊形式，与关于感冒的信念分歧一样，其区别仅仅在于题材的不同。它并没有蕴涵着说话者本身态度的对立，而仅仅与他们关于投票人态度的信念对立有关。而态度分歧所指的却只是说话者自身态度上的分歧。这两位先生没有对立的态度，却有关于态度的对立信念，正像他们没有对立的感冒，却有关于感冒的对立信念一样，就他们都力图公正地描述人们的态度状况而言，他们的分歧是信念上的，态度在这里仅仅作为认识的对象而存在。

　　类似的区分也适用于"一致"这个肯定性术语。一致既可以指相同的态度，又可以指相同的信念。信念上的一致，即使是关于态度的信念上的一致，也必须与态度上的一致区分开来。为了方便起见，可以把信念或态度上的"一致"作为"分歧"的逻辑反语，而不是作为它的全然对立词来使用。如果人们摇摆不定、犹豫不决，如果人们只有信念或态度上的差异，而并不力图消除这些差异以取得统一，那么他们之间就既不会有"一致"，也不会有"分歧"。

　　为了保持阐述上的一致性，我们将继续集中注意对"分歧"的探讨，并把"一致"主要当作"分歧"的反义词来考察。之所以不采用相反的、也许看起来更自然的研究程序，仅仅是因为我们下面将要把信念与态度的区分加以扩展，贯彻到整个方法论中去。由于这一特殊目的，必须对"分歧"进行比对"一致"更详尽的研究，因为在任何既定社会里，被普遍接受并通过社会习俗具体体现出来的道德规范，固然比有争议的道德规范要多得多，但后者却能提供这样一些实例，在这些实例中，推理方法得到了更为明显的运用，因而也较易于研究和说明。

　　现在，我们必须看看两类不同的分歧是如何联系在一起的，并继续通过非伦理学（至少不明显是伦理学）的例子来说明我们的观点。

　　现实生活中出现的争论，常常不是只包含一种分歧，完全排斥另一种分歧，而是二者兼存的，因此我们不可能把自己的信念和态度截然区分开来。许多人都指出过，我们的态度使我们沉迷于希望的思考之中，而且因为态度会导致我们抑制或发展我们的某些信念，这些信念可以向我们揭示出达到既定目标的手段。反过来，我们的信念也常常影响我们的态度，因为如果我们改变了对于某些事物性质的信念，也就可能改变自己对它的赞许形式。信念与态度之间的因果联系不仅是密切的，而且是相互的。是一般的信念引起一般的态度，还是相反？这个问题只会使人误入迷途。这就好比问："是流行作家影响公众趣味，还是公众趣味影响流行作家？"我们必须摒弃那种认为信念和态度只能互相排斥的观点。影响是双向的，虽然有时一方会占据优势。

　　因此，上面所区分的这两种分歧实际上有着密切的联系。在有些事例中，一种分歧的确完全依赖着另一种分歧。假设 A 和 B 对 X 的真实面目有相同的态度，但由于 A 对 X 的信念是错误的，而 B 对 X 的信念是正确的，那么两者对于 X 本身就会产生相异的态度。通过讨论和研究，纠正了 A 的错误，可以解决 A 和 B 的信念分歧。而信念分歧的解决反过来又足以导致态度分歧的消除。X 之所以会引起态度分歧，正是由于它所产生的信念分歧。

　　在这一类的例子中，人们大概会反对这样的说法："两种分歧起初都存在，其中一种依赖于另一种"，而会说："最初出现的仅仅是信念上的分歧，关于 X 的态度分歧纯粹是表面的。"然而，如果 X 能够清清楚楚地呈现出来，以致双方不论对它的信念有何分歧都能够指称同一个 X，那么后一种说法将会使人产生严重的误解。一个人肯定在尽力支持 X，而另一个人肯定在尽力反对 X，如果由于无知，一个人采取了违反自己更大目的的行动，那么在 X 的问题上，最初的态度分歧是真正的分歧，这种说法仍然是完全恰当的。把"表面上的"分歧这个术语仅仅用于具有模棱两可性的事例之中，是适宜的。在这种事例中，双方虽然用同样的术语指称 X，但实际上其中一方指称的却是 Y。

　　无论分歧在什么地方出现，两种分歧的联系总是事实的而不是逻辑上的。仅就逻辑可能性而言，可以出现没有态度分歧的信念分歧。因为即使一个争论必然是在某种动机的驱使下提出的，并因此不可避免地要涉及态度，但不能说伴随信念出现的态度也必然是对立的。例如，人们可以具有共同的理想和目标，并以此指导自己的科学理论，但仍会得出完全不同的观点。同样，也许每一种态度都必然伴随某种关于其对象的信念，但伴随对立态度出现的却并不一定是不相容的信念。例如 A 和 B 两人都相信 X 有 Q，但正因为如此，他们才对 X 持有不同态度：A 赞成包含有 Q 的东西，而 B 反对这样的东西。既然可以发生两种分歧一起出现或两种分歧都不出现的情况，那么逻辑可能性就是多种多样的。所以在任何一个或一组既定事件中，人们都必须求助于经验来确定哪种可能性实际上是可以实现的。但是正像我们下面将清楚看到的，经验明确地告诉我们，它包含着两种分歧（或一致）的事例是无穷无尽的。

　　现在我们已明白了两种分歧怎样才能区分开来，又如何（在非常广泛的意义上）相互联系起来的。在这一初步探讨中还有最后一点需要提请注意。我们在对两种分歧进行区分时，实际上是以假设一个更为普遍的区分即信念与态度的区分为前提的。像很多心理学上的区别一样，后一区分是很难说清楚的。进一步的分析将会损害我们所作的区分吗？任何把信念与态度截然分离的做法是否都是一种古老思想流派的反映？按照这一流派的说法，信念作为众多内心印象的汇合，是一个特殊认识官能的产物，而态度不过是另一个完全不同的官能的驱动力或能力。

只要稍加考虑，我们就会看到，完全可以用更合法的方式继续使用我们所作的区别。例如，我们可能会接受这样一种实用主义的观点，即必须（至少部分地）联系行动的意向来分析信念和态度。只要人们恰当地理解这一观点，就会发现它绝没有把信念和态度"等同视之"的意思。它表明，信念和态度的相似性要比以往的心理学家想象的大得多，但这并不等于说二者在每一方面都一样。两者之间的相似性不会消除它们的差异。

如果说恰当地说明信念和态度的区别是困难的，那么为了实际的目的，我们在生活中又不得不每天进行对这二者的区分。一位象棋大师与一个新手对弈，开局时却走了似乎相当差劲的一步。旁观者纳闷了："这种走法是因为他认为这是一步高招呢？还是出于宽宏大量不想给对手布下咄咄逼人的开局呢？"信念和愿望的区别在这里显然已经不再具有实际的意义而仅仅是一种想象产物。一个人可以想象这位大师对这种开局是经过深思熟虑的，用不用这种方式是以他是否想赢的愿望为转移的。一个人也可以想象这位大师总是抱着赢棋的愿望，用不用这种方式是以他的信念变化为转移的。如人们在想象复杂的"因果要素"中的这一独立变量时，力图将"信念"或"态度"看作实在的东西，那么为了纠正错误，所需要的就不是抛弃那些仅仅空谈行动的一般术语，而是尽量理解隐藏在简练语言后面的所有复杂关系。信念和态度是可以区分开来的要素，一个由它们决定的行为将随着任何一个要素的变化而变化，这种说法就是使用了一个熟悉的英语习语，只要不把这个习语变成某种人为的简单模式，它就能很好地表达我们要说的意思。这与下面的陈述很相似：收音机的选择性和灵敏性是可以区分开来的要素，由它们决定的收音质量将随其中任何一个要素的变化而变化。这种陈述不必使"选择性"和"灵敏性"指称收音机的实体部分；同样，关于信念和态度的陈述，也不一定代表人们实在的心理。

在下棋者的例子中，还可以补充一点，即旁观者并不缺少判断什么样的态度和什么样的信念在决定象棋大师下棋的经验标准。不管旁观者的推论会把他引向哪里，他都必须从观察象棋大师的行为开始，因为只有在行为中才能找到作出实际决定所需要的一切证据。使其能够作出这一决定的行为，不知要比单纯移动一步棋子复杂多少倍。

二、工作模型①

(甲)道德判断和祈使句的比较

关于分歧问题所获得的结论，为我们研究伦理学术语和伦理学方法论的基本特征开辟了道路。本章将有意以简化的方式探讨这两个课题。它不是要对道德判断作详尽分析，而仅仅提供供分析用的工作模型——即一些定义。这些定义具有近似的道德含义，其近似的程度足以有助于达到我们眼下的目的。对于证明或论证道德判断方法的考察仅限于工作模型所涉及的范围之内。这一做法将有助于介绍我们研究的本质特征，强调这些特征的相互依赖性，并指出下面将要再仔细展开的一些关节点。

可以从关于意义的某些看法开始我们的研究。在前一章里可以清楚地看到，任何定义，如果试图把道德术语和科学术语二者的意义等同起来而不加以进一步的解释和限定，就极可能造成人们的误解。这种定义会使人认为，规范伦理学的问题和科学问题一样，引起的仅仅是信念上的一致和分歧。这种意见由于忽视了态度分歧，因此在道德术语实际应用的情境中，它至多只能把握住了问题的

---

① Working Models，在斯蒂文森的著作中，实际上就是一些定义。他之所以把这些定义称为"工作模型"，是因为这些定义代表着他对一些道德概念的理解。按照这种理解去分析道德概念(术语)和命题的意义和功能，是其情感主义伦理学的基本内容。

一半。

我们不能忽视语言的多义性和灵活性来死守这个结论。完全有理由这样说："道德术语的有效意义有时全部是科学上的，而道德术语的部分有效意义则永远是科学上的。"但是，还有很多常见的事例，在这些事例中道德术语的使用方式并不仅仅是科学上的，我们必须承认这些术语具有与其非科学性功能相应的意义。

这种超科学意义的性质是什么？我们把道德命题与其他用法相似但较简单的命题作一比较，用类推法研究这个问题。

在日常祈使句中我们可以找到有趣的类似例子。从"你应该保卫你的国家"不是很容易过渡到"保卫你的国家！"吗？或者再说得通俗些，我们教训孩子说："你们不应该哭。"这意思用"不许哭"这句话不是同样可以表达吗？毫无疑问，二者有着许多差别，但它们同样也有着这样的共同点：无论道德命题还是祈使句，主要都是用来鼓励、改变，或者约束人们的行为和目的，而不仅仅是对它们进行描述。在这方面它们都与科学命题不同。因此在与态度分歧有关的争论中，祈使句和道德判断一样显然占有重要地位。例如前面我们第一次使用态度分歧这个概念时所举的那个去哪个饭店就餐的争论[3]，就完全可以用祈使句来开始：

A：7点钟去"格伦乌"与我一起共进晚餐！
B：别去有音乐的饭店。我与你在"大使"饭店会面。
A：但你一定要赶到"格伦乌"！……

于是争论就开始了。态度分歧既可以用普通第二人称的祈使句形式来表示，也可以用第一人称复数形式"让我们——"的形式来表示。

由于祈使句与道德命题具有相似的功能，所以研究一些把它们部分地等同起来的定义是有用的。这些定义虽然既不能恰如其分地标示出祈使句与道德命题用法上共同具有的微妙之处，也显然不够精确，但它们以粗略的形式保留了道德分析的许多本质特征，因此把它们作为祈使句和道德命题的近似东西加以分析，对我们将是有帮助的。正是这些定义，构成了前面曾经提到过的"工作模型"。

可以用很多方法设计这些"工作模型"，但下面所列的也许最为实用：

(1)"这是错的"，其意思是说：我不赞成它，你也别赞成吧！

(2)"他应该这样做"，其意思是说：我不赞成他不这样做，你也别赞成吧！

(3)"这是善的"，其意思是说：我赞成它，你也赞成吧！

我们注意到，每个定义都由两部分组成，第一部分是说明性的陈述："我赞成"或者"我不赞成"，它描述说话者的态度。第二部分是祈使性的陈述："你也这样吧！"它致力于改变或加强听话者的态度。两部分共同发挥作用，很容易引起态度上的一致或分歧。下面的例子可以清楚地说明这一点。

A：这是善的。
B：我完全同意，它确实是善的。

根据上述的模型，对它进行直接翻译后就成为：

A：我赞成这件事，你也赞成吧！
B：我完全愿意赞成它，你也(继续)赞成吧！

这些话中的陈述部分，由于证实了双方的态度是相同的，所以就足以表示相互间的一致。但如果把它们单独拿出来，他们所暗示的至多不过是对态度的纯描述。这时候，它们没有那种热情地表示赞许时所具有的感染力——这种感染力就是人们态度上的相互影响。它使人们自身的赞许评价加强和鼓舞其他人的赞许态度。后面的这一效果正是人们在道德判断上取得明确一致的最重要特征。通过对上面所举例子的解释，祈使句的意义已经得到了一定的揭示(虽然还很不完善)。

我们再来研究一下分歧的例子。

A：这是好的。

B：不，它是坏的。

用工作模型来解释，它就变成：

A：我赞成这个，你也赞成吧！

B：不，我不赞成它，你也别赞成！

这些话的陈述部分表明两个人有对立的态度，一个赞成，一个不赞成。而祈使部分则表明每一个人都在建议对方改变态度。既然已经限定了"态度分歧"仅仅与态度对立有关，仅仅与怀疑或者更改他人态度的企图有关，那么显然，前面提出的工作模型为这种分歧（尽管仍然是以不完善的形式）保留了一席地位。

但如果要工作模型对我们有利而不是有害，那么，使用它们时必须极为谨慎。虽然它们强调态度上的一致和分歧是必要的，但却没有强调信念上的一致和分歧，因此不能明确揭示道德问题的双重起源。如果说传统理论经常只见信念不见态度，那么我们一定不能犯相反的错误，只注意态度而看不见信念。后一错误，将会造成伦理学似乎与理性讨论和探索毫不相干，因此其错误的性质比前者更为严重。

但是既避免这个错误、又保留作为近似定义的工作模型是可能的。初看起来，道德争执的全部性质及其组成要素的相对重要意义，似乎都应该仅从道德术语的定义中得到清楚说明，但这种要求并不一定非要满足不可。只要能够在别的地方适当地确立起研究重点，就不必死守这种要求。而且，对一个定义的中心要求，就是要求它为全面解释问题提供妥善的办法。如果工作模型突出了信念而忽视了态度，那么要通过补充的说明来纠正这种强调的重点是很难的。正因为如此，我们必须抛弃传统型定义。相反，如果在工作模型中突出了态度而忽视了信念，那么重新确立正确的研究重点就是轻而易举的事了。在后面的讨论中，我们还将转向方法论研究，那时伦理学的认识内容必然会引起我们的格外关注。在这一点上，如果仔细恢复信念问题在伦理学中的适当地位，承认它们是极其复杂和多样的，我们就能对研究所涉及要素的各自地位作出恰当的权衡。

因此，在本章和随后几章中，对意义的分析将强调态度的一致与分歧，而对方法的分析将强调信念的一致和分歧。这样做不仅不会掩盖两种因素之间的密切联系，相反，我们将看到，它使这种联系更加明确。然而，重要的是要看到这种做法带有某种程度的主观任意性。为了使我们的分析完全彻底，还需要采取另一种做法。与此同时，必须十二分小心地注意，每当关于意义的讨论暂时与其他分析相脱离，不再向人们提示信念在道德问题中只有次要的地位时，就必须阻止这种讨论，因为这样的观点不仅与我们分析的性质相矛盾，而且也与日常生活经验中最明显的事实不相容。

我们一旦避免了这一混乱，就会发现工作模型常常是富有启发性的。祈使句是工作模型的组成要素之一，具有相当有趣的功能。为了理解这一点，让我们把定义"善"的工作模型[4]，与下面这个和它十分相似的模型作一比较：

（4）"这是善的"，其意思是说："我赞许它，并且我希望你也赞许它。"

这个模型与模型（3）的区别，仅在于陈述句"我希望你也赞许它"，代替了祈使句"你也赞许它吧"。这个变化似乎微不足道，因为在现实生活中，"做某事"与"我希望你做某事"，常常在同样的意义上使用。例如："我希望你打开窗户"与"请打开窗户"，通常有着同样的祈使效果。祈使的功能并不仅限于祈使语气。而且，如果认为出现在模型（4）中的陈述句也具有祈使功能，那么过多地解释模型（3）与模型（4）的区别确实也就有点多余了。但事实上，模型（4）依然可能引起混乱。"我希望你也这样做"，这句话既可以被认为具有祈使功能，也可以被认为不具有祈使功能，甚至可以仅仅被看作对于说话者精神状态的内容描述，用以描述他的希望，用来为达到认识目的而转达关于这些期望的信念，而不是求得它们的满足（如果说在日常生活中，这种解释不可能出现的话，那么在抽象复杂的哲学理论里这种解释却比比皆是）。特别是模型（4）也许会使人想到，说"这是善的"这样一句话，其主要的甚至惟一的目的，就是表达关于态度的信念。它所强调为可能是信念上的一致和分歧，而根本不包括态度上的一致和分歧。定义(3)优越于定义(4)的地方，就在于它不容易受到这样的曲解。作为定义(3)组成要素的祈使句，从来不会仅仅被用作内省记录，因而清楚地表达了这样一个确定的事实：“善”不仅用于表达关于态度的信念，而且用于加强、改变和指导态度本身。

我们将第22页上的第二个例子加以扩展，就可以看出定义(4)这种容易使人误解的特征。如果按照定义(4)而不是定义(3)的方式来解释这个例子，它就变成了：

> A：我赞成这件事，并且希望你也赞成。
> B：不，我不赞成它，希望你也不要赞成。

如果把它们看作纯粹的内省报告，这些陈述在逻辑上并不矛盾。每一个人都在描述自己的精神状态。既然他们的精神状态不同，因此每一个人的报告都可能是正确的。但是，如果我们还记得，这些陈述据称分别是对“这是善的”“这是恶的”的解释，那么我们就可能得出这样的一个结论：“按照定义(4)的说法，在善恶问题上人们并没有真正的分歧。他们也许认为相互间有分歧，但那只是因为混用了代词的缘故。G. E. 摩尔实际上就是用这一结论作为归谬法，来处理任何完全依说话者态度为转移来解释“善”的含义的定义[5]，并承认了他的分析所依之进行的隐含假设。人们普遍接受了他的观点。但是，如果“我希望你也这样做”被认为具有祈使功能，以补充它的描述功能——或者进一步说，如果按照定义(3)的要求，用一个祈使句代替这个陈述句——并且如果承认道德争论与态度分歧有关，那么就必然会得出一个极为荒谬的结论，即：“人们在道德问题上不存在真正的分歧。”这个结论不仅忽视了摩尔提出的“善之不可定义性”，而且坚持了道德争论完全是信念问题这个观点。实际上，这些信念是通过检查道德命题自身而建立起来的，并与许多其他命题互不相关，尽管后者构成了这些信念发挥作用的一部分语言环境，但必须指出，不愿追究信念之外的东西（相当荒唐的是，这种探究通常不是因为形成了太多信念，而是因为信念太少而结束的），既不是摩尔的许多"自然主义"对手的特征，也同样不是摩尔本人的特征，而且他通常比他们更仔细地强调分析信念与其逻辑结论是互为前提的。

以上我们指出了工作模型的性质。对于"区分道德陈述和科学陈述的东西是什么"这个问题，我们的回答是：道德陈述部分地具有近似于祈使句的意义。正是这种祈使意义，解释了道德判断之所以与态度的一致和分歧具有密切关系的原因，并有助于说明规范伦理学怎样才能与心理学和其他自然科学区分开来。

（乙）使伦理学成为可推理和探究之科学的因素

现在我们必须转而研究方法问题。当人们在评价问题上发生争论时，用什么样的推理方式才有希望达到一致呢？答案目前还只能以概略的形式提出来。因为要完全地解决这一问题，必须预先假定工作模型无需任何修正就能为人们所接受。这一条件显然并不成立，那么我们就只能作出粗的近似的回答。

"这是善的"，这个工作模型是由（a）"我赞成这个"和（b）"你也赞成吧"两者结合而成的。一个证据如果能分别证明（a）和（b），那么也一定能够证明（a）和（b）的合体。所以我们就先来看看怎样才能分别证明这些句子。

句子（a）没有什么问题，它是一个对说话者精神状态的断言。因此，就像一切心理学陈述一样，可以得到经验的（反省的或行为的）证实或证伪。

句子（b）却产生了一个问题：它是一个祈使句，根本无法被证明。怎么才能证明一个命令呢？如果我们要求一个人把门关上，而他却回答说："证明它！"我们难道不会——说得婉转些——变得有些不耐烦吗？

这样看起来，道德判断似乎只能得到不完全的证明。就"这是善的"所包含的意义（a）来说，是可以证明的；而就它所包含的意义（b）来说，要求证明又是荒谬的。我们似乎只能得出一个令人苦恼的贫乏结论：如果一个人说"X是善的"，并且能证明他真的赞成X，那么人们无论对该陈述提出什么样的疑问，他都能给予恰当的证明。

现在看起来，事情好像的确如此。然而我们之所以会得出这样的结论，却是因为我们默认了这样一个假定的前提：伦理学中的证明必须与科学中的证明绝对相同。而根本没有想到，道德判断可以有一种与科学证明完全不同的证明方式。或者不如说，由于"证明"是一个容易造成误解的术语，我们可以这样表达我们的意思：伦理学中是否存在某种"替代证明"的东西，例如某种支持或者用理由来辩论，它们虽然与科学中的证明不同，但同样有助于消除人们的疑惑，而通常正是这种犹豫不定才使人们要求证明的。

如果存在着某种与证明相似的东西，那么毫无疑问，我们必须在现在的方法论研究中对它加以考虑，否则这种研究就可能会受到严重的误解。它会使人猜想：缺乏严格意义的证明方式会使伦理学丧失"理性基础"或道德绝对必需的"公认的有效性和合法性"。事实上，所需要的这一切都可以由上述的类似证明来提供。

为了具体说明这一点，我们要回到祈使句问题上去，因为祈使句提出了一个方法论上的困惑问题。祈使句尽管无法被"证明"，但是否存在某种至少可以"支持"它们的理由或论据呢？

这个问题并不困难。因为对于任何祈使句，我们都可以问道："为什么？"这个"为什么"就是在要求一个理由。例如：如果我们要求某人把门关上，他问道："为什么？"就可以得到这样的回答："因为风太大"或者"嘈杂声音使人心烦意乱"，等等。又例如，如果某人被告知要努力工作，也许他会问道"为什么？"别人就会这样回答他："你如果不努力工作，就会成为一个不幸的外行。"如果我们不是把"证明"的含义作无原则的扩展，就不能将这些理由称为"证明"。而且它们与祈使句也没有任何论证性或归纳性的联系。但显然，它们确实在支持着祈使句，它们"支持"或"确定"祈使句，"把祈使句建立在与事实具体联系的基础上"。由于它们仍能够消除阻碍人们接受该祈使句的怀疑和犹豫，所以是类似于证明的东西。

只有当祈使句被用于改变听者的态度或行为时，理由才能有效地支持祈使句。听者问"为什么"是因为他不知道是否应服从这一要求，他不愿意"别人怎么要求他"他就怎么做。支持性理由描述了祈使句寻求改变的情境或祈使句力图产生的新情境。如果这些事实揭示出新境遇将能满足听者更多的欲望，那么听者就不会再对是否服从祈使要求犹豫不决了。更一般地说，理由是通过改变下述信念来支持祈使句的，这种信念可以改变不愿服从的态度。

这些议论需要仔细推敲吗？稍微考虑一下就会发现它们不需要，因为它们与第一章中关于一致的议论是相符的。在那里我们看到，态度的变化常常随着信念的变化而变化，信念上的一致常常可以导致态度上的一致。现在我们只需把这个一般原理应用到特殊事例之中就行了。用不同的术语表述上面这段话，我们可以清楚地看到二者之间的联系。

祈使句被用于促成说者欲望的满足。"为什么"这个问题，表现了听者对于是否服从犹豫不决，标志着某种事实的或刚形成的相反欲望。因此双方存在着态度分歧。而支持祈使句的理由，确定这种分歧可能根源于某种信念分歧。既然信念与态度之间存在着密切的因果关系，因此如果信念分歧解决了，态度分歧也可能会随之消失，祈使句要求也就能够被对方所接受和遵从了。

因此，可以把我们所一直寻求的"替代证明"或者"支持性理由"的东西，看成一个具有新名称的老相识：它们是在涉及态度分歧的情况中常常发挥重要（即使是间接）作用的信念的表现形式。这样的支持理由并不是祈使句所特有的。凡是存在着态度分歧的地方——不论这种分歧是由褒贬词、反诘、隐喻，还是由音调变化等形式表现出来——都可以使用它们。

第21页定义(3)简要分析过的句子"这是善的"，作为一个判断在这里特别值得我们注意。该判断与其支持理由之间的关系是一目了然的。尽管"你也赞成吧"这个定义的祈使成分还不足以显示道德的微妙之处，但它可用于态度分歧却是毫无疑问的。一方面，它是一个地道的祈使句这一事实说明了这一点；另一方面，它直接提到听者的赞成也说明了这一点。既然理由能够支持任何导致态度一致或分歧的陈述，那么当然也可以支持这个陈述。

支持性理由在伦理学中特别重要，其重要性远远地超过了第26页所提到的那种狭义证明。当一个人说"X是善的"时，人们一般并不要求他证明自己现在的确赞成X。相反倒是要求他能提出使他的对手接受他的态度的理由，并且表明人们不会被他引到连他自己也一无所知的情境中去。作为道德争论的典型形式，这个更重要的步骤总是要求支持性理由的。我们将在第九章、第十章，用具有更丰富描述内容的分析取代这里所使用的工作模型，并因此会发现，虽然这些结论必须被修正，但其基本特征却仍然不变。

下面所举的例子及穿插于其间的评论，将有助于更具体地显示支持性理由是怎样出现于典型道德争论之中的。

> A：琼斯本质上是个好人。

这个判断包含有两个内容，(1)断定 A 赞许琼斯，(2)发挥祈使作用使听者 B 形成相似态度。

> B：你为什么这样说？

B 对于是否赞许琼斯表现出犹豫不决的态度或不愿意。二者之间显然出现了态度分歧。

> A：他粗暴的作风只是一种假象，其实他的心地最善良。

现在 A 提出了一个理由，这个理由描述了琼斯所具有的某种特征，这个特征也许 B 并不知道，而且可能引起 B 的好感。

> B：如果真是这样，那是很有趣的。但他是否曾在行动上表现出这种善良的心地呢？

B 承认 A 提出的理由是相关理由，但却怀疑它的真实性。这时候，信念分歧开始在争论中发挥重要作用。这种信念分歧与前面提到的态度分歧密切相关，因为如果 A 和 B 能够在关于琼斯心地善良这一点上形成一致信念，那么对于是否赞许琼斯，他们也就可能形成一致的态度。

> A：表现过。他的老仆人告诉我，琼斯从来没有对她说过一句粗暴的话，最近又给了她一笔优厚的养老金。这样的例子很多。实际上我就亲眼看见……

A 在这里提出了一个经验证据——不是直接证明他的初始判断，而是证明他对初始判断提出的支持性理由。

B：好吧，我承认我不太了解他，也许他是个好人。

B 这时接受了 A 初始判断的祈使或准祈使要求，表示了他对琼斯的赞许。A 提出并给予很好证明的理由改变了 B 不愿赞许琼斯的态度。信念一致导致了态度一致。

这个例子以简缩的形式表明了(在工作模型基本不变的情况下)某些重要理由是如何支持道德判断，以及理由怎样才能成为相关的。它还表明了这些理由如何非常自然地解决了某些证明问题。它们使听者自愿地接受了对方的判断，丝毫没有感到这种判断是"武断的"，"专横的"，或者是没有根据的。

在结束对方法问题的临时界说之前，还有一个问题必须给予注意。我们记得，在本节的开头，我们发现道德证明的内涵极为贫乏。为了充实它们，我们致力于寻找"替代证明"的东西来解决证明问题，虽然这种证明与科学证明不完全一样。这种代用品已经在道德判断的支持理由中找到了，因为支持的理由能够通过达到信念一致的途径形成态度上的一致。但是，还必须提出这样的问题：这种理由能否足以为道德提供一个合适的"基础"？也就是说它是否"把道德建立在流沙之上"，而没有检查和抑制那些影响人们态度的无聊幻想和新奇时尚。或者说，人们谴责这种理论，因为它主张"一个人觉得什么东西善，这种东西对他说来就是善"，从而容忍和助长了混乱，因此对它的认可无疑等于助纣为虐。以理由来支持道德判断一旦为人们所接受，那么我们现在对方法论的说明能够免受这样的指责吗？或者说，如果任何道德准则都必须具有自己的权威性，那么既然现在所做的说明仍然太贫乏，还必须寻找某种其他的方法，尽管这种寻找是盲目的，而结果又是令人绝望的，结局真的必须如此吗？

目前我们还不能完全回答这些问题，但对此提供一个临时的独断的答案将有助于预先了解以后的各章内容。显然现在我们对方法论的说明不能使从事"寻求"确定性研究的大多数理论家满意。这里所提及的支持理由缺少一种逻辑强制力。一个作出相反道德判断的人，可以（仅就理论可能性而言）面对他们的争论所包含的一切理由照样自行其是，而不犯任何逻辑的和经验的错误。支持的理由仅与信念有关，在它们反过来被论证的方法或经验的方法证明的范围内，最初达到的只是信念的一致。但是，道德判断不仅要求信念一致，而且要求态度一致。因此，除非能找到另外某种方法，否则伦理学中由推论而获得的一致只有在信念一致能引起人们态度一致的范围内，在理论上才是可能的。

这个要求有多严格？信念一致在多大程度上将引起人们态度上的一致？如果不是根据愿望而根据事实来回答的话，那么答案必然是这样：在任何争论取得结果之前，我们常常并不知道这种要求对这一争论是否适用；虽然为了延长启发性争论和推迟取得道德一致，我们已经作出了纯劝导性的努力。假定这种要求具有适用性是方便的，但这种假设仍然只有启发的意义，而没有恰当的实证基础。想为规范伦理学寻找绝对的决定性方法和想排斥道德准则之间对立可能性（虽然这些准则同样受到了理由的支持）的人，会发现现在的说明满足不了他们的要求。

但是严肃的问题并不关心人们现在期望什么，因为就这一点而言，人们期望——并且总是期望——他们自己也不清楚的东西，或许是某种荒唐的东西。严肃的问题关心的是人们经过认真思考仍然所期望的东西。如果清除了伦理学方法论上的混乱——这些混乱在道德理论上常常比在道德实践中更严重——并纠正了由这种混乱培养出来的心理机制，那时人们会不会还觉得需要某种较"客观的"概念呢？对于这个问题，我们现在的研究将给予明确的否定性的回答。但既然方法论的混乱根深蒂固，它们养成的心理机制盘根错节，读者必须耐心地等待我们作出进一步的解释和说明。

三、分析的第一模式

（甲）善的情感意义

对"善"这样一个术语的研究，把我们引向了关于意义的讨论。按照第二章提出的定义，"这是善的"，其意义等于说："我赞成这

个，你也赞成吧！"这只有作为工作模型，或作为非常近似的分析，
才具有指导意义。我们已经看到，"你也这样吧！"这个短语，在用于
强调态度的一致或分歧时，显得相当粗糙简陋。而"我赞成这个"这
一短语，尽管为判断提供了一种可能的描述意义，但对于许多语境
来说，也是过分简单了。我们对于意义的讨论，将有助于弥补这些
缺陷，并有助于对日常会话中的微妙差别和灵活变化进行敏锐的
分析。

我们来看看怎样才能去除工作模型中明显的祈使成分，用较合
适的情感意义来代替它。

这个任务并不轻松，只有小心谨慎，才能使我们的研究不致陷
于肤浅。也许有人会认为这里所需要的不过是改善工作模型。似乎
某种不像祈使句那样简单粗糙的其他短语可以派上用场——这种短
语可以维护"善"的情感意义，使其免受明显的歪曲。例如，人们可
能会提出："这是善的"（如不考虑语言灵活性的话），其意义与"啊！
你本来应该和我一起赞成这个"，或者与"我赞成这个，它多好啊"等
等短语，有着相同的意义。

我们只要稍加注意就能看出，这些短语并不比工作模型更能说
明问题。它们具有使其适于加强或更改态度的情感意义，所以大体
上相似于"这是善的"。但是，在任何情境中，用它们代替后者，都
不可能不使其情感含义发生某种微妙的变化。这也同样适用于其他
寻求确切定义的种种努力。用其他术语来定义伦理术语，可以使我
们得到较近似的定义。例如，"这是善的"，在情感上就非常接近于
"这是值得赞许的"。但即使如此，细微的差别依然存在。

另外，如果我们期望一个定义必须保留"善"习惯上所具有的情
感意义，那么，"善"这个术语就是不可定义的。它没有与情感完全
对等的东西，这是一个既不应引起惊奇也不应产生困惑的简单事实。
"善"是不可定义的，其理由与"乌拉"是不可定义的一样。（人们只要
尝试着把"乌拉"与"多么令人激动"互换一下，就能看出二者仅仅具
有大体上的同义性）尽管我们的语言中有许多相同术语，但其情感术
语却相对地不那么多。每一个术语，都带着在自身情感史上形成的
特殊烙印。

然而不能由此认定，我们不可能对"善"的情感意义进行更深入

的研究。但这里所需要的不是给它下定义，而是确定其意义的特征。下面这个相似的例子具有许多为其他事例所共有的特征。在韦氏词典中，"Nigger"（黑鬼）这个单词后面，跟着的是这样一个短语："黑人（Negro——现在常常含有蔑视的意思。）"。注意，定义指出了"Nigger"和"Negro"的描述意义，在这个意义上二者是等同的；但其情感意义却是另一回事。任何情感同义词都与描述同义词不一样。如果把"Nigger（黑鬼）"这个字眼，读作"Negro！bah！（呸！黑人！）"，就很容易看出这一点。"Nigger"这个词的情感意义的典型特征是傲慢、蔑视，因此与"Negro（黑人）"这个词的情感意义不同，后者丝毫不带傲慢、蔑视的色彩。现在可以用相似的方法来讨论"善"。"善"的描述意义是可以定义的，尽管在这样做时可能会遇到我们后面将非常关注的模棱两可、含混不清等复杂情况。但是，它的确切的情感意义却不能以下定义这种方式加以保存，而只能描绘这种情感意义。

被定义项的意义与定义项的意义相同，但被描绘的符号与描绘的符号二者意义却有不同。当符号 Y 对符号 X 的意义进行描绘时，X 的意义是 Y 所指的对象，而不是 Y 的（心理）意义。因此，当"善"被描绘时，它的情感意义并没有被定义。但这并不妨碍人们进行伦理学的分析，正像它并不妨碍人们编纂词典一样。

既然术语的情感意义具有倾向性，那么它的心理效果就会伴随条件的变化而变化。"善"显然就是如此。在很多情况下，这个术语只不过标示着态度由分歧达到了一致。如果某种相关的讨论被证明是必要的，那么，"善"这个术语所起的作用不过是为这种讨论作准备。在另一些时候，其效果具有强烈的劝告色彩；甚至还有一些时候，如用于讽刺，或以让人联想到"伪善"的声调说出时，它常常会引起相反的情感效果。这些观察虽然并不深入，但已足以表明不能用简单的方式讨论伦理学的情感方面。然而，现在我们需要理解的，只是需加以研究的问题究竟属于哪一类型。对伦理术语的特征进行描述，必须经常借助例子来逐步进行。我们将在下面几页含蓄地讨论这个问题。

具有情感意义的术语并不总是用于规劝的目的，记住这一点是很重要的，否则人们会因为目前的研究常常强调情感意义，而认为它对伦理学的劝告方面强调得太过分了。现在，我们要立即提出这样一些事例来努力防止出现这种可能的误解，在这些事例中，伦理术语实际上不具有任何情感的影响。

这些非常熟悉的例子，虽然过于简单，以致本身不会引起人们多大的兴趣，但对于与它们同属一类的其他事例来说，则非常重要。有时，"善(好)"的用法与"有效的"用法相同，比如，当说"穿雨衣是不被雨淋的好方法"时，就是如此。有时，"善"的用法与"符合当时习俗"这一短语相同。比如，当说"杀婴在斯巴达是善的，而在雅典不是"时，就可能(虽然不是必然)如此。这些意思说明了这个术语具有一种几乎属于纯描述的用法。如果我们对此还要说，即使在这样的语境中，"善"的情感意义仍然存在，那么它在其中的实际效果也到了可以完全忽视的程度。正像在隐喻中，特殊的伴随条件抑制着描述意义一样，在这里正好相反，情感意义受到了抑制。因此，只要"善"这样被加以利用，那么随"善"而出现的任何分歧，都可能是信念分歧，并可以使用日常经验方法加以检验。

相似的事例很多。有时候，"善"的用法等同于这样一些短语："几乎受到普遍赞同"，或"受到我们社会(团体)成员的赞同"，或"你(听者)和我(说者)常常赞同"，等等。这里与态度的关系实际上是描述的而不是情感的，正如在"杀婴在斯巴达是善的"这种语境中一样。当这句话涉及的不是历史事件而是当代事件时，当然总是存在着这样一种可能性，即重新获得情感作用，用以建立或加强态度上的一致。但是，当态度一致被看成理所当然时，人们常常以这样一种语调来使用"善"，这种语调可以使情感意义毫无作用。于是，"善"就成了与纯描述词差不多的等同词，其指称的东西在该语境中是显而易见的。

几乎可以说，每一个伦理术语的情感意义，都有活跃的与不活跃的两种用法。这种情况是很常见的，并常常构成双关语的来源。例如下面的两行诗就是如此：

　　只要有酒、有女人，还有歌，
　　那么不做错事就是错。

第二个"错"是贬义的，任何反对其邪恶影响的传统道德家，对它都会持不同意的态度；但另一个"错"只是作为描述术语而使用，我们的道德家在特定语境中可以清楚地看到它所指的内容。

当伦理术语被用于情感意义不活跃的语境中时，这种语境可以称为"伦理的"。但这时"伦理的"这个术语必须是在非常广义上来使用的。如果把它们叫做"规范的"，那么这种说法对我们的语言习惯来说，就过于苛求了。在任何情况下，过多地注意语境都是不必要的。伴随这种语境所出现的偶然混乱，将在本研究的其他地方得到说明。说明它们时所使用的方法，是普通的科学方法，这些方法在实践中是很容易理解的。

(乙)语言的灵活性和依赖的情感意义

对于规范伦理学的最典型语境来说，伦理术语具有既是描述的又是情感的功能。对描述功能需要进行仔细的考察。如果我们打算妥当地讨论这个问题，同时又考虑到语言的灵活性，那么就不能希望用一个简单的定义来结束我们的考察。必要时，我们必须研究那些伦理术语能够在其中使用的许多实例。按照里查兹的说法，"一种并且只有一种真实意义的迷信"[6]，在任何研究领域中都会造成严重的后果，它也严重阻碍了伦理学的进步。

前面几章[7]已经简要地指出了语言的灵活性，这种性质与目前的研究密切相关，有必要加以更详尽的考察。我们尤其必须弄明白，在第三章中关于语言规则的结论怎样与伦理学术语发生具体联系的问题。

毫无疑问，即使情感意义是"善"①这个术语占主导地位的意义，它仍然可以用某种方式帮助我们获得知识。如果史密斯太太告诉她的女儿：琼斯是一个"好裁缝"，那么根据对史密斯太太过去的认识，我们能够合理地断定琼斯一定具有丰富的缝纫经验。但如果一个缺乏文化素养的人说某出戏剧"好"，我们则有理由相信：我们那些文

---

① "good"，这个词在下文中具有"善""好"两层含义，当用于道德情境时，把它译为"善"，而用于一般价值情境时，译为"好"，作为抽象概念时，一般视情况而定，也有译为"善（好）"的。

化素养较高的朋友们不会喜欢这个戏剧。如果人们称赞约翰逊是一个"好侃友",我们就可以得出结论:他很少使人们讨厌。这也同样适用于具有特殊"道德"气息的语境。一个受人尊敬的朋友告诉我们:布朗是一个"好"心人,我们可以得出结论说:布朗尽量为别人着想和帮助他人。一个教士告诉我们:玛丽是"一个多么好的姑娘",凭这一点我们就能确信,玛丽是一个贞洁、善良和虔诚的人。

那么,"X是善的",这句话实际上意指(部分和偶然地)它引导我们得出的结论,还是不过仅仅在提示着[8]这种结论呢?也许它只是提示这种结论,因为推论在很大程度上依赖着我们关于说话者心理习惯的知识。我们对琼斯的信念依赖于我们对史密斯太太过去的了解;我们对玛丽的信念依赖于我们对于该教士为人情况的了解。但这并不是答案。问题不在于我们是否应用自己关于说者心理的知识,而在于我们如何应用这种知识。假定每一个说者都在多少不同的意义上使用"善(好)"这个术语,那么我们还能确定它是在什么意义上被使用的吗?而且在这样做了以后,仅根据对所说的"善(好)"含义的分析,我们就一定能得出相应的结论(不管是关于财富还是纯洁)吗?或者,如果我们假定"善(好)"的描述意义只是指说者的赞许,并运用我们关于他心理特征的知识,就能确定他常常会赞许哪一类事情吗?简言之,我们利用自己关于说者的特殊知识,是在决定说者语词的意义之前,还是在此之后?

答案似乎将取决于"善(好)"被用于各种情境时实际上所具有的确切含义。这是一个有助于解决问题的开端,但也会带来误解。实际上,"善"并没有确切的定义,它的使用总是含糊不清的。上述问题预先假定了"善"意指的东西与"善"提示的东西不同,但这种不同,就其精确性而言,是日常语言所无法达到的。这是该术语描述倾向之间的差别,其中一个受到语言规则的保护,另一个却没有受到这种保护。关于科学或数学的严谨的讨论,是利用相互关联的各组定义或形式公理进行的,在这种讨论中要进行上述区分,当然很容易。但在日常生活不那么严谨的谈话中,很多规则并没有制定出来,也没有为人们的语言习惯完全证实。即使一些偶尔制定出来的规则,也并非总是为人们所遵守。当然,有些规则总能得到遵循。例如,不管"善"还有哪些含义,但它既不是"坏",也不是"中性"的。但许多其他的规则还仅仅是一种可能性。如果一条规则引起了人们的特别注意，他们就可能为了特定的目的而接受它——虽然通常只是暂时的。除非大量规则得到了永久性的确立，我们区分描述意义和提示意义的任务就不可能很好地完成。当规则处于被普遍接受的过程时，有一个很长时期，我们既可以接受它，也可以反对它，两种做法都不违反语言习惯。我们的决定可以解决由自己的用法所产生的问题，也可以确定哪些以后可以称之为术语的描述意义，哪些则应叫做它的提示意义，但我们的最终产品与原材料绝不是一回事。

因此，如果我们喜欢，我们可以坚持说：上述例子的结论只不过是"X是善的"这句话提示的东西。我们也可以说，这些结论是它在分析上所指谓的东西。这两个答案中的任何一个都可以用来制定使用"好"的规则。必须记住，它们是我们的规则，而不是那种"暗中应用"于事例，经回想而发现的规则。虽然可以"发现"较普遍的规则，但许多具体的规则只有靠语言习惯来"提供"。这就是模糊术语的典型情境。当人们定义或分析这些术语时，很少将其看成既定的事实（就像为了某个创始人的利益来分析科学术语那样）。相反，意义存在于分析者用该术语造就的东西的形成过程之中。分析者不管多么渴望遵守习惯用法，仍有机会去决定怎样使用该术语或赋予其什么样的含义。正像维特根斯坦曾经说过的那样，要消除模糊性，就像要描画影子的模糊边缘一样。轮廓分明的线，只能出现在我们描画之后，而不是出现在描画之前。

因此，我们必须敏锐地注意到这一事实，即伦理术语并没有预定遵守任何一组规则，分析也不能"出现"其"真实的"含义。但仍然不能对模糊性采取随意的处理态度。即使分析不能揭示"这个"含义，它通过例子得到的定义也必定受到广泛目的的支配，伦理术语通常都是用于实现这样的目的的。不然的话，它就会使术语更加模糊，更加模棱两可，而不会使术语得到更好的理解。

这些话涉及的尽管主要是伦理术语的描述方面，但也间接地说明了它们的情感方面。我们已注意到，"善"可以被赋予一个相当复杂的描述意义。该术语的情感意义大都依赖于前者[9]，因为要博得听者的赞同，首先必须使他对所赞赏对象的性质具有一定的信念。除非说者和听者都明确同意某个定义，否则，就不会出现上述情况。

而双方在定义上达成一致，这件事正像我们下面将看到的那样，本身就会引起一个本质上是规范的问题。但是，说明并非"善"的所有情感效果都具有劝告意义，这一点，是有意义的。它的很多内容都能证明信念和态度相互关联，而这种关联正是伦理学的核心问题。

当"善"被赋予一种相对简单的描述含义时，情形并没有多大区别。语言学上可能的较复杂的含义，也不必用这一过程加以完全消除，它们仍然存在于认知性提示的形式中。很多情感意义都是半依赖的[10]，要引起听者的赞同，不是靠明确地指出他所称赞的性质，而只是以一种模糊的方式使其想起这些性质。当这种情况出现时，必须十二分小心，以防止受错误理解的影响。"X是善的"这一判断，可以使一个听者想到X具有某些性质，使另一个听者想到X具有另一种性质，而说者心中所想到的，却可能是第三种性质。因此，该判断可以导致的态度一致，尽管受到了信念的影响，但其基础却不是信念一致，而是信念的隐蔽差异：每个人最后都相信X是具有某些他个人所赞赏的性质。如果某些这样的信念是虚假的(这很容易被忽视)，那么其原因既在于表达信念的语言过分模糊，也在于独立的情感意义(这种意义仍然是"善"的全部意义中的一部分，即使其大部分的意义是依赖或半依赖的)，导致人们暂时不再注意认真研究的结果。对那些希望利用错误的人来说，这里有一个现成的语言武器可供使用。对那些希望缩小和消除错误的人来说，则必须遵守语言规则。把"X是善的"这一判断与其全部论证理由联系起来，就是这种谨慎的表现。这些理由清楚地指出了人们归之于X的实际性质，而不仅仅是提示了那些性质，因此促进了关于那些性质是否存在的探讨。

按照同样的思路还可以指出更多的东西。伦理术语的用法有时具有实体化的倾向，就像一个东西被裹在善性中一样。如果这种实体确实存在，并增加了"善"的情感意义，那么，它就会引起(对于某些人的用法而言)一种依赖于混乱意义的情感意义[11]，或依赖于形象化意义的情感意义。这些论题对于完整的研究虽然必要，但由于它仍过于接近心理学和认识论一类的较大的问题，而且自身又非常复杂，因此这里不能试图对它们进行恰当的研究，而且即使是我们能够作的浮光掠影式讨论，也必须留待后面的一章来进行[12]，现在强调一下"善"的情感意义不是完全独立而只是部分独立，也就足够了。它可以依赖于其他任何一种意义，并且由于语言的灵活性，它总是部分地依赖于或半依赖于描述意义。

四、分析的第二模式：劝导性定义

（甲）第二模式的显著特征——即承认伦理学术语中除情感意义外还有丰富多样的描述意义

除了一些可以留待以后解决的细节问题之外，关于分析的第一模式我们已经讨论过了。现在转而讨论第二模式。

在第四章第二节的开头部分，我们已经解释了两种模式之间的差别，因此，这里只需对此做一个简短的重述。因为日常生活中使用的伦理术语是模糊的，所以必须用两种分析模式来解释。当一个术语含义模糊的时候，在它严格的描述意义和它所暗示的东西之间就不可能有明显的区别。如果一个分析者为了使日常的讨论清晰明白而进行这样的区分，他最好不要坚持认为进行这种区分的方式只有一种，从而将所有的其他方式排除在外。重要的是理解日常生活用语的灵活性，可以"自然"地指出它们的意义种类，而不能坚持说某种意义应该为它们所具有。第一模式仅仅论述了许多可能的分析中的几种分析，在这些分析中，描述的对象被限定于说话者的态度，至于其他内容，都只是"使人联想到的而不是句子本身所意味的"。但由于人们很容易给伦理术语指定更复杂的意义——他们常常坚持认为存在着这些意义，从而引起需要加以着重阐明的问题——所以必须设计出第二模式来研究这些意义。两种模式都认为伦理学术语在情感上是能动的，因为在其他情况下[13]，不存在特殊的语言学或方法论问题。同时两种模式都强调态度上的分歧。因此，第二模式的显著特征仅仅在于它提供了一种附加的描述意义，结果使得方法论更为复杂。

下面的话代表了一种一般的形式，而对道德判断的任何第二模式分析都是这种形式的具体例证。

"这是善的"这个判断，除了"善"这个术语有一种赞扬的情感意义，使之可以表达说话者的赞成并倾向于引起听众的赞成外，它就只还有这样的意义，即指出"这具有 X、Y、Z……性质或关系。"

下面几点应该加以注意：(1)像通常一样[14]，对情感意义必须给以分别研究以确定其典型特征，而不是用定义术语来加以保存。(2)在第一模式中非常重要的对说话者的指称，现在没有给予任何明显的注意而被置于一边了，尽管由于情感意义的出现还可以使人联想到它。人们当然可以用适当的内容来代替一个变项(如"X")，从而使其得到保留，但由于这会引入某个指称术语(如"我赞成"中的"我")的复杂问题——其性质在第七章中已经给予了充分的注意——所以，我们不搞这种代替，这样问题反而会简单些。(3)上面的说明与其说是"善"的定义，倒不如说它是一个完整的定义组的形式图式，因为除非变项被普通词汇所取代，否则就不存在定义[15]。既然第二模式要解释很多定义，在这些彼此不同的定义中变项被不同的常项组所取代，因此，我们所要求的东西也正是一个图式。除"善"之外的其他术语图式，可以用同样的方式给出，不需要再做单独论述。

哪一类定义可以作为第二模式的例子呢？也就是说，可以用什么样的常用术语来取代这个图式中的变项呢？并不是任何代替都是可以允许的，否则，"善"就可能与语言中任何一个既有赞扬又有描述意义的术语成为同义语。虽然"善"的意义是模糊的，但还不至于模糊到这个地步。我们的语言习惯相当稳定，能够将某些"不自然的"描述意义排除在句子之外，在一些极端的情况下尤其如此。因此，适用于第二模式的图式是不完全的，还必须有一个限制性从句，确保用常项来代替"X""Y""Z"等是在一定界限范围内进行。我们希望"善"的不同描述意义之间的界限是可以变动的，因此它们根本不可能超出这个界限。然而，对于目前的任务，我们只要提到有这个界限就行了，并不想努力具体说明它们是什么。随着工作的进行，忽略它们的理由就会越来越清楚。同时可以看到，指定"善"(也同样适用于任何模糊术语)的"自然"意义，它们之间的界限是相当朦胧不清和容易变化的，即使以一种粗略的方式也很难加以具体的说明。而且，即使这样做了收获也不会很大，因为混乱的产生并不是因为人们不注意这些界限，而是因为人们没有注意到在界限之间还存在着许多可能的意思。

日常用法之间的不确定界限无疑是非常宽泛的，足以容纳大量的第二模式定义。例如，假若一个人说："我说一个大学校长'善'的时候，意思是说他是一个勤奋的善于管理学校的人，他诚实而恰当地施展了自己的才能，并且所具的知识和远见足以赢得广泛的尊敬。"这样就用"善"这个简单的字眼说出了大量的内容。但是否能把这些话当成"善"的严格定义呢？对此我们无疑是迟疑不决的。虽然对于一个既定语境和既定的相互交谈目标而言，我们可以很乐意地说它是一个定义。也就是说，我们既承认这个术语具有某种狭隘的、暂时的含义，又承认它对于其他目标来说需要具有完全不同的其他意思。模糊术语的一个主要功能，正是在必要时能够适用于这个或那个不同的特殊目标。必须承认，"善"的某种特殊含义，它们一旦被从其他词语中单独挑选出来，一旦脱离了它们赖以存在的活生生的语境，就会显得多少有些古怪；正像如果"中年男子"一词被定义为"44岁到58岁之间的男子"时，我们会感到古怪一样。模糊术语的定义，几乎总是在努力使其意义暂时减少一些模糊性。只要思想中没有确定的意图，那么，模糊术语似乎就是变幻莫测的。但是对于必须在这里进行研究的"标本式"定义来说，如果我们允许在分析中加上一些人为条件，在想象中再现词汇在其中发挥作用的实际情境，那么这种古怪性就会消失。

存在着很多可能的定义，它们比上述定义更为抽象。在这些定义中，有些指称规范理论家常常加以推荐的广泛目标。例如，如果我们记得情感意义的特征就可以定义说，"善"具有"有助于促进最大多数人的最大幸福"的意思。这个定义将使如下原则变成一个分析原则，即："任何东西只要能够导致最大多数人的最大幸福，就是善的。"如果它是产生某种对立意见的根源，那么，这种对立意见绝不可能立足于纯粹的语言学基础之上。以同样的方式，"善"可以用"综合利益""广泛的爱""生存"等术语来定义。容许"善"具有这么多的含义，似乎是太轻率了，它事实上已经引起了许多争执。但是如果我们仅仅注意语言学的规则，想到语言具有极大的灵活性，那么，上述定义显然都可以被认可，并且至少对于复杂范围的语言来说，上述的任何含义都没有使该术语超出其模糊界限。当一个规范性原则变成一个大家所接受的学说时，"善"这个术语就可以由于习惯而最终暗示着它，而以明确地指称这一原则来定义"善"，也绝不是不自然的。术语的模糊性总是使这种做法成为可能。诚然，我们很快就会看到，拒绝一个即使已经得到语言认可的定义，有时也是很有理由的。一个语言学承认的定义，对于某些目的却是无效的。伦理学必须对这种目的给予仔细的研究。但只要我们注意日常用法的指令，"善"的许多意思在有些情况下还是同样可能的。

在下面几页，必须始终强调这个一般的论点：第二模式承认存在着大量的各类意义，（其数量之大可与第一模式相媲美），它也提供了较多的内容。但这一切最终并没有从根本上改变规范伦理学的性质。第二模式既没有使伦理学的内容更丰富，也没有使之更贫乏，更没有因此而增加或者减少其"客观性"。第一模式所引起的全部思考，在这里又重新出现了，而分析的任务仅仅在于透过新的语言外衣去辨别它们。也许这在开始时并不明显，但随着描述意义的不断增加，对于道德判断就可以更直接地使用经验和逻辑方法，道德判断也就似乎更加服从于关于证明和有效性的通常思考。然而，我们将看到，如果没有对达到道德一致性的可能性或不可能性产生什么影响，它就是一个无足轻重的问题。

第二模式的重要性不在于它揭示了伦理学的"新内容"，而在于它揭示了语言的复杂性。而它的主要意义，恐怕在于使人们注意到这样一种定义，这种定义虽然为人们普遍运用，但却很少为人们所研究。人们通常是把定义作为科学、逻辑学和数学的内容来加以研究的，并着重注意这些学科在怎样阐明普遍概念或创造方便的公式。因而，人们可能会认为，定义对于伦理学也有相似的功能，从第二类型所承认的许多定义中选出一个确定的意思，纯粹是出于描述上的考虑而这样做的。实际上，这种情况非常少见。定义常常是第二位才考虑的问题。伦理学定义包含着相互结合着的描述意义和情感意义，因此，常常用来调整或者强化态度。选择一个定义也就是要求一个原因，只要被定义的词具有强烈的情感色彩。对于第一模式来说，态度是由道德判断来改变的；对于第二模式来说，态度不仅被判断所改变，而且被定义所改变。因此，分歧的态度既可以由道德术语的矛盾断言所表明，也可以由关于其意义的矛盾观点来表明。

态度分歧引起的争论可以充满整部辞典。正是第二模式定义的这种特性，使人们重新进行第一模式已经提出的全部思考。

分析的下一步工作，将从研究所谓"劝导性定义"开始，这种定义常常按习惯包含在第二模式之中。既然这种定义在道德上不是中性的，既然分析必须努力保持这种中性态度，因此现在的工作既不会为任何一个定义辩护，也不会排斥其他的定义。但以指出它们性质和功能的方式来研究它们的典型例子，这还是可能的。

注释

[1] 这里使用的态度这个术语，与佩里（R. B. Periy）所说的"兴趣"具有同样广泛的含义，参见他的《价值通论》（朗曼·培林，1926），尤其是 115 页。

[2] 上面所提出的全部例子中，除了具有态度上的分歧外，还潜存着信念上的分歧。任何不是人为勉强杜撰出来的例子，都难免如此。但是对于我们用这些例子所要达到的目的而言，还是合适的。

[3] 参见 3 页（边码，下同）。

[4] 参见 21 页。

[5] 《伦理学》（亨利·霍尔特，1911），100～102 页；《哲学研究》（哈考特·布雷斯，1922），333 页。在 P. A. 希尔普编辑的《G. E. 摩尔的哲学》（埃温斯顿和芝加哥，西北大学，1942）一书中，收集了本作者以《摩尔反对伦理自然主义的一些论据》为题目的文章，该文对上述论据和类似论据的东西作了详细的评论。

[6] 《修辞的哲学》，39 页。

[7] 参见 34、70 页及其后诸页。

[8] 参见 69 页及其后诸页。

[9] 参见 73 页。

[10] 参见 78 页其后诸页。

[11] 参见 77 页及其后诸页。

[12] 参见第 6 章，特别是 145 页及其后诸页。

[13] 例如 83 页末尾的注释。

[14] 参见 82 页末尾。

[15] 我们规定，不管代替变项的句子是否出现在引号之中，都可以进行这种代替。

选自［美］C. L. 斯蒂文森：《伦理学与语言》，北京，
中国社会科学出版社，1991。 姚新中、 秦志华等译。

《事实与价值》（1963）（节选）

价值判断：它们隐含的普遍性

（一）

让我扼要地介绍一下本文的目的。首先我想总结一下我在数年前提出的一种元评价理论。有时这一理论也被称为"情感的理论"，它之所以是元评价性的，原因在于，其目的不在作价值判断，而是分析这些判断的意义，描绘能够支持这些判断的理由之特征。总结之后我将验证它，这次我将留意以前忽略的问题。尤其是，我将考虑这一理论是否能说明我们在日常讨论中拒斥自我例外判断——一个人要求别人遵守准则，而自己可以例外的判断——的倾向。我还将更广泛地讨论我们赋予自己的判断以一种隐含的普遍性的倾向——一种与理查德·黑尔所说的"可普遍化性论点"相一致的倾向。初看起来，关于这些问题的解释好像是情感理论之外的事，就像表明一种理论只有加以严格限制才是无懈可击的一样。然而，我将表明，这种解释可以某种方式展开，从而使自己心安理得地待在情感理论的框架之内。

（二）

我将冒昧地通过下述五个陈述来概括（当然只是部分地概括）一种情感理论。

（1）一个关于 X 的价值判断典型地表达了说话者对于 X 的态度（喜欢或厌恶，赞同或反对等）。它表达而不是描述这个态度，所以，它必须与一种内省性的评论——此种评论仅仅表达了说话者对其态度的信念——区分开来。

（2）一价值判断也能使说话者邀请任何一位或多位听众分享他的态度——尽管邀请一词的词意太弱，须以"敦促"一词代替之。正是这种邀请或敦促因素使说话者能够潜在地影响到——尽管非常微小——社会习俗（或者如萨姆勒所说的"风俗"）的保存或更改。

（3）上述两种功能——使我们把价值判断说成是表扬的或责难的，使这种判断适用于命令、表扬、贬抑、训诫，等等——是可能的，因为价值术语具有一种情感意义，它类似于 J. L. 奥斯汀所说的特殊的"非惯用语力量"。这种意义或力量的功能远远超过了该术语所包含或传达的任何事实信息的功能。

（4）但价值判断能够获得事实理由的支持。有关判断的本性与结果的理由，也是赞成与反对的理由。比如，假设 A 先生赞成 X，断言 X 是正当的，而 B 先生最初反对 X，断言它是不当的。然后 A 可能会给 B 赞成 X 的理由——它们揭示了 B 原先不知道，但可能会赞成的结果。这些理由可能会改变 B 对 X 的态度，使他赞成 X，并和 A 一样说 X 是正当的。这种一致是"态度上的"。

（5）赞成或反对的理由，如果被充分运用的话，在多大程度上能使人们一致同意（在态度上）被评价的事物？这样提问，也就是问：根据所有的事实信息，个体态度上的差异会在多大程度上消除。答案是不确切的，因为它须涵盖所有的情形；但是在许多情形中，人们至少可以期望对评价分歧的合理解决是可能的。

（三）

如我所说，我想检验刚刚概括的这种理论，看它能否令人信服地解释人们深信不疑的看法，即认为，在日常讨论中，我们容易自以为是。这个看法也引起了理论关注，所以我来介绍一下哲学史上有关它的论述。

1705 年萨缪尔·克拉克提出了"对等规则"——一个使人想起黄金规则的规则。他说："凡是我将他人施与我者判断为合乎理性的或不合乎理性的，亦必将我在类似情形中施与他者判断为合乎理性的或不合乎理性的。"

克拉克认为，他的规则确实是优先的，不管我们是否认可其优先地位，我相信，我们都不会否认其似真性。

在克拉克的公正规则与数代之后的康德所提出的绝对律令之间的确存在各种各样的差异，但是，说克拉克的观点在某一方面启发了康德也不为过。然而，与其步入康德的浩繁工程，不如来看一下更后一些的亨利·西季威克——其《伦理学方法》一书首版于 1874 年——的观点。

西季威克在赞许式地评论了克拉克的公正规则后，陈述了一个与之相近的原则："如果我判断一行为对我是正当的，我也暗含着这样的意思，即：对其他其天性、环境在一些重要方面与我相同的人来说，该判断也是正当的。"

"在一些重要方面"这几个语词引出一个问题：是谁在估价这些方面的重要性？西季威克没有明确告诉我们。但是我可以假设这样来解释他的原则，仿佛这段话就是加给它的——"也就是说，我自己会宣布或承认的对于判断行为正当与否很重要的那些方面"。当然，"我自己"这个词指任何运用这个原则进行判断的说话者。

如此解释的原则与我们日常深信不疑的看法如此一致，以至于我将把它作为讨论的起点。为了清楚地说明它，我打算举一个与它相反的判断——自然，这个判断是荒谬的，但也是有趣的，因为这个原则宣判它是荒谬的。请考虑下述这个判断。

"我偷东西是正当的，别人偷东西是不当的——不管别人的天性和环境与我的何其相似，永远如此。"

这样的判断可称之为"绝对的自我例外"。任何说话者，如果他要作判断，都会出现下述情形：偷窃不当适用于任何人，但只有一个人例外，那就是说话者本人；他仅仅通过使用指称代词（"我"和"我的"），就把自己单个别开，接着，他认识到他的被描述的属性——主要是他的天性和环境——不能为他自己所宣称的特殊地位提供任何非个人性的理由。这个例子，尽管不是西季威克的，将其用来一般地说明许多相似的判断，它们都是绝对的自我例外，根据西季威克的原则，也都是站不住脚的。

我们必须小心不要混淆两种判断：绝对的自我例外和另一种截然不同的判断，在后者中，说话者宣称某事在他的情形中是正当的，同时他也承认在大多数情形中它是不当的。例如，一个靠偷窃养活孩子的人会说："尽管偷窃在多数情况下是如何不当，但对我来说却是正当的，对任何为喂饱孩子而偷窃的人来说也是正当的。"这样的判断，尤其是其最后部分，并没有要求惟我独是的特权，其他与其境况类似的人都可以这样要求。所以，尽管它是一个有利于自我的判断，却不是一个绝对的自我例外的判断，当然也就不违背西季威克的原则。

我的意思不是说，西季威克因此会同意这个人关于偷窃的判断。我只是想说，西季威克会经由深刻的思虑——它们超出了他的原则——来决定是同意还是反对这一判断。他自己说，原则"没有明确给出完整的指南"，这就意味着，如果一个判断违背原则，人们就必定会抛弃它；但是，这个判断也可能因为别的原因而被抛弃，即使它符合原则。

正是因为西季威克对他的原则的中肯说明，我才诉诸说话者自己对重要性的申言，来解释其"在某些重要的方面"这个词。因此，当一个人说："对我来说，偷窃是正当的，对任何其孩子正在挨饿的人来说，也是正当的。"他就是在把他所申言的环境的重要性（绝对地）普遍化。任何其他人，包含西季威克，有权不同意他的申言，但是必须承认说话的人遵守了原则。分歧存在于原则之外。

介绍了西季威克的原则，我想接着来探讨情感理论能否说明它为什么给我们一种像公理般真实的强烈（至少是）印象。我发现，主要从违反原则的判断——我在上面提到的那种绝对的自我例外的判断——着手，是方便快捷的。试着解释它们被普遍拒绝的原因，也就是在试着（通过暗示）解释原则被普遍接受的原因。

（四）

我首先指出——当然，如我所能而不歪曲人的本性——有一些人被嘉许地看作为他人着想的，或好心的、体贴的、仁慈的、献身于社会公益的，等等。他们不仅希望他人的福利，而且在很大程度上也为福利本身而希望福利。他们也许相信，他人的福利是达成自己福利的手段，但即使他们发现这一点，甚至是发现别人的福利在相当大程度上要以牺牲自己的福利为代价，也没什么关系：他们为别人谋福利的愿望仍然是占支配地位的。

这样的人显然不可能有自我例外的态度。人们很容易解释他们为什么会接受西季威克的原则。根据情感理论来看，他们的判断表达他们的态度。如果他们作出绝对自我例外的判断，那么他们就是在表达一种排他的自我例外的态度。就他们没有这样的态度而言，他们不会作出这样的判断。

当然啦，我说的是一种高级的利他主义，有些人有这种品格特点。也许我应该更慎重地说它是某些人在某种程度上、某种条件下具有的品格特点。然而，可以说，如果把利他主义看成异于人类天性的某种东西，恐怕没什么道理。利他主义提供了一种有方向的力，无论什么时候，这种力都会牵引我们遵守西季威克的原则——尽管是出于心理学的原因，而不是人为的原因。

然而，如果宣称利他主义被流行用来说明公众生活中对西季威克原则的全然普遍接受，那是欠考虑的，确实有人，像他的行为所彰显的，有绝对的自我例外态度。即便这样，他们也会因使用"正当"或"不当"这样的术语而不表达自己的态度(这与假装自己没有不同)；他们也不会因作出绝对的自我例外的判断而表达自己的态度。现在我必须解释为什么会是这样，我的目的在于表明这种解释可以从情感理论的内部持续展开，只要情感理论不要人为地同它的心理学背景分离开来。

（五）

我最好是从指出下述一点开始我的解释：即人们经常有理由隐瞒他们的判断——就没有大声说出这些判断而言。即使他们相应的态度非常普通，与自我例外没有任何关系，这种情况也会发生。例如，一个民主派应邀赴宴，主人是众所周知的不折不扣的共和派，这个民主派会克制自己不作(大声地)有利于民主党的判断——不是他没有作这种判断的心向，而是在当时的条件下，他觉得有必要隐瞒它们以免冒犯主人，或者避免引起在他看来不合时宜的激烈争论。或者，一个父亲，不管他如何希望自己的儿子成为一名律师，也不会对儿子说他应该进法学院，仅仅因为他认为儿子正处在反叛父母权威的年龄期，如果他把上法学院与"应该"联系在一起，必然引起儿子对这件事的强烈抵触。有无数隐瞒判断的例子，理由可能与我刚刚提及的不同——也许是出于谦虚，也许是由于害怕。

牢记下述一点有助于我们更好地理解隐瞒判断的理由：一个判断，如果被大声说出来了，一般而言就不仅仅是表达了说话者的态度，而且它们还会邀请别人共享这些态度（见第2节关于情感理论论述的第二部分。在那儿我用了"邀请"一词，而经常用的一个更有力字眼是"敦促"）。这种邀请——试图表达一种态度——在某个特定情况中可能会产生说话者意想不到的副作用，如刚才的例子所示。因此，当说话者预见到这些副作用，并想极力避免它们时，他就会隐瞒判断不说。

通常一个人会因为判断的特殊内容或听者的特定身份而隐瞒判断。前面的例子中，民主派在同他的共和派主人交谈时，会隐瞒自己有民主倾向的判断，但却没有理由对主人隐瞒其他别的判断；同样的，当他同别处的人交谈时，他也没有理由隐瞒自己的亲民主判断。其他许多例子莫不如此。

到目前为止，我谈论的一直是"日常"判断，现在必须回到绝对的自我例外的判断上来。我将表明，我的论述与后一种判断有非常直接的关系。我将表明，一个人为了避免（通常是这样的）哪怕是作这种判断的嫌疑，也会隐瞒判断不说，因为他有足够的理由这么做——不管他的自我例外态度多么根深蒂固，他也会隐瞒判断。这个人也不可能对这些理由不敏感。因为，只在特殊的情况下才有不同于导致隐瞒日常判断的理由（如我刚刚说的），在任何情况下都有使绝对的自我例外判断被隐瞒的理由。

但是，这些理由是什么呢？为什么它们被如此有力如此广泛地运用于绝对的自我例外的判断中呢？我的答案基本上很简单，兹述如下。

当一个人有绝对的自我例外的态度时，正如我们所看到的，他只是喜欢为他自己保有某种特权或豁免，而不想把它们推广至别人，不管别人的天性和环境与他的多么相似。但是，人的天性就是这样，他绝不可能真的希望让别人来共享这种态度，也很少希望让别人支持他的这种态度。对他来说，有着强烈的以自我为中心的态度是一回事，而希望别人也有一个强烈的以他为中心的态度则是另一回事。因此，如果他想通过一个判断表达他的态度，并由此邀请别人来分享这个态度，那么他终将会遭到别人的拒绝，而且(通常)是遭到愤怒的拒绝。一个注定被如此拒绝的邀请无法实现其目的。说话者从中得不到任何东西，也许还会失去些什么。认识到这一点，一个原本打算作出这种判断的人就不敢贸然行事，他会隐而不说。

　　我这么说，不是我对西季威克的原则产生了疑问。我一直信仰它，尽管"是以自己的方式"。不过，我要批评西季威克为其原则给出的理由。他认为，这个原则的建立必须通过诉求于综合性的先验知识。为了使其与情感理论协调，我把这种诉求改为对经验的心理学的诉求。

　　不揣啰嗦，我要重点说明我正诉求的这种心理学——一种非常简洁的可以在日常生活中验证的心理学。

　　下述三个陈述值得特别注意。(1)我们的态度强烈地倾向于获得普遍性：它们倾向于被直接地指向所有种类的物体(所有事物、行为、人，等等)，倾向于被直接地指向一个既定物，仅仅因为这个物体被认为是它所是的那种。(2)但是这种倾向可能被凸显，尤其容易被一个人的自我兴趣所凸显。于是，当 X 先生喜欢自己超过喜欢他人时，而且从不考虑自己是哪种人时，他的态度就有了一种由于例外而凸显的普遍性：他的态度就变成了绝对自我例外的态度。(3)然而，其他人却没有这种态度(除了在个别例子中)：对 X 先生的绝对偏袒凸显了这种态度的普遍性。他们的态度有时会因为自己的缘故而偏离普遍性，但不会因为 X 先生。从他们的角度看，有利于 X 先生的那个绝对例外可以当作任意武断的东西扔掉。

　　我的三个陈述提供了理解下述结论的途径：当一个人宣称自己拥有某种特权时，其他人只有在认为这个人是(一般而言)他们想要授予特权的那种人时，才会授权给他。接着，我只需要补充：这个人很快就知道了这些，并随之作出相应的判断。他也许继续保持绝对的自我例外的态度，但他会意识到如果他想作出相应的判断，邀请别人共享他的态度，他的邀请是没有任何意义的。因此，他隐而不发，遵守西季威克的原则，克制自己，寻找机会，以实现其目的。

我的陈述有漏洞吗？务请人们认真考虑这些陈述；而且，如果它们需要加以限制，像许多心理学的普遍知识那样，我相信，这种限制也不可能推翻我对西季威克的原则被如此广泛接受之原因的解释。

让我举个例子来说明问题。在燃料供应不足的冬天，史密斯先生说，别人把屋里的温度烧得那么高，这是不对的，但他对自己屋里的高温却没有丝毫歉意。我们很吃惊地问他的情况与别人的有什么不同，并且以一种礼貌的方式提示了一种"不同"。我们说，"也许你有特殊情况——比如健康状况——这为你提供了一种别人所没有的合理证明"。但是史密斯先生拒绝"不同"，并且虚张声势地（我有意假设是这样的）告诉我们他和别人没有任何值得一说的不同。他说："不管怎样，我始终坚持在燃料缺乏时期，别人把室温弄得那么高是不正当的，但是对我来说这么做并没有错。"如果他坚持这个立场，我将不假思索、确凿无疑地回答，我们不会让他就这么扬长而去的。我们会说："你怎么能指望我们以那种方式——是你而不是任何其他人——任意地只把你列为例外呢？你谈到责任——你也有份的——可是你说话的样子仿佛我们应该让你把这个责任推卸到别人（包括我们自己的）肩上。"因此，我们要让史密斯知道——他曾有意装作不知道——我们的态度不会随意地以史密斯为中心，而且我们会愤怒地拒绝他的判断邀请。史密斯意识到我们的声明代表了他将承受的社会压力，因此，他会认识到他的判断是无用的，而且也不会再坚持这一判断。

这就是我对于为什么人们不会违反西季威克的原则的解释，尽管只是基本的，但如我所知，这种解释不需要求助于综合性的先验知识的补充。一个人之所以接受这一原则，是因为他是个坚定的利他主义者；但是，即使不是利他主义者，他也仍然会接受这一原则，因为他意识到违反这一原则将使自己无所适从。

补充一句，我的解释是那种可以被称为"合理揭示"的一种解释。通常人们很少知道规导他们的判断的力量，顶多也就知道他们是能部分感知的动力，而且这种动力被混同于人们在模仿他人时所形成的习惯。合理揭示的解释，其目的在于把那些被部分感知的动力转化成明确的信念。

（六）

到目前为止，我讨论的是人际关系的例子——在这些例子中，一个人参与他人的讨论，因为考虑到自己所作判断对这些人的潜在影响，他会说出或者不说这个判断。为使我的解释达于完整，我必须接着讨论不那么普遍但也很有趣的非人际的例子。

我考虑的是一个人在日记中吐露的判断，他很小心不让别人看到。不管主人多么小心，日记经常都会向传记作家泄露主人的秘密，但即使这些日记也没有显示出绝对的自我例外判断的迹象。对此我必须解释，因为这看上去与我先前说的不合。日记的主人在作判断时，相信这是别人不知道的；因此也不会邀请别人参与判断，好像这个邀请只是现在的我对以后的我发出的。于是他感到自己处于一种无须在意任何社会压力的情形中，否则这压力会使他隐瞒自己的判断，包括绝对的自我例外的判断。即使这样，他仍然避免作后一种判断。为什么呢？

答案仍然很简单：绝对的自我例外判断是无意义的，这一点如此具有说服力，以至于人们失去了作类似判断的动因，无论在日记中，还是在别处。为了证实这个答案，首先我将考虑不是绝对的自我例外的那些判断，注意到使它们被包括在日记中的动机；其次我将说明这样的动机不会为绝对的自我例外的判断而生发。

举一个不是绝对的自我例外判断的例子：一个人对其统治者的态度是完全敌意的。在同别人的谈话中，他不敢作出这种敌意的判断；但是在他小心保管的日记中，他写下了许多类似的判断和许多说明理由。他会有什么样的动机呢？

极有可能，他盼望将来有一天向别人发表他的判断。也许他将秘密地行动或逃往另一个国家。于是他会在某种他的判断有机会发生作用的场合中重述他的判断。而同时，他的日记也具有一种彩排的性质——为他以后面对观众时所要扮演的角色进行彩排。

这个人的确有在日记中保留类似判断的动机。然而，当我们把目光转向那种有着绝对自我例外的态度的人时，情形便截然不同。他没有这样的动机，如果有，并不嫌麻烦地在日记中写下符合其态度的判断，他会意识到这场彩排终究是徒劳无益的。我们前面已然见出，无论何时何地，没有哪个观众能忍受他所扮演的绝对自我例外的角色。

关于那个敌视统治者的日记主人，我要再说几句。他的判断也许来自一个更深或更强烈的动机。他也许有意要在脑海中坚定他的敌对态度和那些支持理由，这样，他就不会被新闻报道说服而放弃自己的意图，就不会因听从一时的鲁莽冲动或放纵自己的懈怠而最终半途而废。因此，他的秘密判断相当于问题的解决。他在作判断时，不仅想到了他可能对别人产生的影响（后果方面或其他方面），也想到了他所理解的自己人格的完整性。

该怎么说那个动机呢？它能使一个人固执于各种任意妄为的自我例外态度吗？我怀疑，这并非不可能。一个人可能与献身社会公益的那种人完全相对，他也许总不愿考虑他人的需要。可以找到这样的人，但不一定是在监狱中。即便他也不可能，即使是在日记中，作出绝对的自我例外的判断。他可能——避免使用"正当"和"不当"的字眼——这样写道："我必须反对那些试图阻挠我的人；我必须继续从他们那儿渔利而不让他们从我这儿渔利。"如果让他说："不管环境如何，任何事情在我做来都是正当的，在别人做来则都是不当的。"他也许不舒服。因为在坚定其绝对的自我例外态度的过程中，他将一直与自幼年时就感受到的社会压力作斗争。他发现这很不容易，尤其是当他依靠"正当"和"不当"这样的字眼时，事情就更困难了。这些字眼使他想起了别人在人际例子中使用它们时的不同目的，这些目的使他像别人看他那样来看他自己。他可不愿这样。另外，他的利他意图在同他的自我中心态度的交锋中也会败北。这后一种态度才是他自己努力要发扬光大的。

在我所说的两种分别关于彩排和解决的动机中，前者——为绝对的自我例外的判断——完全退出，后者也强烈打算退出。这很能说明下述事实，即：一个人会让他的判断——即使是在日记中，即使他的态度是自我例外的——符合西季威克的规则。动机的缺乏过滤掉了那些与原则对立的判断（而不是态度），只留下原则本身岿然不动。

关于这个比较，我本应适当地再说几句，以证实可以用类似方式处理其他的动机，如果还有其他动机存在的话。然而，我所说的已足以揭示，个人日记的"私密性"也不能使他置身于社会之外。如果他没有面对真正的读者发表他的判断，无论如何，他也面对想象中的读者写下了这些判断，而这些想象中的读者会持续地影响他所写的判断。

（七）

在论文的剩余部分，我将返回到人际的例子上来，它们能充分说明我所捍卫的观点。但是，我将不再把注意力局限在自我例外的判断上。我将考虑一种更宽泛的判断：它包括各种绝对的自我例外判断在内。也将讨论一种与所有这样的判断相对应的更宽泛的原则。

这个原则也有它的不同历史发展时期，但我只对过去的二三十年有特殊兴趣。马尔库斯·辛格尔和理查德·黑尔曾不遗余力地为它辩护，E. A. 戈勒偶尔也有富于见地的评论。在我自己对这一原则的讨论中，我只关注它的最近版本，而不触及黑尔所谓"可普遍化性论点"的版本。我将以自己的方式重述和讨论这个原则，把它重新定义为"隐含普遍性原则"；但是，我相信那些熟悉黑尔思想的人会立即看出，当我与黑尔出现分歧时——我的意思是他的原则并没有与他的其他观点严丝合缝地接合起来，因此有更大的危险——我的不同意见未尝没有受到他的思想的恩泽。

为介绍这个原则，我必须区分（像戈勒那样但不用他的术语）个别的属性和非个别的属性。我认为一个属性在下述情形中是个别的：人们只有借助于一个单数术语，借助于一个专有的称谓或这个称谓的替代者，才能说明这个属性。替代者包括指示性的表达和确切的描述，当这些表达和描述的确认身份功能优先于它们的描摹功能时。这样，"成为约翰的朋友"的属性是个别的（因为"约翰的"是个专有称谓），"成为我的朋友"的属性亦是个别的（因为"我的"是特指的），"成为第一个移植心脏的外科医生的朋友"的属性亦然（因为"第一个……的外科医生"是一个确定的描述）。而"有许多朋友"的属性则是非个别的（因为没有使用专有称谓或它的替代者）。

　　进一步区分很方便，把它运用到普遍的结论和属性。如果一个普遍的结论实实在在地诉诸一个个别的属性，则它是个别的，否则就是非个别的。

　　有了上述区分，我将以下述例子引出我的原则。

　　当一个人说："乔尼的行为值得表扬"时，他也就信服下述更进一步的申言："有一种（也许极其复杂）真实的属性P，它满足于下述条件：

　　（1）P是非个别的；

　　（2）乔尼的行为中含有P；

　　（3）每一种含有P的行为都值得表扬。"

　　过一会儿我将讨论涉及非个别属性的条件（1）。同时指出因为条件（3），我的原则将关注隐含的普遍性（或可普遍化性）。说话者关于乔尼行为的明确判断看上去似乎与一个普遍的结论没有任何关联；但是根据原则，这个判断使他信服条件（3）所提出的普遍结论。然而，应该特别注意，条件（3）的主项并没有指涉一个属性——通过指称它或完全确认它，它只是指涉了满足条件（1）和（2）的某种真实属性。这种属性有很多，与之相应，也有许多这样的普遍结论，每个结论都通过它的主项指称或充分确认一种属性。所以，根据原则，说话者只能信服这套普遍结论中的这条或那条。如果他接着把其中的一条看作他接受的那条——由此脱离了他的承诺，尽管以一种他认为为引入进一步的讨论所必需的方式——他就有机会，在宽泛的意义上，证实他的普遍结论（它有一种其主项意指的被充分说明的属性）是什么。

　　我选择的这个例子很容易引出其他类似例子。"值得表扬的"可以被换成"美德的"，或"应受谴责的"，或"正当的"，或"不当的"，等等。还有更多的例子，其中对于一个行为的判断可以换成对一个人的判断，方式如下。

　　当一个人说："珍妮应该得到养老金"时，他信服下述进一步的申言："珍妮具有某种事实的非个别的属性P，而任何拥有P的人都应该得到养老金。"

　　在有些例子中，为了确保对一个非个别的普遍结论的承诺，有必要引入不止一种被规定的属性，如当一个人说："许多人的汽车都比我的好"时，他信服于下述进一步的申言："有事实的非个别的属性 P 和 Q，我的汽车有 P，许多人的汽车有 Q，有 Q 的汽车好于有 P 的汽车。"

又如，当一个人说："约翰应该和玛丽结婚"时，他信服于下述进一步的申言："有事实的非个别的属性 P、Q 和 R，约翰有 P，玛丽有 Q，他们之间有 R，如果有 P 的男人与有 Q 的女人处于一种关系 R 中，则他们应该结婚。"

我的原则解决的是这些例子中的共同问题。这些例子中都有一个初步判断，它们不是明显的普遍的和非个别的。根据原则，任何一个做这种判断的人，都信服于一个确凿的普遍和非个别判断，以及一个他的初步判断是其特例的申言。

在这样陈述原则时，我想表明——有意地重复——当我提及一个普遍的结论时，我不坚持认为它的主项必须标明一个被指称或充分确认的属性。普遍的结论必须是一种"全称的"结论或类似的结论，但它的主项也可能含有由"一些"这类词所限定的一种或多种变化。一个人经常有理由背离他的承诺，更详细地确认他的普遍结论的主项；但是，如前所示，原则使他可以选择在宽泛的意义上怎么去行动。

现在我来解释为什么原则要限制(以黑尔的方式)在非个别的属性和非个别的普遍结论。限制是为了赋予原则以一种必要的威力，同时不损害它显见的合理性。人们有时会怀疑这一目的能否充分实现；然而毫无疑问的是，这种限制是朝正确的方向上进了一大步，至少就此而言，我将努力为之辩护。出于这种考虑，让我们回到上述第二个例子。

假设某个人，一开始便作出一个判断："珍妮应该得到养老金"，接着他又说："珍妮是罗宾森的孩子，罗宾森的每个孩子都应该得到养老金。"既然这个人的言说包含了一个普遍结论，我们再提醒他信服于一个普遍结论似乎就是多余的了。但这种提醒并非不合时宜。我们会觉得，他的最初判断带有一个承诺，这个承诺比他迄今所知道的任何承诺都要强烈——对一个非个别的普遍结论的承诺而不是对一个(如他的)个别的结论的承诺。他不过是从他为珍妮要求特权到为她父母的所有的孩子要求特权，我们希望有另一个更普遍的结论，作用于后一种要求。认识到这点，这个人会接着说："珍妮的父亲是在为国家的战斗中受伤致残的，所有这样的人的孩子都应该得到养老金。"只有在这时，我们才不会怀疑，说话的人是在考虑他的"真正"的承诺。当然，我们可能或不能同意后一种结论，而这个人的最初判断并不能使他作出这样的普遍结论。但是，我们可能会认为，说话的人信诺某个或别个非个别的普遍结论，而任何对此没有过多要求的原则必然是孱弱的。我说的仅仅是我们可能会认为的，然而在这个问题上，我们的倾向不应被轻易放置一边。

让我立刻补充一句：我的话引出了一个问题。假设在上述例子中，说话的人、珍妮和她父亲都是美国公民；假设这个关心珍妮的养老金的说话人在一个非个别的普遍结论——就它仅适用于美国之外的国家——中没有要求任何好处。他说："我想限制我的普遍结论，它只适用于我国公民，对其他国家的公民没有任何意义。"我们会认为他在违背他的承诺吗？我们可能会怀疑这能否被不加限制地接受，连同怀疑，如我曾表明的，绝对普遍性的原则能否被不加限制地为人们所接受？这个问题稍后再谈。现在我先假定，尽管可能是暂时的，这些疑团可以被消除。

这就是我关于原则的陈述。现在我要做进一步的评述。尤其是，我想把对西季威克原则的"合理揭示"式的评述转为对现在的更宽泛的原则的评述。

（八）

用绝对普遍性原则的术语而不是西季威克原则的术语来解释绝对的自我例外的判断，其典型表述如下。

"我做它是对的，尽管我不具有事实的和非个别的属性 P，而拥有 P 的人做它才是对的。"

这里的情形不再像西季威克那样诉诸说话者的天性和环境；但是注意这个不同的"P"包括描述它们的属性，注意："天性"与"环境"的说法是非常宽泛的——其如此宽泛以至于如果保留它们，除了使涉及的描述符合于实际的和非个别的属性之外，别无他用。所以，不否认这些小的差异，我冒昧认为，西季威克的原则和绝对的普遍性原则，就考虑自我例外判断而言，有本质上相似的内涵；而且后一种原则——与那些自我例外判断对立——同样适合于我曾给予西季威克原则的"合理揭示"的解释(就自我例外的判断无意义而言)。

绝对普遍性的原则适用于许多其他例子，对此我前面的评述需作些改变。最简单的例子是，判断是关于事物的，当时的情形是说话者的态度本身明显是普遍的——就是说，它们被直接指向一类事物的所有成员，这类事物被一个事实的和非个别的属性所定义。例如，每个人都可能对打字机有这样的态度，所以当他说"这台打字机是台好打字机"，他会毫不迟疑地接受下述断言作为他的信诺："这台打字机具有一种事实的非个别的属性 P，而任何具有 P 的打字机都是好的打字机。"他以下述方式使他最初的判断普遍化：这种方式清楚地映射出他的态度的普遍性。

我的评述仍然接近于第 5 节中的评述，在那儿我说，一个人可能接受西季威克的原则，因为他是个高度的利他主义者，他具有这样的态度——自我利益不能阻挠他对普遍性的向往。打字机的例子与这个例子似乎没有可比较之处，但两者都表明了一种态度(普遍意义上的)，一种准备得出一个普遍判断的态度，在这点上它们是相似的。

也许我应该考虑众多其他判断，但我只打算说说其中的两个，它们都是"绝对的群体例外"判断，都是绝对普遍性原则所反对的。

请看这个判断：弗尔哈文的市民应被免除征税，尽管他们没有任何事实的和个别的属性 P，而具有属性 P 的人应被免除征税。

我相信，没有人会作这样的判断，也许因为没有人有这么做的强烈态度。但是我假定某个人有这样的态度，它来自对他在弗尔哈文的朋友的绝对忠诚——绝对的表现是：在任何情况下，他都不愿意别人对别的城镇的居民有类似的忠诚。即使这样，他也不会费力去作相应的判断，这个判断会服务其目的——帮助确保该城居民被免除征税，仅仅因为伴随其判断的邀请有可能既被弗尔哈文的居民接受，也被其他城镇的居民接受。尤其后者，他们可能愤怒地发问："你怎么能指望我们如此任意地只挑选这一群人给予其特殊待遇？"这个判断是没意义的，因此被保留不说。

解释这种拒斥的心理学原则与我第 5 节中所说的非常接近，因为(1)人的态度在考虑其客体时，倾向于一种非个别的普遍性；但是

(2)这种倾向不仅受到自我利益的阻挠，也会受到一种较少见的力量——源自对某个群体的绝对忠诚——的干扰。并且，(3)对不同的人，阻挠的力量可能采取不同的方式；所以，如果一个人想要邀请别人共享他的绝对的群体例外的态度，他将发现很少有人——更少人赞同他的目的——会怀着他的普遍性初衷而苟同这种态度。意识到这一点，没有人——在经过片刻反思后——会浪费时间作这样的判断，发出这样的邀请。

现在让我们来看看一个类似的例子，关于绝对的国家例外判断。人们之所以对它发生兴趣，在于它提出了一个问题——像我关于珍妮的养老金的最后部分——我关于绝对普遍性原则的陈述是否需要限定。

假设 N 国的领导，像在世的亚历山大或拿破仑那样宣称：N 国应该通过战争扩张它的疆域。

当然，如果他对那些极有可能被打败的国家发表这一判断，是不会有什么收获的；如果他对那些害怕做下一个被征服者的国家发表这个判断，也不会有太多收获。然而，如果他对本国人民发表这个判断，他就有机会有所进展。在发表他的判断时，他也许半倾向于加上下述背离承诺的判断：N 国不具有某种事实的、非个别的属性 P，而任何具有属性 P 的国家应该通过战争扩张疆域。

如果他确实加上了上述判断，他将——以他最初的判断——只能诉求于本国人民的国家自我利益。这样做他满意吗？

我认为不，原因如下：他的承诺要求他如此之少以至于他看不出有什么拒绝它的机会。N 国的人民——同样是人——可能会有超越本国自我利益的宏愿：比如，他们也许希望有人来调整他们的宗教(或非宗教)，希望有人来调整他们的政府形式，或者希望使全世界他所属的种族凌驾于其他种族之上；或者他们希望在最初的战争结束后，建立一个他们认为能够维护和平的世界政府。N 国的领导需要借助于这些宏愿。下述宣称将成为他坚守承诺的理由：即宣称任何拥有这些愿望的国家应该通过战争扩张疆域。

但是，难道他不想(这个问题可能被问到)抑制别国的战争策略——即使别国也有同样的愿望——吗？一般而言，他当然想；但是他如何运用价值判断这么做呢？其他国家最初害怕他打仗，一旦发现他仅仅赋予 N 国打仗的权利而别国没有，其恐惧会成倍增加。如果认识到这一点(其实他们不会)，如果这些国家会针对侵略采取足够有力的对策，而不是仅仅限于对 N 国的道义性抗议——他们认为这种抗议是加速 N 国侵略的一种方式，这样，N 国的领导在接受与他的侵略性判断相伴的承诺时，就没有丝毫损失，他仅仅需要以某种非个别化的方式把他的判断普遍化就行。而且他还有所收获，因为他选择了一条非个别化的普遍结论，这个结论引发了他的人民超越于国家自我利益之上的愿望。如果他仅仅诉诸国家自我利益，他将忽略那些会强化国家自我利益的愿望，因此也就忽略了一种强化人民对其政策的支持的方法。

然而我承认，对这个例子的充分说明需要比我这里所展开的更为详备的研究。它可能表明，我所说的绝对普遍性原则不再带有我想为它要求的确凿无疑的承诺。倘若如此，如果原则能保证它对承诺的接受，我对原则的陈述将需要一种弱化的限制——就下述而言的限制：一个非个别的普遍结论，尽管只在下述条件中：这个个别的普遍理论涵盖了如此大的人群，以至于说话者仅对他们发表判断就足够了，他不会再有在这个群体之外维护他的判断的想法。

我重复一下，我怀疑 N 国的领导是否想借助这样的普遍结论；如果确实想的话，他会这样引入和陈述：通过战争扩张疆域，征服者 N 国将迈出决定其福利的根本性的一步；N 国应该采取类似的步骤，不管这对别国的福利有何影响。

被限制的原则使他在 N 国可以拒绝任何补充性的非个别的普遍结论。但必须记住，在 N 国反对其主张的那些人不会保持沉默。他们反对的理由不是说他违反了(被限制的)原则，而是原则之外的其他理由。因为这个原则，不管限制与否，与西季威克的原则一样，"都没有明确给出完整的指南"。

(九)

我相信，我的陈述足以表明，隐含的普遍性原则即使不被当作先验的和综合的原则，也可以得到说明。现在我来讨论它是否可以被貌似合理地看作——与一种略微修正的情感理论一致——先验的和分析的原则。价值判断的意义暗示了这个原则的意义本身吗？

我认为，回答这个问题易如反掌。我们的评价语言是可重构的：这使我们有可能在它的构架中建立一种隐含的普遍性，并使这个原则在结构上成为分析意义上的先验原则；或者我们有可能在其构架之外建立一种隐含的普遍性，使这个原则没有先验的特性。无论哪种选择（与语法简洁的考虑不同），其结果都没有任何能引起人们实际兴趣的内容。让我进一步解释一下。

如果原则要建立在我们的语言体系内，它需要两个使用"正当"这个词的句子，句Ⅰ仅仅具备我曾说过的表达和邀请的功能，而且被规定在明确的普遍的和非个别的语境中。句Ⅱ被规定于其他语境，其中最简单的语境可以借助于句Ⅰ以下述方式来定义：

$$X\text{ 是句Ⅱ}=\mathrm{df}\quad X\text{ 具有某种事实的非个别的属性 P}，$$
$$\text{而任何具有 P 的事物是句Ⅰ}。$$

一旦区分了句Ⅰ和句Ⅱ的不同，罗马数字就可以去掉，在这里它们是多余的。因此，当一个人说 X——它是对的，当我们提醒他记住其承诺时，我们仅仅是提醒他注意在他判断的框架内包含的内容。

对更复杂的语境和除"正当"之外的术语而言，隐含的普遍性原则也可以用相同的方法在我们的语言体系内建立起来。当然，如第7节所示，越复杂的语境所包含的不同属性越多。而且，如果该原则只有被加以弱化的限制——关于这点我的解释与其说表达了一种确信，不如说表达了一种不确定性——才能保持其真实可信性，则这种限制也要纳入我们的语言体系。

情感理论绝对不会因这样的程序而面目全非，因为对它的接受使这个理论既不太弱也不太强。这个程序仅仅给下述规则提供了一种语言学说明：这个规则来自人们判断时的目的，无论是否把它看作语言学的，人们都将遵守它。我们已然看到，隐含的普遍性原则有其心理学认可：违反它显然无甚可图。其他更进一步的认可，尽管是不必要的，也并非与原则无关。因此，如果在一个确定的规则中寻求进一步的认可，将不会有任何实际的得或失。而在日常生活的半正式化语言中，确定的规则并非已经在"那儿"，就像逻辑和数学中一个确定的规则已在"那儿"那样。因为这种规则——如果被引入的话——仅仅表示一种努力，努力使人们在任何情况下不说不想说的话，这样，它对人们确定想说的话就没有任何新的限制。

毋庸置疑，相同的解释也适用于在价值理论中可能碰到的许多其他确定规则。例如，当褒扬性的词——仍保留它的褒扬的意思，被部分地定义为有助于最大多数人的最大幸福时，这个时候会发生什么情况呢？规则会为功利主义抢先占用这些褒扬性的词，使其他人在表述与之对立的观点时没有方便合适的词用。尽管它被说成一个明确的定义，但它更相当于一个价值判断，当这个价值被以另外一种方式表达时，更容易招致人们的排斥。因此，人们必须格外小心，以防这样的定义进入超价值评价的分析体系，在这种体系中，这些定义的评价作用是伪装的。如果一个功利主义者认识到同样的伪装——为着既定的不同目的——出现在奥威尔的小说"Newspeak"（新闻调侃）中，在那儿褒扬性的词被部分地定义为"与大哥的意志相符"，他也不会满意这样的伪装。情感理论不是以这种定义来重建我们的语言的，它必须简明扼要地解释，当别人试图这么做时，问题究竟出在什么地方。

然而，当隐含的普遍性原则受到质疑时，这种问题不会产生。如果原则建立在我们的语言体系中——是可从超价值评价角度给予辩护的，但不是命令似的——价值术语就不会因某种特殊用途而被占用。任何人——不管他的评价观点如何——都可以自由地使用它们。这是我一直在捍卫的观点的成果之一。情感的分析，连同它的心理学背景，暗示出任何说话者都将轻松认识到：违反原则无利可图。

在《伦理学与语言》的第六章和第五章的第一部分，我曾碰到同样的问题，只不过在前者，我讨论的是具有说服倾向的定义，在后者，我解释了在什么条件下不具有说服倾向的价值术语会被赋予认知的意义。

现在我要表明（尽管非常简略），我与理查德·黑尔的分歧程度。他认为惟有他的规定主义（一种近似的情感主义）才是分析的第一步，而且是危险的一步，如果被孤立使用的话，因为它可能导致人们不负责任地作出判断。所以他为自己的分析加上了可普遍化性的论点（类似于隐含的普遍性），希望借此提高我们作出判断时的责任感。他认为，他的分析的第二部分完全是对第一部分的补充，是对它的新的限定。

而我则认为，他在这个问题上的两个方面都错了。也许一方面，他低估了他的规定主义的力量，没有认识到这个理论与其心理学背景知识一起，已足够暗示违反可普遍化性是没有任何好处的。在这种情况下，他同样没有认识到可普遍化性不能为规定主义设置任何新的限定。另一方面，他赋予可普遍化性一种特殊的（比我设想的还要大的）力量，从而使它不能被规定主义所包含。在这种情况下，他抢先通过一个相当于价值判断的定义，在我们的语言中建立了威猛的可普遍化性；而那些反对这种威力的人，为了以自己熟悉的方式作出判断，只能指望赶快在我们的语言之外建立其可普遍化性。同样，他的可普遍化性没有为规定主义设置任何新的限定。我无意于判定黑尔犯的是哪一种错误，因为无论在哪种情况中，他的观点——如果作出改正的话——的实际作用会与我的情感理论的作用一样，因为后者不能人为地同它的心理学背景相分离。

下述情况也是真实的：在以前的文章中，我曾以极为草率的方式处理过可普遍化性（或隐含的普遍性）问题，黑尔的思想富于教益地提醒了我。

（十）

如我一直表明的那样，隐含的普遍性原则在价值理论中有其稳固的地位；但是正如"应该暗含着能够"的原则那样，其所占据的也仅仅是个适当的地位。考虑到这一原则在哲学上的历史，我认为维护它的最迫切措施是褪去罩在其身上的玄奥外衣。

就隐含的普遍性原则提醒人们注意那些草率的判断而言，它仍有着相当的重要性。一个人可能匆促地作出一个判断，后来才发现他不能以一种可接受的方式使他的判断普遍化。由于他不会因为我曾给出的那些理由而拒绝这一原则本身，所以，他将倾向（与受骗不同）于承认他必须修改或保留他的判断。我想强调这一点，因为在表明原则如何进入一个人的意见的发展和改变这一点上，我前面的例子所能说明的东西太少，以至于可能使这一原则看上去不如它实际那么重要。

但是，如果人们指望原则仲裁两个根本对立的价值观点，则是对原则的误解。一旦它这么做，就会丧失其近似于公理的合理性。两个对立观点都是人们经过深思熟虑之后提出的，双方都会作出可以得到原则支持的判断；双方支持判断的理由也是他们赞成或反对的理由——这些理由可以使人们通过不断揭示的事实，重新组织他们的态度，这种重组方式可能会改变他们原来的目的。原则本身不提供这些理由，也不要求人们必须给出（因为普遍结论也会是教条的）这些理由，亦不提供这些理由的替代品，更不排斥一个人明智地想要给出的那种理由。

因此，原则在价值评判上是中立的——就下述而言的中立：任何人经过短时间的深思都会愉快地接受它，不管这个人的观点是左派、右派，还是中派。所以，当我借用西季威克的话说，原则"没有明确给出完整的指南"，也许我把事情轻描淡写了。或许我应该说它给出了一个几乎是多余的指南。它只是部分地表白这样一种命令："小心！在作价值判断时避免无的放矢。"

选译自［美］诺曼·鲍威编：《二十世纪最后二十五年的伦理理论》，汉肯特出版公司，1983。王今一译，万俊人校。